献给北京大学，清华大学，电子科技大学和重庆大学的老师们，我曾经受教于他们。

致谢重庆精典书店，本书创作期间得益于常年在重庆精典书店丰富的哲学、历史学和科学著作的阅读。

图1.1　大木花谷的樱花树，写生油画　作者：蒲勇健

图1.2　重庆江北嘴，创作油画 作者：蒲勇健

图1.3　彼岸，临摹苏联油画 临摹者：蒲勇健

图1.4 大木花谷的乡村牛棚，写生油画 作者：蒲勇健

图7.1 蒙娜丽莎，油画 作者：达·芬奇

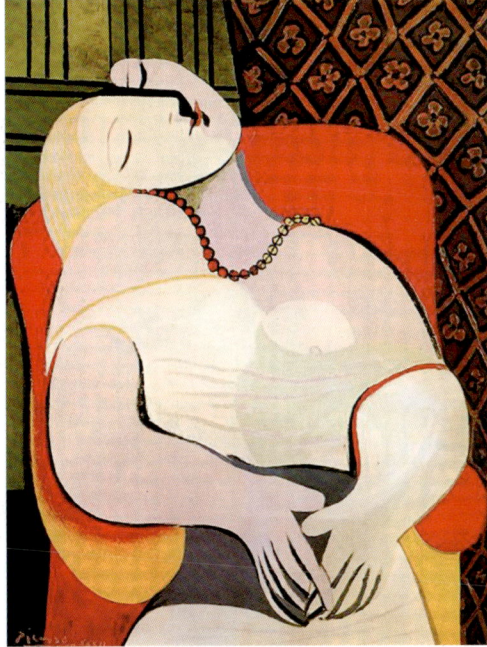

图7.2 梦，油画 作者：毕加索

图7.3 我于2013年在斯坦福大学教授、诺贝尔经济学奖得主埃尔文·罗斯访问中国时将一幅中国画赠送给他（左二为埃尔文·罗斯，右一为本书作者，左一为香港大学赵耀华教授，右二是我的太太何涛）

图7.4 厨娘，油画 作者：约翰尼斯·维米尔

图7.5　重庆磁器口老街，油画 作者：蒲勇健

图7.6　草地上的午餐，油画 作者：爱德华·马奈

图7.7　雅各与天使搏斗，油画 作者：高更

图16.1　向往，油画 作者：蒲勇健

元理性

蒲勇健 —————— 著

重庆大学出版社

自　序

　　人类是在什么时候开始意识到我们这个宇宙是由某种规律所主宰的？按照哲学史的说法，是从古希腊的前苏格拉底哲学家泰勒斯开始的。与之前人们总是将宇宙万物的运动变化归结为神灵操控不同，泰勒斯提出存在某种并非神灵的存在，是它的存在给我们这个宇宙的运动变化拧紧了发条。

　　就人类整体来看，有如是说。然而，就我个人来说，也有一个认识到宇宙存在某种规律的曲折经历，并且进一步最终意识到这种规律其实来自我们大脑的神奇构建！

　　小时候我曾经沉迷于画画，但是一开始并没有系统学习美术技法，特别是画人物的技法。一次偶然的机会，我知晓了描绘人物头像的技法规则"三亭五眼"，让我的美术能力秒变，画出来的人物形象逼真！

　　这件事情，在我人生经历中的影响力，不亚于泰勒斯学说在整个哲学史中的冲击力！

　　我由此萌发出想要获得更多美术技法的强烈愿望。到了读初三的时候，这种探寻的欲求上升到在数理化中去感知更多更加深刻的"规律"的动力，并且因此成为"学霸"，通过1979年的高考进入了北京大学数学系。

　　在数学中，也许可以找到某种"放之四海而皆准"的普遍规律！这是我当年选择就读北京大学数学系的一个主要原因。然而，出乎意料的是，数学本身的基础却存在严重问题。三次数学危机是通过数学家约束数学思维自身的范围而勉强过关的，譬如罗素悖论。而古希腊的芝诺提出的诸多悖论，现代数学家声称采用微积分方法得到了解决。其实，微积分是建立在"无限"这种本身存在哲学争议的概念基础上的，似乎这种"解决"不过是换了一个马甲。读大三的时候，一堂课中关于选择公理的两难困境讨论，让我之前对数学定理抱有的"放之四海而皆准"的信念开始崩溃，而接下来在数学分析课程结尾时，老师介绍了非欧几何学，特别是1+1=2这种最基本的数学等式原来是一种约定而已，让我对绝对真理的存在打上了问号！后来在读了克莱因的《数学简史：确定性的消失》后，这个问号就彻底实锤了！

在数学中失去了信仰，我就改读物理学了，去电子科技大学攻读激光物理研究生。我想看看在自然科学中能否找到宇宙中的普适真理！

激光技术就是量子力学的应用。由此，我进入了量子力学神秘诡异的世界。与数学中的非欧几何学、选择公理的两难困境相比，量子力学中的波粒二象性、海森堡测不准原理、量子纠缠更加令人绝望！在读研究生的三年中，我的思维基本漂浮在量子物理的海洋中。

在自然科学中，我对绝对真理的迷信，相对于之前在数学领域的遨游来说，信仰的迷失是有过之而无不及的！

一个纯属偶然的机会让我进入了经济学的领域，我攻读了技术经济及管理的博士学位。我由此在经济学理论中浸润了几十年，并且沿着行为经济学的路径闯入了心理学领地。行为经济学颠覆了基于理性假说的主流经济学，犹如非欧几何学之于欧几里得几何学、量子力学之于经典力学。

正所谓"不破不立"！在经历了数学、物理学和经济学中的绝对真理探寻失败后，我在知天命之年萌生了创立自己的原创性理论的想法，并且可以为自己的在思想海洋中的奇遇给出一个说法。

经过多年的思考，我找到了，那就是我称为"元理性"的思维理论。我曾经独立发现了博弈论和行为经济学中著名的猜数字实验有稳定的结果，即大多数人都只具有二阶理性，当我用自己创立的"元理性"理论轻松诠释了这个实验结果的时候，我甚至有阿基米德当年发现浮力定律时的兴奋感！

然而，意想不到的是，几乎行为经济学中的发现，都可以用"元理性"理论予以解释。

元理性是我积多年在数学、物理学、经济学和艺术学等多个领域浸润出来的认知，经哲学视角进行架构，提出来的力图统领人类认知方式的一种努力！

在失去了宇宙绝对真理的信仰之后，建构起自己的基于心智领域的统领性认知框架，否定之否定，自成一体，亟待与读者分享喜悦！

失之东隅，收之桑榆。独立思考得到的硕果，其解释力全然在我的意料之外！它不仅在行为经济学和博弈论中大显身手，还能够在人文、艺术、科学和数学，几乎横跨所有的人类认知领域，给出统一的心理学范式。

就科学理论的表述范式而言，近现代科学的表述范式基本上是以牛顿的《自然哲学的数学原理》为原型的。后世的爱因斯坦和达尔文等人，分别在他们发表的相对论（狭义相对论和广义相对论）和《物种起源》著述中，都能够看见这种《自然哲学的数学原理》表述范式的影子。这种范式以为数不多的定律假设为出发点，通过建立在逻辑推理基础上的数学推导，获得一系列推论，构成理论体系。然而，牛顿在《自然哲学的数学原理》中呈现出来的范式，其实最早起源于欧几里得的《几何原本》。基于五个公理和五个公设，通过逻辑推理获得几百个定理，《几何原本》为后世贡献出科学理论表述的一种最为清晰和简洁的方式，它就是牛顿范式的原型，是科学理论表述的原型！

所谓简洁性，其实就是"经济性"，是节省思维的特性。我由此将《几何原本》这种节省思维的特点推而广之，提出了"有型"的概念，再加上把基于有型形成理论认知的方法称为"加法规则"，一般性地推演出人类认知的构架特征，从而建构起"元理性"的理论基础。

在《几何原本》中，五个公理和五个公设就是有型，自然数1也是有型。自然数1通过加法规则，就获得所有的有理数。就人类实用性来看，所有的可以使用的数字其实就只限于有理数。从这种意义上看，毕达哥拉斯的观点是正确的。他认为有理数就是所有的数！

当博弈论诞生时，它对于人类行为皆由自私自利的所谓"理性人"纯粹自利的动机出发，引发了来自人类学家和进化论专家的批评。他们准确地指出，人类之所以在进化上远超其他物种，是因为人类较其他物种更善于合作。也就是说，在人类族群中，合作多于竞争。事实上，目前地球上的人类皆为10

万年前走出非洲的那批智人的后代。在20万年前先于人类祖先走出非洲的尼安德特人即使在脑容量上和体魄上都优于人类祖先，也最终灭绝了，是因为他们在合作行为上劣于人类祖先。正是人类祖先在东非草原上多进化了10万年，他们在合作协作上更加优于尼安德特人。

然而，博弈论大师奥曼成功提出了一个方案来为博弈论进行辩护，他证明了"无名氏定理"：即使是自私自利的个体，如果他们之间进行无限次重复博弈，并且他们都足够关注长期利益，则博弈也会出现合作行为。鉴于有人批评无名氏定理中不太现实的无限次重复博弈的假定，以戴维·克雷普斯为首的著名"博弈论四人帮"提出了一个有限次重复博弈模型，发现如果在个体之间存在有限理性，也会出现合作行为。

在博弈论中很容易发现过高的理性往往会带来缺乏合作的低效率结果，由此低阶理性是合作行为的一种充分条件。我多年来借博弈论教学的机会做了千百次猜数字实验，有一个惊人的发现：大多数人其实只具有二阶理性，即很低程度的理性。这是一个独一无二的发现，我曾在2020年全国博弈论与实验经济学研究会学术年会的开幕式上应邀做专题报告，披露了这个发现。这个发现支持了人类学家和进化论专家认为人类善于合作的断言。但是，一个有待进一步研究的问题是：为什么大多数人只具有二阶理性？这个初看起来似乎难以解答的问题，居然在我提出的元理性框架中被轻易解答了，干净利落，犹如手起刀落！

事实上，我自己也对元理性有如此战力感到意外，因而乐于与读者分享其中的快感！

元理性给我们带来的第二个惊喜，就是为行为经济学提供了一个统一的、完整的心理学甚至哲学的基础。行为经济学的主要基于实验的发现，几乎所有的经验事实，元理性都能够给予富于逻辑的诠释。特别是作为行为经济学最为基础性的前景理论（由卡尼曼和特沃斯基提出）和双曲贴现，元理性能够从数学模型上完美地导出！这已经足以表明元理性理论的强大。值得特别强调的是，我在推导双曲贴现数学模型的时候，将时间也用基于哲学认知的有型进行了处理，这是以与行为经济学家完全不同的方式解决的。

如此系统和完整地为看似碎片化的行为经济学提供统一的基于认知哲

学的诠释，元理性取得了前所未有的成功，也是本书最为精彩的片段之一！

在本书中，元理性理论的一个非常成功的应用，是对两千多年前由亚里士多德提出的"亚里士多德车轮悖论"的破解。这种解决的过程同时彰显出元理性理论中的核心概念"有型"的重要性。

人类意识思维总是以简单易于记忆（大脑对于信息的存储）的抽象符号为基本砖块，通过叠加这些砖块复制外部世界构成心理模型，使心理模型引导人类行为。这就是元理性的基本思想。简单的抽象符号易于记忆就是大脑工作经济性的效率追求，我把它们称为"有型"。"有"就是哲学家所说的"存在"，所谓"无中生有"；而"型"就是"模型"的意思。

元理性的这种用大脑工作经济性解释人类意识认知外部世界的方式，避免了人类认知沿无穷小方向无限下探的困难，同时，将人类认知局限在特定尺度范围内，由此可以对分形几何学赋予哲学意义。

牛顿发明了微积分，但是其采用的"无穷小"方法曾经令同时代的人难以容忍！因为居然在数学推导的过程中存在的变量，到达思想推演的终点居然"消失"了，就像"鬼魂"一样神出鬼没的无穷小量，在后世的分析数学家那里得到了"解释"。然而，分析数学家的解释只是数学家换了一个马甲，只是一种数学技巧层面上的解决，缺乏哲学意义。

无穷小量面临的责难，本质上是一个哲学问题。本书取得的一个重要的成果就是基于有型认知以及有型的尺度特征干净利落地解决了这个问题，从而为微积分，即为牛顿的流数术提供了令人信服的哲学基础。

所谓元理性，就是关于人类理性认知外部世界的最基础架构。本书假定人类大脑是人类进化的产物，由此，大脑意识在认知外部世界的过程中遵循节省能量消耗和记忆空间的原则，这是一种经济效率的原则。所以，这种最基础的认知模式架构一定是用最简单的认知模块通过加法复制外部世界，在大脑中通过呈现模型的方式实现的。我们甚至可以因为这种元理性理论中存在经济效率最大化驱动而将元理性理论同时称为"脑经济学"！

本书是我积几十年分别在数学、物理学、经济学及艺术学领域的耕耘所收获的感悟，是多年蔓延不断反复思考的产物，最终在这种土壤里生长出元理性的繁茂枝叶！

能够将横跨人文、艺术、经济学、心理学、数学和物理学的无垠知识疆域，用基于认知哲学建构起来的脑经济学实现大一统，恐怕是让人感到难以想象的空中楼阁，然而，本书力图做到这一点……

2023年8月

重庆市沙坪坝区虎溪花园

Contents

目 录

第1章 认知过程的认知哲学

本书是我多年思考的结晶，是我曾经游弋和浸润过的数学、物理学、经济学和艺术学乃至哲学海洋给我带来的思想涌泉。贯穿这些不同领域的一架金桥就是认知哲学。

在这一章里，我将系统回顾我所感悟的认知哲学。由于我并不是哲学专业科班出身的学者，因此我不会，也不愿意像通常的哲学教科书那样赘述哲学教条。我只是按照自己的感悟来叙述自己对哲学的认知。

事实上，在康德之前，大部分哲学家都是业余的。康德伊始，哲学才被弄得晦涩难懂，正如康德本人的著作那样难"啃"。

哥廷根学派的代表人物希尔伯特说过，只有那些能够给田间地头偶遇的农夫讲清楚什么是微分几何的数学家，才称得上大师。也就是说，任何知识其实都是可以用浅显的语言表达出来的！是否能够做到这一点，取决于解读者本人的理解深度，而知识的传播本身并没有阳春白雪和下里巴人之分别。

当然，我认为不仅是数学、微分几何，对哲学来说，大体也如此！

1.1　宇宙的"一"与"多"

1.1.1　哲学的开端

在我看来,下面的说法其实是每个人的经历。

当一个人刚刚来到这个世界的时候,他的一系列感觉就是:我看见了,我听见了,我的舌头尝到了,我的肌肤感到了温暖的怀抱。这些感觉,给人带来的第一个感觉就是"我"。这个"我",其实是一种意识,这种意识就是"我"这种综合了各种各样感觉的存在。

然后,刚刚出生的婴儿,在获得最初的对于"我"的感觉之后,接着就"感觉"到他的"我"之外的其他事物:妈妈、爸爸、奶瓶、糖果……也许这个下一步还需要一段时间。婴儿经过一段时间的生长之后,就会获得与他的"我"之外的其他事物的感觉:在"我"之外,存在着各种各样的其他事物,这些事物与"我"是不同的存在,它们与"我"是"分离"的存在。

妈妈并不是"我",爸爸也不是"我",当然,奶瓶、糖果都不是"我"。

婴儿的感知走到这一步,是婴儿自出生后产生的第一个感知,即,在"我"之外,还有其他的存在。

在笛卡尔那里,他确实是把婴儿最初的关于"我"的感觉作为宇宙并不是空无一物的一个证明。因为,婴儿出生后的第一个感知是"我"的存在。所以,他说"我思故我在"!

在笛卡尔那里,婴儿的这个第一个感知是最为重要的,所以作为他的哲学体系的基础性假定,或者说保证宇宙存在的确定性假定。

婴儿随之感知到的其他不同于"我"的存在,尽管在婴儿心里的重要性,或者说,印象的深刻性或许亚于"我",然而,其确定性亦然!婴儿并不怀疑奶瓶、糖果的存在,正如他不怀疑妈妈、爸爸的存在一样。

这一个过程,或者说以上两个阶段,是所有婴儿生长过程中都会发生、经历的两个阶段。但是,下面的第三个阶段,就不是所有婴儿都经历过的,甚至是大多数人直到成年之后,在他们庸庸碌碌的一生中,都不曾经历的思考阶段。即,人们感知到"我"之外存在各种各样的存在,大千世界中各种各样的存在，如飞鸟、山河、雷电等，是否是某种单一的存在的不同表现，抑或本来就是不同的存在？

第三个阶段，直到以泰勒斯为代表的前苏格拉底哲学家才开始思考这个问题。这个问题的出现，也就是哲学的开端！从某种意义上讲，哲学史就是关于这个问题的不同回答的历史。

1.1.2　哲学基本问题

在我们的意识之外存在着各种各样的事物，这是我们来到这个世界后获得的第二个感知。第一个感知是感知到"我"，我，就是自我，我自己的存在。因此，笛卡尔认为，这个宇宙并不是空无一物的，因为，至少有一个"我"。这个"我"是我的意识，并不是指我的物质身体的存在，而是意识的存在，即笛卡尔所谓"我思故我在"！

在认识到"我"的存在之后，接着的第二个感知是"我"之外的其他事物的存在。这是通过我的感觉器官获得的。要注意的是，第一个关于"我"的感知，并不是通过诸如眼、耳口、舌、鼻、皮肤等感觉器官获得的，而是通过自我意识获得的。

自我意识本身意识到自我意识本身！这是一个非常特别的体验！所以，我们说，人来到世上，第一个感知就是非同寻常的，是自我意识感知的自我，并不是感觉器官感知到的"我"。因为，自我意识是无形、无色无味的，不可能通过感觉器官感知，所以只有意识到，没有感觉到。

事实上，人本身意识到自我，这种意识本身就是人存在的证据。也就是说，如果没有这种意识，一个人没有意识到自己的自我、没有自我意识，那么，这个人怎么能够确认自己的存在呢？所以，这种自我意识本身就可以被定义为"人"。人之所以成为人，一个活着的人，并不是因为他的躯体的存在，而是因为他的自我意识的存在。未来人工智能技术的发展，有可能用机器替代人的躯体，一旦它的意识是人的自我意识，就可以被认为是人，而不是机器。正如科幻电影《阿丽塔：战斗天使》中的阿丽塔一样！

因此，在这种自我意识意识到自我意识的特别感知之外，就是身体器官对意识之外的物质存在的感知了，就是上文所说的第二阶段的经历、体验。

感觉器官获得的感知，不同于第一阶段的自我意识对于自我意识本身的感知，而是对于自我意识之外的物质实体的感知。所以说第二阶段与第一阶段的体验是完全不同的。

我已经说了，第一阶段自我意识感知自我意识本身，是一种独特的感知，是非物质化的、纯粹心灵上的感知。然而，第二阶段来自感觉器官的感知，是建立在物质而非心灵上的感知过程。并且，重要的是，这种感知是两种不同的实体之间的相互作用，是感觉器官对于意识之外的物质存在的感知，而不是自我意识感知自我意识那样的自我感知。

这种不同决定了哲学问题的最基本要素：感知到的外部世界是否是真实的存在？看起来多样化、变动不居的外部世界是否是一种假象，抑或是某种不变的单一的存在的假性显示？

这两个问题其实是相互关联的。如果外部世界是某种不变的单一的存在的假性显示，那么，我们看见的世界就是一个假象，感知到的外部世界并不是真实存在的。当然，反之亦然。

这就是哲学的基本问题。由这个问题引发的哲学研究，其实就是对于这个问题的各种各样的备选答案而已。

1.1.3　感知到的外部世界可能是假象

我们来到这个世界后，第二个阶段的感知，就是感知到存在一个外部世界。所谓外部世界，即我们的自我意识之外存在的一个世界，是通过感觉器官感知到的世界，如山川河流、鹰击长空、鱼翔水底、万类霜天这样一个大千世界。

那么，问题就来了：我们感知到的东西，是不是真的存在！也就是说，如果我们不去看它们，它们是不是仍然如我们看它们时的样子存在着。

这样的问题看起来似乎很迂腐，然而，它的的确确是一个问题！毕竟它们是通过我们的感觉器官获得的，也就是说，经过感觉器官"过滤"了的信息，并不是我们的"意识"直接感知到的，如第一阶段的自我意识感知自我意识本身那样自明！

这就引发了一个相关的问题：我们的感觉器官是否会欺骗我们？

是的，确实存在这种风险或者说有这种可能性！

过去，我们依靠直觉、常识接受亚里士多德的力学理论：物体只有在有力量推动它们的时候才会运动。一旦推力没有了，运动着的物体就会停下来。但是，日月星辰在运动，推动它们的力量是什么呢？我们并没有看见有什么力量在推动日月星辰啊！

亚里士多德把物体分为天上的和地上的。他认为，天上的物体运动规律不同于地上的物体运动规律。他说地上的物体运动规律就是这样的：除非有力量在推动，否则地上的物体是不会运动的。

你看看，疾驶的汽车，熄火之后会慢慢地停下来。但是，后来牛顿第一定律证伪了亚里士多德的力学理论。根据牛顿第一定律，没有外力作用的物体会一直按照它原有的速度匀速运动下去。在现实中，实际上是摩擦力让运动着的物体停了下来。

我们再看运动的相对性原理。伽利略指出，物体是处于运动状态还是静止状态，取决于具体的参照系。我们之所以感觉不到地球在运动，是因为我们本身就在地球上，并且以地球为参照系。如果以太阳为参照系，我们就是处于运动状态的，正所谓"坐地日行八万里"！

事实上，伽利略和牛顿的力学让我们发现过去非常符合直觉的亚里士多德理论是被感觉器官欺骗了，后来爱因斯坦的相对论再一次让我们发现感觉器官的欺骗性。因为，相对论表明牛顿力学是有一定的适用范围的。更有甚者，我们最基本的直觉，就是逻辑中的排中律（一个物体不可能同时在不同地方出现）也被量子力学证伪了：在量子世界，基本粒子符合薛定谔波动方程描述，它们可以同时出现在不同的地方。还有，量子纠缠使两个相距无限远的光子，居然可以瞬间通信联系！

事实上，感觉器官是不可信的。如果我们通过感觉器官感知到的外部世界可能是不可信的，那么我们怎么才能知道感知到的外部世界假象背后是什么样的呢？

哲学家就此进行了思考。因为避开了感觉器官，所以只有通过思考才可能进行研究！

1.1.4　物自体是"一"吗?

如果我们不依赖不可信的感觉器官去思考外部世界,或者说感觉器官感知到的外部世界本身不依赖我们的感觉器官的本真,那么,我们能够做出什么样的判断呢?

至少,无论感觉器官感知到的外部世界是否是假象,都有一点是可以认定的,即在我们的意识之外存在着存在者。这个存在者并不是我们的意识,而是意识之外的。我们的感觉器官会报告我们一些来自存在者的信息,譬如我看见大千世界,但是,这些信息可能并不是存在者本身,它们只不过是存在者本身经过感觉器官"过滤"之后的东西。

然而,我们现在思考的是这种感知到的表象背后的东西是什么!同时,我们有一个问题:感觉器官"过滤"后告诉我们的存在者的信息是全部信息还是部分信息?

哲学家康德指出:只有部分信息被感觉器官提供给了我们!他称这个存在者为物自体(thing-in-itself)。在康德那里,物自体是不可知的,因为感觉器官仅仅提供了它的部分信息给我们,同时,这些部分信息还是被感觉器官"过滤"了的!

现代物理学似乎为康德哲学提供了一些证据:我们这个宇宙可能有百分之七八十的物质和能量是看不见摸不着的暗物质、暗能量。所谓看不见摸不着,就是说感觉器官不能够感知到的宇宙物质能量(仅万有引力才能"感知"暗物质,但万有引力太弱了)。

物自体是否可知,是一个问题。不过,另一个问题是,物自体是单一的存在("一"),还是分离的多种存在("多")。古希腊前苏格拉底哲学家泰勒斯认为存在是单一的,并且,他明确地认为这种单一的存在就是"水"。因为他发现水能够呈现出不同的状态:水,水蒸气,冰……所以,他推论出,水是万事万物的本真。显然,水是人们熟悉的事物。我们说泰勒斯认为物自体(借用康德的术语)其实是可知的,这与持不可知论的康德有所不同。

泰勒斯创立了米利都学派,他的学生阿那克西美尼认为,既然存在的本真是隐藏在各种各样表象背后的,本真就不应该是看得见摸得着的物质,而水是看得见摸得着的物质，是表象。所以，存在的本真就不应该是水这样可感知到的事物。他认为宇宙的本真应该是"气"。在那时候，人们的肉眼是看不见空气的，气是看不见摸不着的东西，并且，气可以生成包括水、水蒸气这样一些表象事物。所以，阿那克西美尼主张气才是宇宙的本真。

因为气是不可感知的（在古希腊时代），所以，可以说阿那克西美尼的观点近于不可知论。

当然，无论是泰勒斯还是阿那克西美尼，他们关于物自体的认知都是"一"。也就是说，宇宙或者物自体是一个统一的整体。

认为宇宙是"一"的古希腊前苏格拉底哲学家除了泰勒斯和阿那克西美尼，还有大名鼎鼎的埃利亚学派创始人巴门尼德。巴门尼德认为宇宙本真是"一"，而我们感知到的各种各样的事物及这些事物的变化都是假象。既然宇宙本真是"一"，那么，我们看见的事物多样性就不是真正的存在，也就是说，没有多样性。既然没有多样性，也就没有事物的变化，因为事物的变化必然是以多样性为前提的。巴门尼德的学生芝诺用好几个著名的逻辑悖论来进一步佐证老师的理论。譬如著名的"阿喀琉斯追不上乌龟""飞矢不动"。到了近代，斯宾诺莎也认为宇宙本真是"一"。

1.1.5　赫拉克利特，"一"不必是物质

如果你认为纷繁复杂的大千世界所呈现出的各种各样的事物本来就是不同的分离的存在，那么你在哲学家看来就太"out"了。哲学家的精神是"怀疑"。可以说，怀疑一切，是成为哲学家的基本条件。不要被表象所误导，在表象面前保持谨慎，是哲学家的基本素养。因此，否认表象中的多样性的实在性，基本上是哲学家的一贯态度。这是因为哲学家总是倾向于相信表象呈现出的事物多样性背后一定存在着某种单一的本真存在，在变动不居的表象后面有永恒之物！

泰勒斯认为这种永恒之物是水，他的学生阿那克西美尼则认为是气。虽然巴门尼德和斯宾诺莎也提出宇宙本真是"一"，但是他们并没有明确提出这种永恒之物具体是什么物质实在。

然而，人们并不能感知到"一"的存在，而是每天都能感知到各种各样的

实在现象！哲学家如何解决这种思想与观察的背离呢！这是一个挑战，也是一个哲学难题。第一个挑战这个难题的是前苏格拉底哲学家赫拉克利特。

赫拉克利特主张，观察到的变化与永恒之物之间是可以统一的。因为，变化的、分离的不同事物只不过是"一"的呈现，在这种呈现的背后存在着不变的"一"，同时，这种不变的"一"本身并不是物质，而是某种纯粹是非物质的存在，他取名为"逻各斯"（logos，可以理解为"理性"）。

在变与不变之间，存在着一种勾连，这种勾连就是"逻各斯"。我们看到，赫拉克利特沿着阿那克西美尼的方向，将永恒之物从看不见的，但是仍然带有物质特性的"气"，推向更加抽象的"逻各斯"这样一个概念设定。在哲学史上，"逻各斯"称得上是一个飞跃！

我们可以从赫拉克利特所说的"火"的演绎来理解其思想要义。

赫拉克利特观察到，事物总是处于变化之中的。因此，根本就不存在什么固定不变的实在。实在并不存在，变化却常有。这个是赫拉克利特关注的重点。于是，他提出宇宙的呈现其实是变化，而不是实在。"一切都处于流变之中！""人不能两次踏进同一条河流。"这些是他留给后人的格言。

然而，他也注意到，尽管变化是永恒的，但也有不变的东西。譬如，一枝鲜花，从花蕾到盛开，变化了，但我们知道它是同一枝花。一个孩子，从小到大，成长了，变化了，但我们知道他是同一个人。也就是说，在这些变化之中，必定存在某种不变的东西。并且，不变的一定是无形的、非物质的。因为，物质的和有形的一切都是处于变化之中的。譬如，慢慢长大的孩子，他的身体上所有的物质部分，如肌肤、骨骼都变化了。譬如，燃烧的火焰，无论是形态还是色彩都可以不断变化。但是，火焰燃烧过程中存在的物质变化，如热、烟、灰烬，在这些变化的同时，还需要添加燃料，如木材。因此，他推断，在火焰燃烧过程中，有一些物质变化成为其他物质，譬如木材变化成为热、烟、灰烬。

赫拉克利特在这里完成了泰勒斯、阿那克西美尼、巴门尼德提出的不变的"一"是如何通过变化而"呈现"出五彩缤纷的多样化实在。更加了不起的是，他还猜测变化过程中存在某种守恒规律："一切转化为火，火又转化为一切，就像黄金转化为货物，而货物又转化为黄金。"他主张在自然界中没有什么东西真的消失了。如黄金换成了货物，黄金和货物都依然继续存在，它们现在在不同的人手里。虽然所有的事物在形态上都不断地相互转化，但是它们都继续存在。由于变化过程是有序和平衡的，譬如燃料多少与热、烟和灰烬的多少存在某个"分寸"，所以宇宙中存在一种稳定性。产生与消失有同一个"分寸"，如同实在是一团吸入和呼出都一样多的大火一样。因此，他推断世界的总量是不变的。

那么，是什么在统领物质变化之中的这种平衡性抑或分寸呢？维持总量不变的东西是什么呢？赫拉克利特给出的答案就是："逻各斯"！

在这里，赫拉克利特似乎为两千多年后的现代物理学指出了方向，而物理学中的伟大发现能量守恒定律，并不是逻辑推演出来的，而是一种假设，迄今借此可以解释所有的自然现象的假设，它的"逻各斯"就应该来自赫拉克利特的哲学思想。同时，赫拉克利特的哲学思想含有辩证法的萌芽。他试图统一变与不变、"一"与"多"。

前苏格拉底哲学家中的数学大神毕达哥拉斯提出宇宙是"一"，但是这种统一的宇宙本真并不是通过物质呈现的，而是纯粹的"形式"。这种"形式"就是通过数学上的和谐实现的。毕达哥拉斯发现，在音乐上的和谐与数字和谐是对应的，因此，数学和谐就是统一宇宙万事万物到"一"的载体。换句话说，数学和谐就是"一"。除了音乐，毕达哥拉斯最伟大的发现是几何学中的毕达哥拉斯定理（勾股定理）：直角三角形的斜边长度的平方等于其他两条邻边长度的平方之和。这种数学关系上的完美表达居然成为所有的直角三角形一定满足的数量关系，也就是说，所有的直角三角形看起来是各种各样的，但是，它们之中存在一个共同的"一"：斜边长度的平方等于其他两条邻边长度的平方之和。

毕达哥拉斯将这种发现上升到哲学层面，认为宇宙万事万物都应该存在某种数学和谐来贯穿，这种存在于万事万物的共同的数学和谐就是宇宙是"一"的证明。毕达哥拉斯试图通过数学来统一宇宙万事万物的哲学纲领，事实上直到两千多年后的今天，仍然是推动自然科学研究的潜在的甚至是唯一的方法论和思想纲领，且与古希腊时代相比，可以说于今为烈！

1.1.6 物自体是"多"

前苏格拉底哲学家恩培多克勒是出生在西西里岛的知名人物。他的名声不仅来自他的哲学思想，还来自他在60岁的时候跳入埃特纳火山结束自己的生命的传奇故事。恩培多克勒提出宇宙不是"一"而是"多"。因为，表象中形形色色的存在也是实在。他采用了一种启发性的方式来解决变化问题。物质实在是变动不居的，花开花落，生老病死，任何实在都有成有毁、有生有灭。他提出，这种实在的变化是永恒不变的"微粒"的不断分离组合造成的。他天才般超越时代地指出，物质是由微粒构成的，这些微粒不会变化，但是由于它们之间的组合可以存在多种不同的方式，所以构成了物质的变化（这种思想在赫拉克利特和巴门尼德那里也有）。恩培多克勒还指出，这些微粒就是四种永恒物质元素：土，气，火，水。显然，现代物理学正是沿袭了这种思路。

那么，如果说物质由微粒的不同组合和分离来形成它们的变化，这种变化的原因是什么呢？恩培多克勒杰出的思想就在这里，他提出了"友爱"和"争吵"这两种力作为原因。不同于伊奥尼亚学派认为自然物质自身就可转化为各种各样的其他物体，恩培多克勒认为是"友爱"吸引不同的微粒，"争吵"分离不同的微粒，从而形成物质中微粒组合和分离的原因。恩培多克勒似乎预见到了两千多年后的电磁力，或者，包括强相互作用力、弱相互作用力和万有引力在内的物理学。

不同于恩培多克勒，前苏格拉底哲学家阿那克萨戈拉认为，由"爱"与"恨"这种过于感性的概念来说明物质的组合和分离是欠妥的（恩培多克勒是诗人）。他提出，物质的组合和分离是由一种非物质的东西来完成的。这种非物质的东西叫作"心灵"（nous）。在阿那克萨戈拉那里，"心灵"是一种纯粹的非物质理性理论。他的思想之关键在于，他认为在心灵影响物质的形状和行为之前，物质就已经存在了。物质本身是不生不灭的。心灵对已经存在的物质进行再组合，改变物质已有的存在状态，就构成了我们看到的大千世界形形色色的不同的物质形态以及它们的变化。与泰勒斯、阿那克西美尼、赫拉克利特和毕达哥拉斯不同，在阿那克萨戈拉的思想中，心灵是一种能动地组织物质世界的非物质力量。

前苏格拉底哲学家留基波最早提出原子论，然后由另外一位前苏格拉底哲学家德谟克利特进一步发挥成为原子论体系。在巴门尼德那里，宇宙是浑然一体的"一"，"一"本身是不可分割的，并且充满了整个宇宙。这样，巴门尼德否认存在"虚空"。因为，按照巴门尼德的逻辑推理，如果说存在虚空，虚空就不是真正的"虚空"了，因为"存在虚空"本身的语义就表示存在了。留基波对巴门尼德的语义概念游戏不以为然，他凭借直观认为，虚空就是一个容器，其中分布着类似于恩培多克勒的微粒那样的"原子"。原子本身是再也不可细分的物质微粒，它们在虚空中按照原有的方向和速度运动，而这种运动造成原子之间的碰撞，从而发生原子之间的聚合，形成物质团块。

原子论事实上成就了早期的唯物主义者，他们完全基于物质本身的运动来解释宇宙。他们假设的原子初始运动就成为后来的牛顿第一定律。原子论对两千多年后的物理学产生了巨大影响。

原子论其实就是把巴门尼德的浑然一体的宇宙本真"一"加以切分，将其切分成一个个不可进一步切分的微粒。这些微粒在今天就是理论物理学家心目中的"超弦"。

当然，按照量子力学理论，虚空也不是真正的空无一物的容器，而是存在真空能量的地方。因此，巴门尼德的思想并没有完全被原子论者驳倒。

这样，我们看到，尽管有一些前苏格拉底哲学家认为宇宙是"多"，但是，仍然保留了宇宙是"一"的部分思想。宇宙是"多"，肯定了物质变化和多样性的实在性，也就是说，变化并不是虚幻的，而是实实在在存在的。宇宙的多样性也是实在的。但是，造成这种多样性和物质变化的具体机制说明，是这些哲学家的贡献。事实上，他们把宇宙是"一"的思想置于某个更加基本的位置，这个位置就是理性，抑或赫拉克利特所说的"逻各斯"。然后，用它解释多样性和物质变化的原理。这些前苏格拉底哲学家对宇宙本真的思考，启发了随后两千多年的西方科学。

1.1.7　柏拉图的完美"理念"与亚里士多德的"殊相"

前苏格拉底哲学家们在关于宇宙是"一"还是"多"这个问题上花费了太多

的思考，结果是他们以这样的方式达成了折中：宇宙在物质形态上呈现出"多"，即多元化，但是在非物质形态上存在一种统领物质的"一"。这种非物质的"一"就是赫拉克利特所说的"逻各斯"，或者毕达哥拉斯所说的"形式"。

当然，其中的另类是留基波和德谟克利特的原子论，这种唯物主义哲学思想摒弃了非物质存在，将宇宙实在用不可细分的原子聚合表达，同时用原子之间的组合和分离来说明物质的变化。

柏拉图把毕达哥拉斯的"形式"进一步上升到"理念"。物质世界的多样化不过是理念世界的投影。我们看见的各种各样的物质存在，尽管表面上表现出纷杂各异的特质，但是，可以捕捉到它们的一些最基本的共性。这些共性是普遍的、永恒的，也是完美的。它们就是柏拉图所说的"理念"。

譬如，我们看见现实中形形色色的圆形物体，尽管它们中没有一个是完美的圆形，但是，在我们心目中存在一个完美圆形的理念，并且，这种完美圆形的理念是我们在意识上捕捉所有的这些圆形物体共同特质的基本轮廓。

事实上，柏拉图把赫拉克利特和毕达哥拉斯的思想更加体系化、系统化和绝对化了。他认为，由于物质世界是完美理念世界的不完美投影，因此有生有灭、变动不居是物质世界的特质，相对于完美永恒的理念世界，物质世界是低级的。

然而，柏拉图的学生亚里士多德却有与其老师相反的取向。他肯定物质世界的多样性是实在，即"殊相"，而这些多姿多彩的物质形态之间的"共相"却是潜藏其间的。

没有一个个具体的物体，就没有这些个体之中的一般性质。没有一个个具体的圆形物体，就没有圆形甚至完美圆形的概念！

1.1.8   从前苏格拉底哲学到形而上学

我们看到，在前苏格拉底哲学家那里，宇宙是"一"还是"多"，似乎没有一个定论。首先，巴门尼德确信宇宙是"一"，并且认为我们感知到的丰富多彩的世界其实是假象！当然，他的学生芝诺用多个逻辑悖论证明巴门尼德说的是对的，但是，现代数学证明芝诺悖论可以解决。不过，我发现数学也有点问题！不过是用无限数学去"解决"这些悖论。然而，"无限"里面潜藏了许多"雷"。这个问题,我会在后面的讨论中展开。也就是说,其实现代数学并没有在哲学上真正解决芝诺悖论!

巴门尼德和他的学生芝诺,是通过逻辑证明宇宙是"一"的。然而,留基波和德谟克利特把巴门尼德的"一"撕裂成为一个个的原子碎片,并且给虚空留出位置。赫拉克利特和毕达哥拉斯分别用非物质的"逻各斯"和"形式",来驱动这些碎片的组合分离,从而形成宇宙万物的运动变化。

我们看到,前苏格拉底哲学家们的思考,最终结果就是在思想上把宇宙的终极原因追溯到某种非物质的存在:逻各斯、形式、心灵、气、爱恨……这种思维,到了柏拉图那里,就干脆形成了一种纯粹非物质的"理念"。从此,形而上学就萌发了。

雅典贵族出身的柏拉图,沿着前苏格拉底哲学家的思想天梯,将宇宙实在的本真上溯到天国之门,然后走进理念世界。我们身居的物质世界,不过是理念世界的投影而已。不能说因老师苏格拉底被民主制的雅典杀害而使柏拉图在心理上产生了如此愤世嫉俗的哲学,抑或贵族家庭的背景让他必然如此这般地恶视世俗社会,的确,柏拉图的哲学思想随后为从中世纪基督教开始的专制社会提供了强大的哲学基础。

然而,来自马其顿的一个学生改变了柏拉图学园的思想套路。这个名叫亚里士多德的哲人,一反老师柏拉图贬低个体实在的倾向,反过来认为真正的实在或者本真是一个个的物质个体,是"殊相",而不是虚无缥缈的"理念"。

我们之所以在意识中存在完美圆形的概念,是因为我们从一个个具体地呈现出圆形形状的物体中抽象出来的"共相"。一般,是存在于特殊之中的。

相比于老师柏拉图,亚里士多德的哲学更加依赖人类直觉。这也是亚里士多德哲学的一般性特征(也包括他关于物体的运动不能缺少力的推动这种直觉,当然,这个论断后来被伽利略和牛顿推翻了。不过,从彭加勒在《科学与假设》中的观点看,亚里士多德的"推力"与伽利略、牛顿增添的摩擦力概念其实是可以互换的)。

然而,亚里士多德并没有完全跳出老师柏拉图的套路,正是他开创了形而上学的哲学视界(他的名著《物理学之后诸卷》被日本人翻译为《形而上学》)。

尽管亚里士多德肯定了经验个体的实在性，但是同时又画蛇添足地用"四因"去绑架经验个体的"自由"。"四因"是指质料因、形式因、动力因和目的因。石块的质料是石头，形式是光溜溜的表面。抛上天空的石块的动力来自人类的抛掷，但是石块为什么会下坠，是因为石块存在的目的因是待在地面上。

这些抽象的原因其实又回到老师柏拉图的理念世界去了。

为什么这样说呢？因为，质料也好，形式也好，都是脱离具体的经验物质个体而独立存在的，而正是它们框定了一个个活生生的具体经验物质个体存在的所有特征。

身居柏拉图学园，即使是亚里士多德，也很难不染上柏拉图思想的特定色彩。

1.2 经验主义哲学

1.2.1 休谟：感知是我们唯一的经验源泉

如果说前苏格拉底哲学家们在感知到的多样化实在与想象之中的非物质宇宙本真之间徘徊不定，那么，柏拉图就直接把宇宙本真定格在超直觉、超经验的理念世界了。也就是说，到了柏拉图那里，我们似乎没有什么进一步可说的了。是的，理念，看不见摸不着，只是存留在我们的心中。柏拉图哲学由此演绎出独裁精英政治的逻辑：只有那些心中存留完美理念的圣人，才是掌控国家的"哲学王"。

在这一点上，柏拉图的政治理念与中国儒家学说有几分神似！

然而，亚里士多德把权重更多地给了个体经验，而对应于"理念"的抽象统一不过是存在于个体之中的某种"共相"而已。不过，在亚里士多德那里，雄辩还不彻底，最终不得不走向与其老师似曾相识的"四因"。

但是，亚里士多德把个体作为宇宙实在的基础，是哲学走向休谟经验主义的一个过渡。

沿着柏拉图理念世界的方向，17世纪的欧洲演绎主义哲学家笛卡尔、莱布尼兹将纯粹理性推演出来的知识作为唯一具有确定性的知识，只有数学满足这个条件（事实上，自非欧几何出现后，这个结论也不成立了。数学也并不是完全确定性的，因为数学体系依赖公理，而公理的选择具有任意性，本质上也是来自经验直觉的）。

与此相反，英国哲学家如休谟、培根、洛克、贝克莱等，认为知识来源于外部经验。根据演绎学派的观点，1加1等于2是纯粹先验的知识，人们生而所知的，无需经验。1加2等于3，是在1加1等于2基础上加上逻辑获得的，这与经验没有关系。

但是，英国经验主义学派指出，没有吃过西红柿，就不会知道西红柿的美味！经验，是一切知识的来源。

贝克莱认为，"存在即被感知"。休谟则说："我只知道我的感知，至于世界上是否有物体存在，我表示怀疑，那是无法知道的。"

如果说哲学家里面谁是最诚实的人，那么我认为休谟是首选。他说出了我们每一个人最真切的感受。事实上，除了来自我们感觉器官接收的感觉，你还有什么是确确实实感觉到的存在呢？（当然，自我不需要感觉器官即可感知，正如前面说的那样。但是自我感觉并不是物质的。）

当然，正如我之前谈到的，我们的自我意识，也就是说，我们最初来到这个世界时对于自我意识的自我意识，并不来自感觉器官。但是，除了意识之外的一切物质存在，也就是说实在，皆源于感知，而这种感知来自感觉器官。意识，并不是物质实在。因此，我们可以说，对于物质实在的一切感知，都是感觉器官接收到的外部刺激。

我们的感觉器官，如眼、耳、鼻、舌、皮肤，通过接收光线、声波、气味、味道和发生、触碰等物理刺激，感知外部世界的存在。自我意识并不是属于外部世界的。因此，在自我意识之外有一个外部世界的存在，纯粹是感觉器官带来的感知。

形而上学并不否认感知，而是进一步推测在这种感知的背后存在着另外的存在，而且这种存在是宇宙的本真实在，它比感知到的实在更加本真，是永恒不变的，并且是一个整体、是"一"。

经验主义断然否认了形而上学的这种臆测，因为它仅仅是一种臆测，并不可靠！

我们看到，经验论与演绎论或者唯理论之间的差别就在于是否走出这一步：感知表象的背后是否存在什么永恒不变的本真存在。唯理论者说yes，而经验论者说no！

1.2.2 哲学思辨的存在源于人类统一个体感觉的天性

当康德还在纠结唯理论的独断哲学时，休谟的著作让他大吃一惊，他自称如梦方醒。从柏拉图到笛卡尔、莱布尼兹的唯理论，将宇宙的本真溯源到某种形而上学的本体。这种神秘莫测的本体成为世俗观念中主宰宇宙的神！柏拉图哲学之所以在中世纪成为基督教的哲学外衣存在逻辑上的必然性。这种纯粹推测，不是来自经验的体系，事实上与宗教无异。新柏拉图主义创立者普罗提洛、教父哲学的集大成者圣奥古斯丁、经院哲学的集大成者托马斯·阿奎纳，分别将柏拉图哲学和亚里士多德哲学作为思辨框架为基督教奠定了哲学基础。

这种建立在纯粹想象和推测基础上的神学居然把持西方社会心灵空间上千年，在今天看来有一些不可思议！

休谟，基于人性最基本的感知，在逻辑上为形而上学挖掘了坟墓。

如果说笛卡尔发现我们最可靠的认知保证是自我意识意识到自我意识本身，那么，休谟的发现就是我们对于自我意识之外的所有的认知完全是建立在感觉器官接收到的物理刺激之上的。

培根、洛克、休谟等人认为，人的一切知识都来自经验，经验之外无物存在，人类对经验以外的事物无法知晓。的确，如果你是一个诚实的人，你不可能否认这一点。唯理论是一种独断哲学，因为它的一切推理都是建立在盲目信仰基础上的，没有感觉证据支持。完美无缺的理念，一个完美的圆形，你见过吗！没有人见过，从来没有一个完美的圆形实在曾经被人拿出来让人见识见识。现实中存在的所有的圆形物体，包括你用最精确的圆规画出来的圆形，其实都有瑕疵。有一个数学家，曼德勃罗，发明了分形几何。如果你在纸上画一个圆形，你知道它的周长是多少吗？你一定会说是直径乘以圆周率。反正是一个有限数。但是，分形几何告诉你，任何一个画出来的圆形的周长都是无穷大的。因为，画出来的圆形的局部都存在弯弯曲曲的线条，无论你用多大倍率的放大镜去看圆周线的局部，都存在更加微小的局部存在弯弯曲曲的线条。把这些无穷小局部的弯弯曲曲线条的长度加起来，随着细分的无限进行下去，你测量出来的圆周尺度是不断增加的，最终趋于无穷大。

唯理论坚信存在完全确定性的真理，并且这种真理只能存在于独立于经验的虚无之中，只能是一种独断，没有事实依据。

然而，如果没有形而上学思辨，人类思维完全局限在一个个活生生的形形色色的感觉上，也不会有任何思维的意义！哲学思辨，本质上就是要在形形色色的个体实在中寻找某种统一！这种企图是人类天性使然。

如果完全放弃形而上学，是否就存在灭绝哲学本身这样的风险呢？

调和独断论与经验论，这件事情由康德完成了。在康德的《纯粹理性批判》中，他提出了方案！

1.2.3 宇宙本真不一定存在"真理"

独断论有一种心理学上的魅力。特别是在文艺复兴的理想主义时代，法国百科全书派在思想上冲破中世纪神学的禁锢，理性替代了上帝，成为统领西方思想界的新圣杯，而独断论的唯理倾向与理性主义粘连在一起，有一些藕断丝连。也正是这样，当沉迷于独断论的康德读到休谟的书的时候，难免"如梦方醒"！

柏拉图虚无天国中的理念世界、亚里士多德框定物质运动的"四因"，仍然是潜藏于莱布尼兹、笛卡尔独断论里的魅影。宇宙的本真是真理，或者说真理框定了宇宙中万事万物的存在形式与运动。真理，又是存在于理性之中的。理性，并不是物质状态本身，而是统领物质运动的非物质本真。理性，由此可以追溯到柏拉图的"理念"，再往上可追溯到毕达哥拉斯的"形式"、赫拉克利特的"逻各斯"，甚至巴门尼德的"一"。

但是，这一切玄思，在休谟的经验主义哲学面前，都显得底气不足了。因为，相比于活生生的感知世界，那些虚无缥缈的空灵世界不得不退居其次。

循着休谟的思想，我们不得不承认：我们唯一能够肯定的是在自我意识之外还有什么存在，就只能是感觉器官接收到的感觉了。

然而，感觉仅仅是一些碎片化的东西。不同的感觉之间是否存在联系、存在因果关系，这是一个问题。甚至，按照休谟的观点，我们的自我意识也是转瞬即逝的感觉。

休谟认为人不过是一束知觉。

我在当下这个瞬间，通过五官感受到一些感觉知觉的集合，这就是所谓的"我"。夏虫不可语冰。

休谟聊过一件事：所有的感觉来来去去，永无休止，当这些感觉像各色丝线被束成了一簇时，那一簇感觉，就是那一秒我们能够感知的"自己"。

好了！如果说在自我意识之外唯一可以肯定的存在是感觉，我们唯一可以达成共识的实在是感觉到的实在。那么，我们还有什么需要向前迈进一步呢！

这一步，就是在碎片化的感觉之间寻找某种共同的东西！我之前曾说过，这种需要是人类天性使然，并不是宇宙本真本来的需要，而是人类的需要！

本来，无论宇宙本真是什么，是"一"还是"多"，如果没有人类的取舍，也是无所谓的。如果宇宙本真是"一"，就存在这种统领，或者"理性"什么的。如果是"多"，则宇宙本真本来就是一个个孤立的、相互之间没有联系的单一的存在的组合。无论是哪一种可能性，人类都无权干预！人类不过是宇宙中的一种存在而已，是宇宙本真决定了人类的一切，而不是人类决定宇宙本真应该是什么样子的！除非回到基督教神学那里去，我们应该有这样的推理。

但是，人类有一种天性，就是思考的天性。这个天性不可避免地让其中一些人成为哲学家。哲学家做的事情，就是要迈出这一步：寻找宇宙本真的"一"。也就是说，哲学家其实在心理上首先存在一个预设：宇宙本真是"一"，存在统领宇宙中万事万物的理性或者真理。不同的哲学家或者不同的哲学流派的区别只在于他们之间的真理是什么，沿着什么样的道路可以找到真理而已！

独断论认为真理就是理性，理性只可以通过逻辑来确立或者捕捉。经验主义认为，真理只有通过经验归纳才能够找到。唯理论的真理存在于人类心智原生视界中，而寻找真理的过程就是"回忆"，显然，最终走回柏拉图那里去了。经验主义认为，真理存在于外部世界中，并不在人们的心灵里。按照洛克的观点，心灵刚开始只是一张白纸。知识是外部世界在这张白纸上的投射而已！真理只能够通过人类的实践归纳总结。

我们看到，无论是独断论者还是经验论者，其实他们之间仍然存在一个共识，那就是：宇宙本真存在统领物质实在的某种东西，他们称之为"真理"！他们之间存在的争议不过是发现真理的方式方法到底是归纳法还是逻辑推演。

在这种没有结果的纠结中，出现了一位哲学大神，他用亚历山大大帝的利剑，一下砍断了这个绳结！他就是伊曼纽尔·康德。

1.3　康德的视界

1.3.1　哥白尼革命

康德发现，无论是独断论还是经验论，共同点都是赋予自我意识之外的外部世界一个"理性"特征，即宇宙的本真存在一个叫作"真理"的非物质法则，它统领着宇宙的运转。显然，这种宏大叙事最早可以追溯到前苏格拉底哲学家那里，譬如泰勒斯、巴门尼德、赫拉克利特、毕达哥拉斯等。其实，这种思维本身就是独断论的根源！

康德的思想核心在于，放弃这种逻辑，将重心从外部世界拉回人的意识中来。就像冲击康德大脑的休谟所说的那样，我们对于外部世界的唯一肯定仅仅是感觉。我们的意识通过感觉器官接收来自外部世界的物理刺激，这些物理刺激仅仅是碎片化的，仅此而已！感觉本身没有任何宏大叙事，感觉是稍纵即逝的。宏大叙事只能是人的构造，或者说来自意识的创造。

这样，康德将哲学基本问题即外部世界有没有真理统领，转换成是否由意识创造出真理的问题。这种改变参照系原点的做法，可以与哥白尼将太阳系参照系原点从地球转换成太阳相提并论，所以，康德自称他本人完成了一场"哥白尼革命"。

譬如，当我在欣赏九寨沟的秋天美景时，我的感觉器官接收到的物理刺激如下：一些光线进入了我的眼睛，一些声波震动着我的耳膜，一些气体分子进入了我的鼻腔，然后，我看见了碧蓝的湖水、五彩缤纷的树丛，以及它们映在水中的倒影，我听见了鸟儿的歌声、嗅到了阵阵花香……

　　显然，第二步，从眼睛接收光线、耳膜接收声波、鼻腔接收气体分子，到这样的美景感受，纯粹来自我的神经系统。神经系统的"软件"应该是意识。我意识到这些美景，是我的意识把来自感觉器官接收到的物理刺激进行整理，编辑成为一幅美景图画。我完全不能说九寨沟的美景是独立于我的意识之外的实在，因为没有我的意识作用，我的感受仅仅是一些物理刺激而已，一些杂乱无章的、碎片化的光线，声波的震动，气体分子的撞击。

　　类似地，当你在欣赏奥黛丽·赫本的美照时，你的感觉器官仅仅是接收到一些光线，但是这些光线通过你的眼球进入你的大脑神经中枢后，被你的意识编辑处理成为一个美丽的女人形象。我们的意识会把物理刺激带来的感觉整理编辑成为一种感知。所谓感知，就是碎片化的感觉经过意识整理编辑之后的认知。"感觉"与"感知"之间的差别，就在于"觉"与"知"之间的差别。"觉"就是感觉本身，是纯粹的由感觉器官接收到的物理刺激，而"知"就是"知识"，是"感觉"经过意识整理编辑之后的系统认知。

　　当我们凝视九寨沟的美景时，那些光线进入了我们的眼球，然后信息传达到我们的大脑皮层，最终由意识整理出前水后山、左有花丛、右有森林、上有蓝天白云、下有青青草原的美景。并且，在这幅美景中，我们会感到每一个物体的位置、透视关系、色彩组合，是符合"逻辑"的。在这里，我用双引号把"逻辑"两个字引起来，是因为"逻辑"本身也是意识创造出来的。外部世界本身，无所谓"逻辑"。也就是说，赫拉克利特所说的"逻各斯"，抑或"理性"，都不是外部世界自带的属性，而是意识的创造。没有人的意识参与，我们就没有任何依据说外部世界一定是"理性"统领的。说有一个"理性"的东西统领着宇宙本真，是没有感知证据的独断论。

　　那么，如果说意识创造了感知，意识有一种功能是把感觉器官接收到的物理刺激整理编辑成为一个系统图景，从而形成感知、认知或"知识"。那么，这种意识功能是怎样进行这种整理编辑工作的呢？

　　康德在他的鸿篇巨制《纯粹理性批判》中系统地给出了答案。

图1.1 大木花谷的樱花树，写生油画 作者：蒲勇健

这幅油画（图1.1）是我2020年春天在重庆涪陵大木花谷的写生作品，主题是大木花谷的樱花树。当时我的感觉器官接收到了来自大自然的各种光线和色块，它们进入我的大脑，被我的意识组织成美丽的风景。

1.3.2 真理不过是意识的创造

康德是最后一位古典哲学大师，也是现代哲学的起始点。有人把康德比喻为一个"漏斗"：康德之前的哲学思想都统统汇集到了康德那里，古典哲学的所有智慧都集聚于康德，然后从康德那里又涓涓流出形形色色的现代哲学流派……

我们看到，从前苏格拉底哲学家到莱布尼兹、笛卡尔的独断论，同时分叉出经验论。独断论与经验论经过多年的两极角力，最后融汇于康德的批判哲学，这就是康德的《纯粹理性批判》。我在大学时，偶然读到一篇文章，其中一句话让我印象深刻，好像是说：没有读过康德的《纯粹理性批判》，就没有资格谈论哲学。

我们看到，康德的"哥白尼革命"把哲学基本问题即宇宙本体或者本真是否存在统领性的真理拉回到人本身那里。也就是说,所谓真理,其实也如休谟要求的那样,需要感知证据。

宇宙本真有没有真理呢?这个问题按照经验主义的标准,就是我们是否经验到真理、是否感知到真理,这本身就是一个问题!

在康德所在的18世纪,牛顿物理学已经成熟,并且对西方思想有着重大而深刻的影响。所以,可以说是否有真理被感知这个问题,答案似乎是显而易见的:存在真理。譬如,牛顿力学三大定律就是真理。真理是放之四海而皆准的。牛顿力学定律也是永恒成立的。多少年来,全世界的建筑师应用牛顿力学定律设计建造房屋、水坝;天文学家应用牛顿力学定律预测天空中某个位置有一颗星星,然后被天文望远镜的观测所证实。18世纪,没有人会怀疑牛顿力学定律的正确性。尽管牛顿物理学给出的预言总是被证实,我们却不能"证明"它"一定是"正确的。也就是说,物理学是依靠"归纳法"发现的真理,却不是靠逻辑"证明"的真理!

牛顿在1687年出版了《自然哲学的数学原理》,近代科学的理论范式正式登场,犹如夜空中射出的一束光芒。牛顿力学发出的神力,可以从这里窥见一斑:

《竹书纪年》记载"懿王元年天再旦于郑","天再旦"就是天亮了两次,这意味着发生了日全食,可以推算出日期是公元前899年4月21日。

1781年发现天王星时,开始一度被误认为是彗星,后来才被确认为行星,同时科学家也计算出了其公转轨道和周期。然而,1800年后,天王星的运行速度先快后慢,逐渐偏离了预测的运行轨道。到1845年,偏离程度非常严重了。这对当时已经成为正统的牛顿力学产生了不小的挑战。

虽然有人也因此怀疑过牛顿力学的普适性,但大多数科学家还是想通过加入其他影响因素的方法来解释这个"错误"。有人把这归罪于彗星的撞击,但彗星根本不可能对这颗质量是地球14倍的大行星轨道产生如此大的影响;也有人认为天王星有一颗巨大的卫星在影响它,但人们一直没能观测到这颗隐藏的卫星。

天王星的确有多达27颗卫星,但这些卫星都非常小,最大的一颗也没有月亮的一半大。

在各种猜测中，未知行星的假说逐渐脱颖而出：会不会在天王星外面还有一颗行星加入了外围行星的摄动，一切就都说得通了。

但是，要发现这颗潜在行星的难度相当大：它离太阳更远，更暗淡，在那个恒星星图尚不完善的年代，如果光靠望远镜在天空中寻找，估计几十年都找不到，而且就算发现了，也很可能被误认为是一颗恒星。

于是，人们又开始计划通过摄动的效果先反推出这个行星的位置，然后再观察验证。这种方法没有固定的算法，它需要计算者不断地进行假设，并根据观察结果修订假设。这个过程讲起来容易，做起来却比登天还难，当时大部分科学家都认为这是无法做到的。

或许正因为如此，发现海王星的桂冠，最终由两位小字辈摘得了。

（1）险些被错过的海王星

1846年的9月23日，柏林天文台的约翰·伽勒收到了一封来自法国人勒威耶的来信，信中如此写道："把您的望远镜指向宝瓶座……在这个位置1度的范围内，定能找到新的行星。"

伽勒跟勒威耶关系很好，1年前，他还曾把自己的博士论文寄给勒威耶，让他帮忙审阅。由于勒威耶的信里没有写计算过程，所以伽勒对新行星的预测也将信将疑，不过看在朋友的分上，当天晚上他还是带上了德莱斯特，打开望远镜开始观测。

幸运的是，德莱斯特刚好完成了对新行星出现区域天区的星图绘制，两个人一颗一颗地排查镜头中出现的星星，不过半个小时就在距离勒威耶预测位置区域0.6度的地方发现了一颗星图上不存在的星星，但尚不能确认这是否是一颗行星。

用肉眼观星，行星可能只是一个更亮的点，比如中心略微发红的火星，但在望远镜里，行星会呈现一个圆面，而恒星还是一个点。伽勒在第一次观测到海王星的时候，因为距离太远，甚至没有看出圆面，所以不能确定它是否是行星。

第二天一入夜，两人立刻又去观测那片天区，发现这颗新星已经向西发生了微小的移动，毫无疑问，走得这么快的，只可能是太阳系里的新行星！

柏林天文台在9月23日发现新行星的消息迅速传遍了世界，勒威耶也因此名声大噪，而在此之前，勒威耶其实已经就新行星的预测向巴黎科学院发送了三篇论文，但全部石沉大海，这才把验证预测的机会留给了德国天文学家。

与此同时，人们才发现另一位年轻的英国天文学家亚当斯其实早在1845年9月就算出了这颗行星的位置。但因为他的资历太浅，没有人愿意认真对待这份预测，所以一直拖到第二年7月，他才在没有可靠星图的情况下，零零碎碎地观测了一个多月，结果一无所获。

经过英法间一番关于"谁先发现新行星"的争论后，天文学界最终认定两人都是它的发现者，勒威耶为它起的名字"Neptune"（纳普顿，希腊神话中的海神，中文译名"海王星"）也一直沿用至今。

我们现在知道，海王星是一颗非常漂亮的蓝色星球，这是因为它的大气中所含的甲烷吸收了红色光线。但人们在刚发现它的时候，还看不到它的颜色，所以海王的名字和它的颜色完全没有关系。

1989年8月25日，人类的飞行器旅行者2号第一次，也是迄今为止唯一一次飞跃海王星，我们才得以近距离一睹它的芳容。

海王星上有着太阳系里最猛烈的风暴，最高风速可达每小时2 100千米，这几乎是声音传播速度的两倍，而且这些风吹的并不全是气体，因为海王星大气表层的温度只有约零下214摄氏度，此时的甲烷已经是固态的"冰"晶了。

海王星大黑斑和小黑斑都是海王星上的巨型风暴，但这些风暴如今已经平息，只持续了几十年，这与木星大红斑几百年的寿命无法比拟。如此强大的风暴，光靠微弱的太阳光是驱动不了的，因此，人们认定海王星应该拥有一颗比地球略大的、由岩石和"冰"组成的炙热核心。这里的温度高达5 000摄氏度，几乎和太阳表面一样热，压力有700万个大气压，在这种环境下的"冰"并不是固态的，而是处于一种氧原子组成晶格、氢原子在其中流动的、看上去是固态的超离子状态。

旅行者2号在经过海王星时，还发现了它的三个环，人们于是用"亚当斯""勒威耶"和"伽勒"为它们命名，以纪念这三位发现海王星的功臣。

（2）辉煌过后，是什么？

牛顿力学的成名，在于它能够预测未被观测到的天体。牛顿的朋友哈雷经过精密的计算，在 1705 年的时候就预测一颗彗星会在 1758 年回归。当时哈雷已经 49 岁了，牛顿力学的反对者们因此嘲笑他说："哈雷的年龄为他的预言提供了保险，请问 53 年后如果彗星不出现，我们上哪儿去诘问他本人呢？"

最终，反对者都被现实打了脸，彗星于 1758 年如约而至，人们为了纪念哈雷发现了这颗彗星的周期性，而把它命名为"哈雷彗星"。

到了 18 世纪末，对牛顿力学的质疑声音已经很小了，天王星轨道的"危机"成了反对者们最后的稻草，事实却书写出牛顿力学史上最为辉煌的篇章。不过，想参透宇宙运行的规律，才没有那么简单，牛顿力学也不是一把万能钥匙。

勒威耶在成功发现了海王星后，又观测到了水星轨道的异常——水星近日点的位置按照牛顿力学计算，每百年会变化 $1°\ 33'\ 20''$（科学名为进动值），但实际观测结果却是 $1°\ 32'\ 37''$，这个 $43''$ 的差距虽然很微小，但已经是无法被忽视的误差了。

勒威耶惊喜地认为，历史又给了他一次发现行星的机会。有了海王星的经验，他很快就计算出了一颗水星轨道内行星的位置，并将它命名为"火神星"。1877 年 3 月 22 日，人们纷纷把望远镜对准了勒威耶给出的"火神星"将要出现的位置，却什么都没有发现。

直到 1915 年爱因斯坦提出广义相对论之前，"火神星"一直都是牛顿力学上空一片挥之不去的乌云。根据广义相对论，人们很轻松地计算出了与实际相符的水星进动值，这多出的 $43''$ 是太阳周围空间弯曲造成的。牛顿力学就此"跌"下王座，成为广义相对论的一种特例。

如今位于神坛之上的广义相对论，就是完美的吗？当然不是，无论是黑洞的中心奇点，还是宇宙大爆炸前的初始状态，广义相对论都无法解释，因为它与描述微观状态的量子力学无法兼容。

数学真理，是逻辑推演出来的。但是，自然科学却是通过归纳法发现的。我们每天都看见太阳从东方升起，我们却不能够"证明"明天早晨太阳也从东方升起。你可以说，非也！可以用物理学理论"证明"明天早晨太阳也从东方升起。但是，物理学理论是建立在一些物理学定律基础上的，而物理学定律是物理学家通过物理实验发现的。自然科学依靠归纳法发现科学定律，但是归纳法发现只能说明科学定律在以往的成立，并不能外推到未来也成立。罗素给出了一个例子：人总是按过去所得的大量证据来揣摩规律，这种不完全归纳法会要了他的命。每天喂小鸡的人，完全有可能是最后拧断小鸡脖子的人。

这样看来，事实上并不存在所谓的"宇宙真理"。在休谟看来，正是如此。因为，真理，就应该是科学定律。像数学那种通过逻辑演绎出来的发现，其实并不是真正的发现，因为从前提到结论，不过是一系列逻辑推演，不产生新的知识。有什么样的前提，当然会有对应的结论。而前提本身，一定来自直觉公理，而这些公理的显然性是依靠归纳法支持的。欧几里得几何中两点之间可以画一条直线段，这是一个公理，因为你不断画连接两个点之间的直线这种经历会强化你的认知。这种认知强化过程就是归纳法。但是，我们知道，欧几里得几何的第五公理，就没有归纳法感知强化。第五公理是说通过直线外一点可以也只能画出唯一一条直线与给定直线平行。因为，不可能有人能够画出无限长的直线。第五公理之所以被欧几里得列为公理，是因为其来自归纳法：我们能够在给定直线外任何一点画出唯一一条与直线平行的直线段。直线段是有限长度的，直线是无限长度的。我们把有限长度的直线段通过归纳法外推到无限长度的直线，就得到了第五公理。然而，正如休谟指出的，这种外推并没有逻辑支撑。事实上，19世纪的数学家高斯、罗巴切夫斯基、鲍耶，就发现第五公理其实是可以被其他不同的公理置换的，从而获得了不同于欧几里得几何的非欧几何。最后，黎曼建立起一般性的非欧几何，即黎曼几何。后来，爱因斯坦用黎曼几何构建了他的广义相对论。广义相对论验证：我们这个宇宙其实并不是欧几里得几何的，而是非欧几何的。

科学定律，抑或我们所说的真理，无非就是把不同的感觉通过因果关系勾连起来。休谟指出：因果关系其实并不存在。因果关系不过是我们意识创造出来的、把不同事物（感觉）联系起来的人造观念而已。

休谟在分析因果关系这一左右人类知识形成的根本基石的时候，提出了一种彻底的经验主义方案，即以两个现象前后相继所构筑的相关性来建构一种因果性，从而形成人类知识。例如，我们分别以描述的口吻叙述"太阳晒"和"石头热"，所提供的只是经验的杂多，而我们这样表述这一现象——"因为太阳晒，所以石头热"，其间所加入的"因为""所以"使描述性的经验杂多成为一种知识。然而，我们不能证明，或者说保证，太阳晒一定是石头热的原因。当然，我们也不能说雄鸡唱就是天下白的原因。因果关系，不过是意识中人为地把一个事件与另外一个事件联系起来而已。这种联系纯粹是基于人类大脑在记忆存储和搜索信息时节省大脑存储空间和运行能量所需要的机制。关于这一点，正是我将要系统提出的思想。

休谟走到这一步，几乎就为康德的批判哲学打开了口子。

既然所谓真理就是意识本身的一种创造，因为因果关系是意识创造，那么，这种意识创造过程是怎么发生的呢？如果说大脑意识像电脑的软件那样整理编辑外部世界输入的信息，那么，完成这种编辑工作的"软件"是什么呢？

康德在他的《纯粹理性批判》中给出了这样的"软件"。

1.3.3 纯粹理性批判：综合先天判断是大脑"软件"

在上文提到的欣赏九寨沟美景的例子中，我们说看见的事物之间的关系是符合逻辑的。这是什么意思呢？

所有的物体在空间关系上是符合逻辑的：在我们的视野中，位置靠前的物体会挡住背后的物体，并且看起来大小尺度要比远处的物体大一些，即使实际上背后的物体本来要比前面的物体大，这就是透视关系。不同的物体占据的空间位置是不同的，不同的物体在空间上是分离的。一些石头位于一座山上，可以说山峰包含了那些石头，那些石头被包含在那座山上。我们在欣赏美景的时候，还会感觉到时间的流逝。太阳冉冉升起，湖面上的树影变换着光怪陆离的色彩。

图1.2　重庆江北嘴，创作油画　作者：蒲勇健

这幅油画（图1.2）是我2019年创作的作品。近处的金发美女代表全世界，而远处的摩天大楼是当时正在修建的来福士广场。透视关系使美女身体比来福士广场的摩天大楼还要大。

所有的这一切，都是我们的感觉。但是，如果说在我们的意识之外的确存在一个外部世界，那么这一点应该是肯定的。按照休谟和贝克莱的观点，感知就是存在。我们在欣赏美景的时候，经验到了感知。然而，存在的存在是否就是我们感知到的那个样子、是否就是我们看见的美景？关于这个问题，康德认为我们的感知与存在本身，也就是说实在本真是不同的东西。这是因为，我们的感觉器官接收到的感觉，经过大脑意识的"软件"处理之后呈现给我们的东西，就是美景本身，已经与实在本真是不同的东西了。也就是说，在我们的感知与实在本真之间存在一堵隔离墙，或者说一条不能够跨越的鸿沟。鸿沟的这边是我们的感知，而鸿沟对面是不可知的"彼岸"。康德把那个彼岸称为物自体或者"自在之物"。

物自体是存在，也是宇宙本真，但是不可知的，或者说不是完全可知的。我们知道的仅仅是感知到的感知。

感知，正如我之前所说的那样，是意识对碎片化的感觉加以整理之后得到的东西，这些被大脑意识编辑之后的感觉就是成体系的，不再是碎片化的了，可称为"知识"。

那么，大脑"软件"是什么呢？

图1.3 彼岸，临摹苏联油画 临摹者：蒲勇健

康德认为，"软件"就是包括时间、前后左右空间关系、包含与被包含、因果关系等他称为"范畴"的东西。正是这些哲学范畴，把感觉编辑成为感知。也就是说，感觉到的各种各样实体，在空间中不同的位置各就各位，被前后左右、包含与被包含配置。并且，实体在时间中被感觉，不同的时间呈现不同的实体。哲学范畴本身并不是感觉到的实体，它们是抽象的非物质观念。既然哲学范畴不在实在中，不被感觉，就自然存在于意识之中。但是，它们在意识中的存在是没有经验来源的，是先于经验的，是"先天存在的"。康德称之为"先天综合判断"。

由此，时间和空间并不是实在，而是先天综合判断。如果没有时间和空间这些先天综合判断，我们甚至不可能想象任何实体的存在。

我说存在一只乌鸦，一定意味着在什么时间、什么地方可以看见一只乌鸦。也就是说，时空是实体存在的思维基本框架。不仅如此，事实上，时空是人类思维的基本框架。没有时空概念，就完全不可能进行思维。因为我们的思维依靠想象力，而没有时空概念，想象本身就是难以想象的。

这样，康德通过引入先天综合判断或者哲学范畴，将碎片化的感觉编辑成为感知。在感知体系中，感觉到的事物之间按照符合逻辑的关系共存。就像一幅画，里面的物件按照透视关系、时空关系被安置。

我们感知到的事物，基本上都是按照逻辑关系存在着的。由此，我们生活在一个没有矛盾的世界里。矛盾就是违反逻辑。这个世界就是感知世界。

图1.4　大木花谷的乡村牛棚，写生油画　作者：蒲勇健

这幅油画（图1.4）是我于2020年春天在重庆涪陵大木花谷的写生作品，主题是大木花谷的乡村牛棚。在这幅作品里，所有景物都按照透视关系、空间关系、包含与被包含关系处在"合乎逻辑"的位置上，没有任何逻辑矛盾。

当然，有时候我们会偶遇一些矛盾现象。这些不能够得到"合理解释"的现象，其实就是我们遭遇到物自体中没有被意识成功编辑的部分。譬如，天文学发现宇宙中的星系结构不能用万有引力解释。由此，物理学家引入了"暗能量"概念。他们假设宇宙中存在另外百分之七十的看不见的物质（电磁波都不能测量到的物质）。我们发现宇宙处于加速膨胀的状态，这是与万有引力理论矛盾的现象。于是，物理学家假设，宇宙由大约三分之二的暗能量和三分之一的物质组成。正是这些暗能量推动着宇宙中星系的相互远离运动。

暗物质、暗能量就是物自体。

什么是"哲学"？"哲学"是英文"philosophy"的汉译。"philosophy"来自古希腊语，原意是"爱智慧"。最早用这个词的人是古希腊哲学家毕达哥拉斯。由日本学者西周在1874年翻译成汉语"哲学"，于1896年前后由康有为等人引入中国。

我们看到，哲学就是爱智慧的意思。注意，哲学不是"智慧"本身，而是"爱"智慧！爱，是动词。所以，哲学是一种活动，是热爱、追索智慧的活动，或者说是由好奇心驱动的人类活动。我们知道，活动是一种过程。因此，哲学活动重在过程。哲学家的贡献主要在于提出问题，而不是对问题的解答。当然，哲学家会提出各种各样的解决问题的方案，从而形成他们的哲学理论体系。但是，几千年来，基本上没有一个哲学问题能够找到完美的答案。这是因为人类的好奇心是无休止的，不可能得到终极性的回答。

人类对任何事物都存在好奇心，而这些好奇心通常是通过诸如"什么是什么？"的语句表达出来的。譬如，时间是什么？宇宙是什么？人们常说哲学存在三大基本问题(或者说终极问题)：我是谁？(相当于说"我是什么？""人类是什么？")我从哪里来？(人类起源是什么？)我会去哪里？(人类的终极命运是什么？)

在"什么是什么"这样的问题表达语句中，第一个"什么"叫作"主词"，第二个"什么"叫作"谓词"，或者说"是什么"叫作"谓词"。

但是，"什么是什么"这样的表达语句，基本上存在两种类型。比如，红花是红色的花。这样的语句显然是正确的，并且永远都是正确的。因为"红花"的概念本身就是指红色的花。哲学家说，在主词"红花"中，已经隐含了"红色的花"这样的意思。所以这句话永远都是正确的。这种永远都是正确的话，叫作"重言句"，哲学家叫作"分析判断"。也就是说，重言句把主词中含有的意义"分析"出来。但是，看看这一句话：这朵花是红色的。在主词"这朵花"中，并不一定含有"红色的花"的意思，因为并不是所有的花都是红色的。说"这朵花是红色的"，就提供了新的信息。当然，这句话不一定是正确的。是否正确要看这朵花是不是真的是红色的。哲学家说，需要"经验"验证。这种其正确性需要经验验证的语句，哲学家叫作"综合判断"。

因此，分析判断并不提供新的信息，而综合判断才提供新的信息。分析判断不需要经验验证，它永远都是正确的，而综合判断的正确性依赖经验验证。

这样看来，哲学就是爱智慧，爱智慧就是一个由好奇心驱动的人类活动过程，而经常出现的这种满足好奇心的活动就是提出"什么是什么"的问题，并且去寻求这种问题的答案的过程(尽管这样的问题的答案通常是不完美的，甚至是没有的)。

为什么哲学问题通常是没有完美或者终极答案的呢？因为，哲学问题有点像俄罗斯套娃，是一个接着一个的。比如，几乎我们每个人自儿童时代起就会有一个问题：宇宙是什么？你去问妈妈、爸爸，或者老师，他们或许会说，宇宙就是时间和空间构成的。你一定不会满足于这样的答案。因为，你会接着问：什么是时间呢？什么是空间呢？到了这一步，可能大多数父母甚至老师都会卡住了。因为，这样的问题正是哲学家们热衷于研究的专业问题。

康德的先天综合判断，就是说综合判断，是来自先天的设定。

1.3.4　知识体系

康德建立了意识中的各种各样哲学范畴，即所谓先天综合判断。这些哲学范畴就是大脑意识编辑外部世界信息输入的"软件"。哲学范畴对碎片化的感觉进行组合、筛选，并建立起各种各样感觉之间的联系。当然，建立起感觉之间的联系主要是依赖因果关系这个范畴。因果关系建立起的感觉元素之间的联系，就是科学定律或真理。无论是否能够建立起因果关系，大脑意识都会把碎片化的感觉分门别类地安置在大脑空间中的不同位置。处理和完成这种安置工作的最基本框架就是时间和空间这两个范畴。当然，包括因果关系在内的所有的安置感觉碎片的工作，都是在时空这个框架中进行的。时间和空间是最重要、最基本的哲学范畴。我们记忆或者回忆什么事情，一定是在什么时间、什么空间这种时空背景下进行的。历史，是在时空平台上展开的。

经过哲学范畴如此这般整理了的碎片化的感觉元素，就不再是碎片化的了。这些按照因果关系和时空关系有条不紊地安置在意识中的外部感觉集合，就构成了人类的知识体系。

知识体系中的各种感觉元素之间是符合逻辑的，没有矛盾。如果某些来自外部世界的刺激即感觉并不能被无矛盾地纳入知识体系，它们就会被视为反常现象，并且最终被人们视而不见。当然，人类会不断努力试图把它们按照某种方式成功纳入知识体系，这种工作就是科学研究。如果出现越来越多的反常现象，也就是说有越来越多的、新增加的感觉不能被无矛盾地纳入现有的知识体系，那么科学家就会尝试重新修改已有的知识体系，包括对感觉元素之间的联系方式进行重构，直至能够把新增加的感觉纳入。这就是科学革命的过程。

　　知识体系中的感觉集合，由于被有序安置和通过因果关系勾连起来，是无矛盾的体系，与最初碎片化的感觉集合是不一样的。我们称之为"感知"。感知，就是我们通过哲学范畴有序安置后的感觉。

　　开普勒把第谷观测到的天文数据加以有序安置，主要通过数学方程建立起联系，获得了开普勒行星运动定律。牛顿进一步引入万有引力和三大力学定律，扩大了开普勒体系，建立起牛顿力学体系。这个体系对来自宇宙的感觉（观测）进行有序安置。牛顿物理学成为17世纪到20世纪初的主要自然哲学体系。

　　不过，按照康德的思想，物自体是不可知的。知识体系并不是物自体本身。由于感知永远都是意识对于物自体局部的、经过哲学范畴编辑过的感觉，所以，随着人类实践活动的深化和泛化，人类知识体系会不断进化。所以，康德哲学已经在逻辑上隐含了科学革命的可能性。可以说，20世纪波普尔的证伪主义，是从康德哲学中直接孕育出来的。

第 2 章　元理性的基本思想

2.1　对哲学基本问题的第三种答案

2.1.1　知识是意识复制感知世界的模型

哲学基本问题是：宇宙本真是否存在统领性的真理？

无论是独断论还是经验论，在这个问题上基本有一致的答案。他们都认为存在真理，只不过他们之间的分歧在于寻找真理的道路到底是逻辑演绎还是归纳法。独断论认为只有经过严密逻辑推理获得的知识才是确定无误的真理（譬如，斯宾诺莎创作的名著《伦理学》就是模仿欧几里得《几何原本》的写法写作的，由公理系统推出一系列定理），而经验论认为逻辑推理获得的东西并不是新知识，只有归纳法发现的知识才是有价值的真理。

到了康德的批判哲学，康德的"哥白尼革命"将视角从宇宙本体拉回到人的意识。在这里，真理是否存在？这个问题是没有答案的。因为物自体是不可知的，是彼岸，是自在之物。我们永远被感知局限在一个与物自体分隔开来的此岸。

在康德哲学中，原有的哲学基本问题被取消了，因为，这个问题本身是没有意义的。在意识此岸，不可能感知彼岸是否存在统领性的真理。然而，尽管如此，在康德的语境中，仍然存在"真理"这种概念。这种真理是源自休谟意义上的因果关系。在知识体系中，某些感知元素之间可以通过因果关系（休谟意义上的、纯粹意识联想形成的）建立起某种恒定的关系，通过这种关系，使意识联想不同的感知元素更加便捷。这种关系链就是真理。当然，与古典哲学中的真理概念不同，这里的真理是可以不断发展的，并不是固定的、静止的。因为，随着人类实践活动的开展，这种感知关系链可以不断扩大。由此，在康德哲学中，科学革命在逻辑上是常态！并且，在每一个特定的时期，真理总是相对的，因为从长期看，无论内容正确与否，真理都是处于变化之中的。

我们也可以说，这就是哲学基本问题的第三种答案。

康德用先验的哲学范畴编辑整理感觉元素，集成了一个叫作知识的认知体系。也就是说，康德给予了我们常说的知识认知体系一个逻辑上非常严格的定义。要注意的是，在康德那里，知识并不是外部世界本身在意识中的原样印制，而是如洛克说的那样，是意识中的先天综合判断整理后的感觉。这种整理就是把碎片化的感觉元素按照时空关系和因果关系有序安置在大脑意识中。感觉是外部世界给予人类大脑的物理刺激，它们与外部世界或物自体是不同的。譬如，戴上墨镜看世界，看到的景致不一定是外部世界本身的样子。但是，戴上墨镜看到的世界，也是物理刺激，是感觉元素。

那么，我们可以进一步问：为什么意识需要这样一个知识认知体系呢？这个问题，康德，以及几乎所有的哲学家都没有思考过，至少是没有系统地思考过！

我们在接下来的讨论中将系统地研究这个问题。

为什么人类会有一个知识认知体系呢？我们的意识看待外部世界是有一个基础框架的。进入我们意识的事物，并不是杂乱无章的碎片化集成，而是按照一定的逻辑关系呈现的。我们生存在这个世界，是需要行动指南的。纯粹的动物本能，也有一种对外部刺激的本能反应系统。譬如，老鼠听见猫叫，会本能地躲藏起来。羚羊看见狮子，会本能地逃跑。这是动物生存所需要的本能反应。

其实，人类本身也有动物一样的本能反应。譬如，在树林中看见蛇，我们会本能地躲避逃离。所谓本能，就是不假思索地做出反应的行动。这种本能反应过程是即时的、迅速的。要是你在树林中行走，看见路边有一条蛇。你的眼睛接受的视觉信息，进入大脑神经系统，然后意识根据过去积累的知识（这种知识的积累可以是被蛇咬过的痛苦经历记忆，也可以是通过学习，譬如书本知识的学习和从别人的经历那里获取的）去确认那是一条蛇，而知识储备进一步确认蛇是危险的，最后意识中的知识储备告诉你怎么逃离。这个过程是低效率的，会耽误你的行动。实际上，眼睛看见蛇的视觉冲击进入大脑意识后，知识储备确认是蛇，大脑意识中的对应模块立即发出命令给你的肢体，启动逃离行动。这个过程是无须思考的即时行动，是迅速的行动过程。这就是本能反应。本能反应是刺激—行动的纯粹行为机制，中间没有思考的余地。这种本能反应是在生物进化过程中形成的，是生物进化的效率特征，即有效的生存机制成为进化优选的策略。人类，作为一种生物，当然也具有诸多本能反应机制。譬如，我们生活中的许多决策是完全凭借直觉作出的。直觉，就是本能反应的一种。

　　然而，仅仅凭借直觉本能对外界刺激作出反应是难以在复杂的生存环境中有效进化的。直觉本能是基因设定的，譬如大多数男人的基因设定了这样的本能反应：只要偶遇女人，荷尔蒙就会被激发出来。但是，是否激发出来的行动就是去追求她呢？与动物不同的是，人类表现得要谨慎得多。按照目前智能科学家提出的理论，基因是委托人，而大脑是代理人。基因与大脑意识之间的关系是委托代理关系。基因单纯的行动指令经过大脑意识深思熟虑的斟酌之后，才会有行动（李大烈，2020）。

　　大脑意识深思熟虑的斟酌是建立在关于外部世界的"模型"基础上的，这是因为，大脑作为基因的代理人，面对复杂的决策问题，需要进行计算，而计算需要有关外部世界的某种"模型"。

　　人类的脑容量比其他动物大得多。这就意味着人类的大脑可以存储大量的外部信息输入，并具有高效率处理这些信息的能力。这就是说，大脑意识会把关于外部世界的感觉输入，并且将其整个儿地编织成一个关于外部世界的"模型"。这个"模型"就是知识认知体系。人类在进行决策的时候，除了直觉思维这种本能反应，还能进行"理性"决策。这是其他动物完全没有的机制。因为知识认知体系是感知系统，是意识按照各种各样的哲学范畴编辑出来的符合逻辑的感觉元素配置，因此是一个理性世界。康德不否认物自体有一些部分可以被感觉但是不能够被感知，就是有一些感觉元素是非理性的。在感觉元素集合中，一部分是感知世界，是其他的"反常现象"，与常识矛盾的感觉元素，就是非理性世界。

大脑意识中存在一个关于外部世界的理性"模型"、一个指引人类行动的指南、一张"地图"。理性"模型"与本能反应一起指导人类行动，是人类能够比其他物种更加成功的原因。譬如，人类可以建造各种各样的房屋，而不是像蜜蜂那样只能根据本能建造单一形状的蜂巢。因为人类的理性"模型"或者说知识认知体系中存储了大量关于建筑的可提取知识。

康德哲学的诸多哲学范畴，健全了认识论哲学的框架。我们需要进一步引入现代心理学和脑科学的发现，来丰富认知哲学的内容。

2.1.2　对康德哲学的补充：大脑意识用"模型"复制外部世界是按照经济原则进行的

婴儿时期的经验，对于成人后的认知方式十分重要，甚至可以说是至关重要的。弗洛伊德早就注意到了这一点。当然，与弗洛伊德不同的是，我在这里要说的并不是性动力。

婴儿开始在感知外部世界的过程中把外部世界的物理刺激（光感、触碰、声音、味觉、嗅觉……）整合成为"一个物体"，这是第一个飞跃。然后，从一个妈妈、一个爸爸、一颗糖、一个奶瓶，抽象出"1"这个数学概念，这是第二个飞跃。

第一个飞跃，产生自婴儿生理感知系统。也就是说，神经系统会把来自外部世界的物理刺激整合为一个整体形象，而不是任由分散的、碎片化的外部刺激散留在大脑空间中，这是一种由生理系统完成的过程。

人类生理系统为什么会把各种各样的物理刺激整合成为一个单一的形象呢？这是因为，这样做有利于大脑搜索存储的信息，是保证大脑工作有效率的方式。

婴儿需要识别出妈妈，但是他关于妈妈的碎片化特征记录是诸如甜蜜的乳汁、丰满的身体、光滑的肌肤、温柔的声音及爱抚等。如果大脑中分散存储这些碎片化信息，大脑每一次搜索这些信息并将其整合成为"妈妈"这个形象，就是低效率的。在系统论里有一个"大系统理论"，它证明当系统很大、很复杂时，分层化存储和梯次提取信息就是高效率的。什么意思呢？打一个比方，图书馆的图书卡片存储就是按照图书学科目录存储图书的。比如，你要借高等数学方面的教科书，就应该去数学目录下的卡片箱里查找，而不是去语言类目录中查找。

如果把关于妈妈的上述特征存储在一个叫作"妈妈"的卡片箱目录下，婴儿在识别妈妈形象的过程中就方便多了，节省了大脑搜索信息的成本。

为什么人类抑或生物需要在其记忆中存储经历过的关于外部世界的信息呢？因为这样可以减少认知外部世界的成本。

一个人第一次看见毒蛇的时候，并不知道毒蛇会咬人，被咬了之后人会中毒，中毒后会有生命危险！当他经历过这样的危险之后，或者从其他人那里（知识）了解了这种危险后，他才知道应该躲避毒蛇。如果没有记忆，大脑里面没有存储关于毒蛇危险的相关知识，每一次都要经历被毒蛇咬伤，这是低效率的人生，没有进化优势。经过进化，生命系统进化出了高效率的认知能力和反应外部刺激的生理系统。这种生理系统是按照高效率方式运行的。或者说，生命系统的运行符合经济规律！

生命系统每一次经历外部世界都会把关于外部世界的一些信息存储起来，这就是记忆。存储过往经历及外部世界信息是一种"资本积累"（人力资本的积累）：未来在与外部世界互动的过程中，人类可以通过搜索应用这种"资本"而减少认知成本。譬如，当你走在树林突然看见地上有一条长梭梭、弯弯曲曲的软体动物，通过大脑搜索已经存储的信息，你就知道那是一条蛇。通过搜索关于蛇目录下面的碎片化记忆知识，你知道它是危险的，并且知道应该如何躲避。这样，认知蛇及保护自己的过程就是减少成本，无须重新研究这些问题。

大系统理论中的分层管理机制是普遍存在于人类社会中的。

从这种"经验资本"概念出发，我们可以进一步引申出一个重要的推论：

因为人类大脑基于效率或者说经济原则运行的需要，把经验存储在大脑中是一种进化出来的功能。但是，碎片化的、各种各样的物理刺激作为载体的经验信息，存储在大脑中也需要某种有组织的架构，通过构成一个相互之间存在勾连的整体，方便大脑进行信息搜索和存储。这种组织经验或者说感知信息的架构就是康德所说的先天综合判断，它们是时间空间、上下左右、前后、包含关系、大小关系、因果关系等12个哲学范畴。我再加上一个：透视关系。因为透视关系也是基于人类感知外部世界时候存在的一种先天感知架构。为什么存在这种先天综合判断呢？我对康德哲学的一个补充是：大脑工作是基于经济原则的！也就是说，进化出来的生命系统的感知体系是按照经济原则运行的。

2.1.3　从认知科学视角理解康德

大脑把碎片化的物理刺激整合成为一个相互之间存在时空关系、因果关系的整体，这就是生命个体关于外部世界的图像或模型。正如地图并不是完整复制了外部世界一样，这种图像或模型也不是完整复制了外部世界。康德说外部世界被我们部分而不是完整地感知，因为只有通过先天综合判断编辑之后的物理刺激才会被我们感知，所以我们感知的外部世界并不是外部世界本身，而是被我们大脑编辑整理之后的外部世界。譬如，看看图1.2中的油画。这幅画是我自己创作的。你看见或感知到了什么呢？你会说你看见一个美女的背部、披肩金发、她面前的江河，以及远方的建筑。我要问你的是，你其实仅仅是在你眼睛里接收到了一些光线，这些不同颜色的光线怎么会在你脑子里呈现出那么多姿多彩的形象？一些光线组合成为美女，另外一些光线整合成为建筑、江河、云彩！

这些工作，都是你大脑干的。然而，没经过你大脑整合的外部世界本身到底是什么，谁也不知道！康德称其为物自体，或者"自在之物"。

物自体是不同于人们感知到的外部世界的。在图1.2中，所有的形象，包括美女、江河、建筑，它们之间的关系都是符合逻辑的：美女挡住的江河部分，是看不见的，这是前后关系；美女居然比远处的摩天大楼还要大，这是透视关系。这些都是符合逻辑的，因为逻辑本身就是人类大脑意识本身的先天综合判断！由先天综合判断编辑之后的外部物理刺激，组合出来的图像，当然符合"逻辑"。

大脑中存储了关于外部世界的图像，这个图像可以说是一个人的"世界观"。在这种关于外部世界的图像中，一切元素之间的关系都是符合逻辑的，因为，图像本身就是按照逻辑这种大脑中先天具有的组织架构描绘出来的。爱因斯坦说，宇宙的永恒之谜在于其可理解性，宇宙能被理解是个奇迹（史蒂夫·斯托加茨，2021），就是说这个宇宙最神奇的地方是居然一切都是符合逻辑的理性安排下的秩序，并且这种秩序居然能够被人类所理解。这是因为，人类观察到的（感知到的）宇宙图像本身就是经过包括逻辑在内的先天综合判断编辑过的，当然符合逻辑、符合理性，并且能够被人类理解。这并不令人惊奇！

按照康德哲学的说法，感知到的外部世界图像与物自体是不同的存在，尽管感知到的图像来自物自体。有人反驳康德，说既然物自体本身是不可能感知的，你怎么知道存在物自体，并且知道它是不能感知到的！其实，这并不是康德哲学的原意！康德的原意是，感知到的图像并不能被证明是物自体本身！康德并没有肯定物自体的存在，而是说感知到的图像并不一定就是物自体！也就是说，物自体在逻辑上是可能存在的，并且在逻辑上可能不等于感知到的图像。

既然感知到的图像是符合理性、逻辑的，康德就将其称为"理性世界"。当然，物自体本身有一些部分不能被纳入先天综合判断进行编辑的世界，这些部分可以被称为"非理性世界"！非理性世界也是存在物理刺激来源的，只不过不能被先天综合判断哲学范畴编辑，如生活中出现的某些反常现象，只能被归入非理性世界。

有一些不能够被观察但是可以想象的存在，如上帝、鬼神，因不能被经验，故被归入了"超验世界"。物自体中有一部分是超验世界的，因为不能观察到其相关的物理刺激。

康德哲学在现代物理学中似乎得到了某种程度的佐证：大自然形形色色的物质本质上来自能量，这是爱因斯坦质能方程式给出的结论。但是，我们

图2.1　我创作的科幻小说
《爱克斯博士》

观察到、感知到的存在只能是物质，而不是能量。因为，人类的感知和观察器官只能接收物质的刺激，而能量是一种数学概念，是想象中的存在。特别是暗物质、暗能量，多年来物理学家都没有观察到相关物理证据。只能是想象中的数学概念，尽管据说暗物质、暗能量构成了宇宙物质和能量的大部分内容（我曾创作了一部以暗物质为内容背景的科幻小说《爱克斯博士》，清华大学出版社2014年版，图2.1）。据说，很多物理学家认为暗物质、暗能量可能就是康德哲学预言的"物自体"！

2.2　为什么有"1"这个数字

现在，我们说清楚了婴儿会在脑子中形成"妈妈"形象的原因。因为婴儿通过把关于感知到的"妈妈"的碎片化物理刺激（触碰、爱抚、乳汁等）存储在"妈妈"这个目录下，有利于大脑搜索出"妈妈"的信息并最终方便识别出"妈妈"！这是大脑按照经济原则运行的假说。这个假说，是我的原创，也是我对康德哲学的补充。虽然康德哲学假设先天综合判断那些哲学范畴编辑物理刺激，形成感知并整理出一个理性的知识架构，成为引导人类行为的指南或"地图"，但是康德没有说明为什么需要这种先天架构！我提出的新思想是：这种架构之所以存在，是因为它可以使大脑运行节省成本、提升效率，大脑按照经济原则运行！我的这种假设，就留给未来的脑科学家去验证或证伪吧！如果被证伪，我就借爱因斯坦的一句话说，太遗憾了，上帝是应该这样做的……

接下来，解决另外一个问题：为什么会有"1"这个数字？

前文推论出的"图像"或"模型"可以说清楚这个问题。

大脑中需要一个关于外部世界的图像，这个图像既不是对外部世界的完全复制，也不是对物自体的准确、完整复制，却是可以引导人类行为的"地图"。地图并不是对复制对象的完全、准确复制，但是可以引导人们的行动路线。这种存在忽视细节的复制，是权衡了细节与复制成本的一种最优化复制。当然，这里说的复制成本是大脑运行的成本，因为大脑按照经济原则运行。

大脑工作存在哪些成本约束呢？从最基本的层面上考虑，存在两种成本：①大脑记忆信息的存储空间有限，也就是说空间是稀缺的，因此占据存储空间是一种成本；②大脑搜索记忆信息存在能量耗费。科学家发现，人类大脑消耗了很大一部分能量（脂肪）（成年人的大脑大约使用人体20%的氧气和20%的能量，意味着每天摄入2 000卡路里饮食的人使用400卡路里。这些能量的大多数都是用于神经元，但大约有三分之一是专门用于保持细胞健康的）。基于这两种约束，大脑进化出一种最优化复制外部世界的、形成关于外部世界的"模型"的构造方法。这种方法形成了人类特有的认知形式和知识构造方式。

我在这里提出元理性，就是将人类特有的认知形式和知识构造方式揭示出来，并加以解读。同时，我提出的这种元理性理论，能够对现代科学理论的表征形式及其存在的问题加以解读，是人类认识自己的思想表征方式的一种方法。

下面，我们来看看数字"1"的来历及它在人类大脑工作中的重要性。

2.2.1　大脑意识复制外部世界的砖块

当你看见面前的一个图形时，你会产生面积的感觉。图形的面积是什么呢？你感觉二维平面图形都应该有一个面积的概念，它是图形占据空间大小的测度。图形具有面积，这就是你的感知，或者说是你接收到物理刺激后（光线进入你的眼睛）产生的感觉。但是，怎么具体量度面积？这是另外一个问题。在数学家那里，产生了一个学术领域，叫作"测度论"。

由此，我们需要对图形的面积大小进行量化的测度。怎么测度，为什么要量化测度呢？

大脑需要复制外部世界的经验。我在前面已经说清楚了，大脑为什么需要复制外部世界，在大脑中构造一个关于外部世界的"模型"或"地图"，因为这样有利于高效率或低成本地引导人类的行为，这是大脑按照经济原则运行的要求。

这种复制需要把对外部世界的感知存储在大脑中，但是，大脑中的存储空间是有限的，对于无限多的外部世界刺激是不可能都存储起来的。譬如，你可以随手画出一个正方形，因为大脑存储正方形的感知经验只需要很少的空间。由于对称性，只需要存储正方形的某个局部信息就可以复制出整个正方形。最具对称性的二维图形是圆，只需要存储圆的很小一个局部就可以复制出一个圆形。但是，你几乎不可能随手画出一个椭圆（当然，如果你知道椭圆就是在平面上两个地方钉一个钉子，在它们之间系一根绳子，用笔紧压绳子可以随手画出一个椭圆，但这是你学习解析几何后才知道的方法，我这里说的是通过复制感知信息而不是用科学方法画图）。因为大脑很难通过记忆椭圆的某个局部而复制出整个椭圆，甚至椭圆的任意局部也没有多少对称性。

由于大脑记忆信息的存储空间有限，所以大脑只是存储某些对称性很强的简单图形，如圆形、正方形、正三角形等，存储这些图形只需要较少的记忆空间。

大脑对于正方形的面积感知是十分简单的，这种感知占据的大脑存储空间很小。其他诸如矩形等对称性较强的图形的面积感知也与之类似。

但是，尽管你可以感知椭圆的面积，却不可能把椭圆面积的感知存储在大脑空间中，因为这需要占据无限多空间位置。人类的生理结构是有限的，没有无限多的大脑空间可以存储无限多的信息。

那么，对于诸如椭圆这些难以在大脑中存储起来的复杂图形的面积感知来说，大脑有什么办法在复制外部世界时复制呢？

大脑是这样处理这个问题的：用正方形的叠加去复制。也就是说，用大脑能够存储的简单图形面积感知去复制复杂图形的面积感知，或者说复杂图形的面积就被定义为用简单图形叠加复制出来的结果……这就是微积分中的黎曼积分。当然，黎曼积分也可以用矩形甚至正三角形的面积感知去复制（图2.2）。微积分证明了这些不同的"砖块"复制出来的结果是相同的。

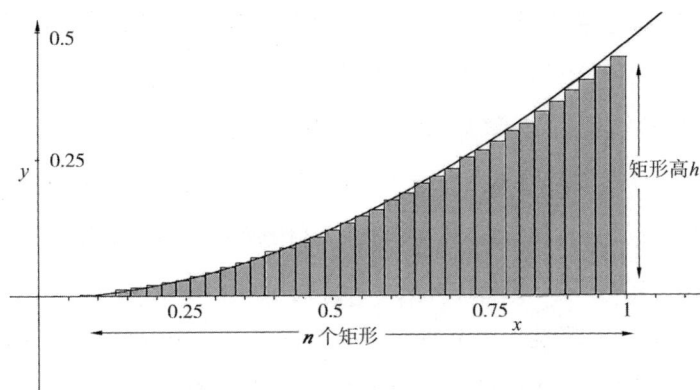

图2.2　黎曼积分：用矩形去复制不对称图形的面积

2.2.2　有型

　　大脑存储简单的、对称性强的感知，然后用这些存储感知去复制其他复杂的感知，是大脑按照经济原则运行的具体体现。这种复制过程是通过"加法"来进行的。譬如，微积分中数学家用简单的幂函数作为"砖块"，通过加法叠加去复制一般性的函数，这就是函数的泰勒级数展开（只有"光滑"的函数，即无限次可微的函数才能够展开为泰勒级数）。当然，正如康德哲学指出的那样，复制来自物自体的刺激是不完整的，所以并不是所有函数都可以展开为泰勒级数。类似地，函数的傅里叶级数展开，数学家用对称性强的三角函数去叠加成为一般性函数，但是，并不是所有函数都可以展开为傅里叶级数。

　　这种基本的"砖块"，简单的、对称性强的感知，我称为"有型"。"有"表示"存在"，《道德经》写道："天下万物生于有，有生于无。"即无中生有！有型一定是感知的，来自经验的。"型"有"模型"的意思，即对物自体的部分感知。

　　数学家在泰勒级数展开中用的有型是幂函数，而在傅里叶级数展开中用的有型是三角函数。三角函数是周期性变化的，周期性变化是对称性强的，因为大脑存储其中一部分变化就可以复制整个变化的感知。

　　大脑中的静态感知通常用简单的感知作为有型，如最简单的几何图形感知就是"点"，而对于动态变化的感知通常用周期性变化感知作为有型，最简单的动态变化感知是三角函数，如正弦波和余弦波。

　　欧几里得的《几何原本》中采用的有型是五个公理。通过逻辑推理，用这五个公理去复制其他复杂的几何图形，就构成了欧几里得几何。

　　现在我们来看，数字1是什么？

　　数字1，是一个苹果、一个妈妈、一个爸爸、一个奶瓶等"一个事物"的有型！是什么意思呢？1，是最简单的存在，是不能进行再分解的感知（哲学意义上）。所以，用1去复制复杂情形，按照加法规则复制，就有了数字2，再复制，就有了数字3。所谓"道生一，一生二，二生三，三生万物……"

　　1+1=2，其意义并不是说两个被感知到的事物，而是说用一个感知到的事物去复制另外一个事物。这是因为，复制是同一个事物的再现，也就是说，被复制出来的事物与复制它的有型是完全一样的，这也是"复制"这一术语的本来意思。然而，任何两个事物并不是完全一样的，俗话说，没有完全一样的两片树叶！

　　两个相加的事物必须是完全一样的，一头牛不能与一匹马相加。

　　由此，我们看到，数字1是用来复制其他感知的有型！譬如，我看见两个苹果。两个苹果，在我心目中是"苹果"的有型通过加法获得的。当我说或者听见别人说或者想象到两个苹果的时候，我的意识并不去想两个苹果的不同细节（颜色、大小等方面的差异），而是想到两个一模一样的苹果，除非我需要去想象两个苹果的不同细节！

2.2.3　加法规则

　　1+1=2，到底是什么意思？这个问题，其实是一个很深奥的哲学问题，当然也是数学问题。爱迪生开始读小学的时候，因为他总是向老师提出这个问题，为什么1+1=2，结果被老师认为是智障，被劝退学。爱迪生只读了3个月的书！他后来的教育是在家由母亲完成的。我小时候也有为什么1+1=2这个疑问，比爱迪生幸运的是，我没有被开除，因为我没有总是去问老师，而是长大后带着这个问题去北京大学数学系学习。在北京大学数学系的几年，我最大的收获是在大三知道了数学家的答案：1+1=2只是一个约定！但是，哲学解答呢？没有！只有我自己去寻找了！

数学家发现，1+1=2纯属约定，也就是说，有一天你遇到一个外星人，他们星球约定的是1+1=3，你也不应该感到奇怪。因为他们的数学体系与我们地球人的数学体系是完全等价的！

数学体系，只要不存在内部矛盾、逻辑上的矛盾，就是可以接受的！1+1=x（x可以是任何数）可以构造一个不存在内部矛盾的数学体系。这是数学，并不是哲学！哲学家关心的是，为什么我们地球人会约定1+1=2，而不是别的！

两个数相加，前提是被加的两个事物是完全相同的！一个苹果加一个苹果，是什么意思？当你想到苹果的时候，你心目中有一个苹果的意象：红色的、球形的，吃起来香脆甜的水果！你不会去想苹果的分子结构、维生素组成，除非你刻意去琢磨。事实上，一粒沙子里面就是一个世界，所以霍金写了《果壳中的宇宙》（斯蒂芬·霍金，2014）。由于大脑运行遵循经济原则，你只是抽取了苹果的部分感知存储在大脑中。这就是苹果的有型！

有型尽管是简单物理刺激的感知，但是任何事物都是无限的，简单点说就是感知抽取了事物的部分特征。所以，有型并不是物自体本身，而是对物自体部分特征的感知。

所以，1+1=2，其中两个1是具有不同意义的：第一个1是有型，第二个1是用有型即第一个1去复制感知的经验。譬如，两个苹果加起来是什么？注意，如果两个苹果是真实的两个苹果的感知，是不能够相加的，因为两个苹果是不同的事物，至少位于不同的空间位置上。两个苹果加起来，是说两个完全相同的苹果相加，当然只有当它们是有型的时候，才可能是完全相同的。所以，两个苹果，事实上就是我们大脑中用苹果的有型去复制两个感知（看见来自物自体的两个苹果）。

用有型去复制感知，是大脑按照经济原则运行的体现。因为大脑只需要存储简单感知即有型，再通过加法规则复制其他复杂的感知，这样就节省了大脑存储空间。

汉斯·约阿西姆·施杜里希在《世界哲学史》中写道："我深信，甚至可以断言：在我们的思想和语言表达中所出现的各种概念——从逻辑上看——都是思想的自由创造，它们不能从感觉经验中归纳获得。我们之所以不那么容易注意到这一点，是因为我们总是习惯于把某些概念和概念的关系（命题）与某些感觉经验如此确定地联系在一起，以至于我们意识不到有一条在逻辑上不可逾越的鸿沟，这条鸿沟将感官经验的世界与概念和命题的世界隔离开来。比如说，全部的数的系列显然就是人类头脑的一种发明，是人类自己创造出来的一种工具，它使某些感觉经验的整理变得更加容易了。"（汉斯·约阿西姆·施杜里希，2017）

2.2.4　地图

大脑将最简单的感知或物自体物理刺激存储起来，这样可以最大限度地记忆存储外部信息，这些最简单的感知信息就是"有型"。然后通过加法规则用有型去复制更多更复杂的其他物自体物理刺激，这就是大脑通过进化所得到的经济运行机制。这是我提出的假说。我将这个假说称为"元理性"。如果说经过先天综合判断整理过的感知信息成为人类关于外部世界认知的"理性知识"，那么，这种有型与加法规则的构架，就是人类理性的原始框架。所谓"理性"，在这里被定义为被哲学范畴所局限的感知元素之间的因果关系的总和！我相信这个假说是真的，因为接下来我可以通过这个假说解释几乎所有的行为经济学发现的现象，以及人类知识结构和许许多多的现代科学难题。

大脑存储各种各样简单感知作为有型，然后在需要的时候通过加法规则复制出其他感知，这种大脑工作有什么意义呢？

大脑存储有型，目的是在最小化占据大脑存储空间情况下可以编织关于外部世界（物自体）的图像（模型），这种图像是引导人类行为的指南或地图。

对于这种大脑机制，我们可以从汉斯·约阿西姆·施杜里希在《世界哲学史》中的一小段文字中窥见类似的描述："在吉伦使用的大量概念中，有一个概念叫作'减负（Entlastung）'。在生理器官方面几乎是'一贫如洗的'人（尤其是在儿童期）被迫无数次地尝试他的感觉、说话、运动、触觉、抓握等的方式和内容，而且通常看上去像是在玩耍一样，他探索周围的世界，并在自身之内建立起一个经验和习惯的系统，其实，要不是他拥有一个自己创造的符号世界，那么这个系统对他并不是都有用处。属于这个符号世界的首先是语言，它能够把人通过感官把握到的事物的无数的属性用一个符号表达出来，比如缩减为一个词。对人来说，一个概念如'椅子'或'石头'可以说就是一个标签，它代表着事物的诸如大小、硬度、重量、表面特性、用途等大量的特征。这样，他就可以对他的经验进行'登记注册和排列'，以随时听候他的调遣。语言的这种'减负功能'就由吉伦这样明确地提了出来。"（汉斯·约阿西姆·施杜里希，2017）

我们可通过一个例子来说明。

2.2.5　武松打虎

在《水浒传》中，武松在"三碗不过冈"酒馆喝酒的时候，店小二告诉武松，前面景阳冈有老虎。武松的大脑中当然有老虎的有型，因为老虎是人类知识积淀中的元素。所以，武松醉卧景阳冈时，听见森林中有动静，便惊醒了，抓起哨棒迎击大虫。如果武松大脑中没有老虎的有型，不知道老虎为何物，他就不会有戒心，也不会知道怎么应对老虎的攻击。当然他就可能成为老虎的夜宵了！

当武松打虎之后，他又看见迎面过来一群老虎，顿时崩溃了！武松大脑中并没有这一群老虎的感知记忆，他只是通过加法规则，把一只老虎有型叠加成为一群老虎。也就是说，武松惧怕的并不是走过来的一群老虎，而是被大脑复制出来的一群老虎。

当然，那些老虎其实是一群身披虎皮的猎人。

所以，人类大脑存储感知的有型是有用的，是人类生存需要的经验储备。当然，基于经济原则，大脑仅仅存储简单感知即有型。

通过加法规则，用1可以复制所有的自然数。自然数是大脑进化的产物，因为人类在进化过程中自然会产生自然数的概念，这是大脑基于经济原则运行的机制自然产生的结果。

自然数这种人类大脑自然产生的体系，是大脑节省成本的产物。但是，如果一些人有意耗费大脑成本去琢磨加法规则本身，就会建构起比自然数体系更大的体系。古希腊的毕达哥拉斯学派，把1这个有型进行与加法逆向的运算，得出分数概念。二分之一，或者说0.5，就是把1分为两个更加小的有型的叠加。所以分数不过是有型的转换。多个相同的数字的加法，可以简化为乘法。乘法其实是加法的一种简化程序。乘法的逆运算是除法。减法也是加法的一种简化程序，譬如，3-2=1，其实是1+2=3的简化程序。为什么说是简化程序呢？因为在运算中如果遇到3-2的情况，本来可以转化为1+2的运算，但是麻烦一些，于是简化程序为3-2。

所以，加减乘除本质上仍然是加法。减法、乘法和除法不过是加法在特殊情形下的一种简化程序。简化，也是大脑按照经济原则工作需要衍生出来的过程。

另外需要的简化程序是0和负数的发明。之所以说0和负数是发明而不是大脑自然产生的概念，是因为它们并不是人类进化过程中必然产生的概念。至今在原始部落中都没有0和负数的概念，因为0和负数只是在需要复杂运算时为了简化计算过程而发明的技术。没有0和负数，原则上仍然可以进行所有的计算，只不过麻烦很多而已。所以，发明它们也是节省大脑计算成本的需要。在原始部落，没有复杂计算的需要，所以没有0和负数发明的需要。事实上，原始人没有0和负数的概念，是因为他们没有0和负数的感知，感知不到0和负数！

所以，有人说，只有自然数是上帝发明的，其他的都是人类的发明。

毕达哥拉斯学派以为通过1这个有型，加上加法规则（以及建立在加法规则上的加减乘除运算），就可以复制所有的数。这就是有理数体系。

毕达哥拉斯学派进一步地把有理数作为整个外部世界（自然界、宇宙）的感知，也就是说，毕达哥拉斯学派认为宇宙的本质就是数，而有理数体系包括了所有数字，因此有理数可以完全对应宇宙。

显然，从康德哲学角度，我们一眼就可以看出毕达哥拉斯学派过于自信了：有理数其实是对感知的测度，而康德哲学告诉我们，物自体不可能完全被感知。有理数体系不可能完全对应宇宙（物自体）。

从逻辑上看，毕达哥拉斯学派的这一自信可能因康德哲学的预言而破产，这一刻，随着无理数的发现而到来！毕达哥拉斯学派的一个成员希伯索斯，发现了一个不可能被有型1和加法规则复制的感知……无理数！

2.2.6　无理数的确无理

以一段长度为有型，去复制其他长度，这就是长度的测量，作为有型的长度就是测量长度的"尺子"。因为是有型，所以尺子本身测量自己的长度为1。

毕达哥拉斯学派认为，这种测量可以测出所有长度的数字。他们认为，所有的数都是有理数，而从1这个有型通过加法规则生成的加减乘除获得了有理数体系，是宇宙万物的表征。

事实上，毕达哥拉斯学派认为，开方运算也是建立在加减乘除四则运算基础上的，开方无非是寻找某个数，它自己与自己的乘积是某个给定的数。据说，毕达哥拉斯发现直角三角形的两个邻边的平方和等于斜边的平方，因为很多多边形可以分解为多个直角三角形的叠加（加法规则），所以这个发现非常了不起。尺子可以测量万事万物！这是毕达哥拉斯学派的哲学思想：不仅希腊竖琴的琴弦上不同比例位置对应了不同的音阶，这些比例是有理数，是可以测量的，而且，他们相信宇宙万物也可以用1这个有型复制出来！

据说，毕达哥拉斯发现了这个所谓的毕达哥拉斯定理之后，似乎验证了这种哲学思想，于是他们大办酒宴祭祀神明！

然而，康德是对的，人类感知不可能完全感知物自体本身。这个毕达哥拉斯定理，却是毕达哥拉斯学派哲学破产的导火索！

毕达哥拉斯学派的一个成员希帕索斯发现，如果以正方形的一条边长作为有型（为1）去复制正方形的一条对角线，则复制不出来对角线长度。也就是说，如果以正方形的一条边作为测量尺子，则不可能测量出正方形的对角线长度。这说明，此时正方形的对角线长度并不是有理数可以复制的。

这个发现在数学史上被称为"第一次数学危机"。作为这个发现的"报偿"，据说希帕索斯被队友扔进了大海！

可以想象，这个发现对毕达哥拉斯学派的哲学信仰打击有多大！有理数居然不能够复制正方形的对角线长度，更别谈复制宇宙万物了！

这说明，康德的物自体说法是对的。

其实，正方形的对角线长度显然是可以感知的，因为我们可以看见一个正方形的对角线，并且能够对对角线长度有一个"长度"的感知（物理刺激），但是不能用正方形的边长作为有型去复制它。由此，我们发现，用一个有型是不可能完全复制物自体的。当然，这里说的是对角线可以感知，只是边长有型不能够复制，与康德说的物自体有一些部分完全不能感知是不同的（如暗物质、暗能量）。

这样，选择不同的有型就可以产生不同的复制体系，如果不同的文明选择了不同的有型去复制社会，则不同文明之间就存在不同的世界观。

如果用正方形对角线作为有型，则对角线长度是1，但是也不能复制正方形的边长。显然，正方形的对角线是可以感知的物自体，但是居然不能用边长作为有型去复制。人们把正方形的对角线长称为"无理数"，就是 $\sqrt{2}$。

在这次危机发生后，希腊哲学家发现算术存在问题，即用数字作为有型存在局限性。于是，他们就另辟蹊径，放弃了算术，直接去琢磨几何本身。因为，在几何直观上，显然正方形对角线存在长度这种感知。同时，几何学主要研究图形关系，测量并不是主题。后来欧几里得创作了著名的《几何原本》，被后世视为哲学和科学的圣经。牛顿的《自然哲学的数学原理》、斯宾诺莎的《伦理学》，都是参照欧几里得《几何原本》风格写作的。

到了19世纪，英国数学家戴德金用集合论方法把无理数与有理数整合在一起，构成了实数体系。但是，近代数学涉及无限，如极限概念。无限是大脑不可能感知到的，所以，虽然戴德金理论在数学上解决了无理数问题，但是没有哲学价值。因为一旦进入无限，无限是超验的，就如我们谈论上帝和鬼神一样，会带来许多逻辑矛盾问题。事实上，近现代数学中存在的大量逻辑悖论都与无限有关。我在后文会详细讨论这个问题。

我在本章里提出的思想，即大脑基于节省信息存储空间和搜索信息能量耗费的经济运行原则，决定了人类认知外部世界的特征和方式，以及人类知识构造呈现出的特点。我在这里将这种思想称为"元理性"，也可以称为"脑经济学"。

第 3 章 元理性在微观经济学、数学和物理学中的应用

3.1 解读"眼大肚皮小"现象

近几年的"520""双十一",许多年轻人狂购打折商品,以至于得不偿失。在行为经济学中,这是一种非理性消费者只顾折扣而无视实际价格的消费行为。这种行为其实可以用元理性加以解释。非理性消费者的这种行为其实是一种大脑疾病!因为大脑在判断购买效用的时候过度凭借有型参照而没有进一步进行计算。面对折扣,如果大脑仅仅是通过有型"1"(一元钱)作为复制基础,折扣就意味着便宜。但是,事实上消费者实际支付的价格并不是以一元钱作为折扣基准的,折扣基准是价格,而商品价格经常变化,这种变化因商品品种繁多而对一般消费者来说难以全部存储在大脑中,所以一般消费者并不知道各种商品的价格变化情况。如果商家在打折之前已经提高了商品价格,即使打折,消费者实际支付的价格也并不便宜。但是,由于一般消费者并不知道各种商品的价格变化,看见打折,大脑就以之前感知的价格作为有型复制折扣后的价格,如果之前的价格感知作为有型1,百分之五十的折扣就意

味着价格下降了一半，非理性消费者当然会狂购。但是，有一些商品在"双十一"之前可能提高了价格，譬如提高了一倍，这种折扣下的实际支付价格并没有下降。但是，由于刺激了消费市场，商家也大有赚头。

　　当你去餐馆吃饭时，你会发现点菜过多是经常出现的现象，也就是说，你会发现在餐馆里很多人都会因吃不完而剩下一些菜。这是因为，点菜时人们是以一份菜带来多少边际效用与价格之比决定点菜数量的。边际效用就是当你吃一份菜后给你带来的满足感的增加。人们常常把没有吃饱时吃下一份菜带来的满足感作为有型，甚至在肚子饿的时候的满足感作为有型（点菜时肚子当然是饿着的）。当你肚子饿着的时候，你会感觉吃一份回锅肉带给你的满足感超过了一份回锅肉的价格，譬如15元。由此，你会点一份回锅肉，因为假设失去15元导致你的满足感下降小于一份回锅肉带给你的满足感增加，你就会点一份回锅肉。但是，你不会停留在只点一份回锅肉的情形。因为，假如一份回锅肉带给你的满足与失去15元带给你的损失相比，存在正的净满足感增加的话，你会以这种有型不断增加点菜。譬如，如果吃一份回锅肉导致满足感净增加1，复制有型导致吃两份回锅肉的满足感净增加2，吃三份回锅肉的满足感净增加3……你会不断增加点菜，直到你的预算约束发挥作用才打住。

　　但是，边际效用是递减的，随着你吃的回锅肉的增加，满足感的增加是逐渐下降的，可能第二份回锅肉的满足感增加已经与15元损失的满足感损失相同了，此时你就只应该点一份回锅肉。但是，边际效用递减是不能存储在大脑空间中的感知，因为，不同的食物在不同情形下（吃饭之前的满足感状况、食物品质等是不同的）的边际效用是不同的，这样，边际效用递减的具体情况是存在无限多种可能性的，而大脑不可能存储无限多的感知。所以，大脑意识用固定的边际效用测度复制每一份回锅肉的边际效用，结果复制的回锅肉边际效用是常数，一旦它大于15元的边际效用，就恒大于15元的边际效用。这样，过度点菜就成为常见的现象。

　　宏观经济波动也是这个原因：投资者以单位投资收益为有型，忽视了投资收益递减规律，因为这种递减逻辑上存在无限多的情形，而大脑空间不可能存储这些感知，所以投资者过度投资，最终导致产能过剩。当产能过剩被投资者感知到后，他会修改有型，此时投资收益有型调低，企业就会不断减少投资。但是，随着经济衰退的持续，投资收益开始上升，投资者仅仅依靠之前低回报有型进行决策，投资收益不断降低，最终导致经济危机。

元理性可以是宏观经济学中关于经济周期的乘数——加速数相互作用模型的行为经济学基础。

3.2　抖音中的元理性

目前，在社交媒体中，抖音的流量超过了微信。字节跳动将"干掉"微信吗？元理性认为，大脑是按照经济原则运行的，即按最小化信息存储空间和能量耗费的原则运行的。之所以过去的博客被微博"干掉"，是因为微博在较短的文字输入大脑条件下输入信息。微信呢？微信与微博并不存在谁"干掉"谁的问题，可以共存。因为，微信不过是局限在朋友圈的微博。然而，目前抖音大有部分"干掉"微信的趋势。所谓部分"干掉"，就是说抖音的流量超过微信是大趋势。这里面的原因一个是现代社会人们生活、工作的节奏越来越快，拍摄抖音，懒得写文字，是节省大脑能量的。另外，还有一个哲学上的原因，与康德哲学有关。根据康德哲学，外部世界或者说物自体，是意识难以完全通过感知而形成认知的。人类基于感觉器官的感知能力是有限的，譬如暗物质就难以感知，物理学家到现在也没有找到暗物质的实质证据！同时，文字表达感知的能力较之视觉、听觉更加有限。哲学家维特根斯坦在博士论文《逻辑哲学论》中得到的主要结论是：世界是不可言说的（维特根斯坦，2022）。也就是说，本来感觉器官就不可能完全感知外部世界，文字又在言说世界中存在局限，因此，尽管视觉、听觉感知不能完全感知外部世界，但是较之文字，其感知范围要大一些。

抖音通过视觉、听觉，而不是文字表达，在传递更加丰富和细腻的分享内容方面，胜过微信。经验主义哲学认为，眼见为实，唯一可以信赖的真相是经验，而经验来自感觉器官的感知的。

当然,微信也可以发送视频分享。但是微信视频是写实的,存在过多的信息,其中存在过多不需要的信息也是费脑的,而抖音通过算法处理掉了无用信息,让意识感知感兴趣的信息,这也是元理性或者意识创造哲学指出的,大脑倾向于节省能量和信息存储空间这一原理。

3.3 广义相对论

我们来看看$\sqrt{2}$到底是什么!当年毕达哥拉斯学派是凭借几何图形证明毕达哥拉斯定理(在一个直角三角形中,斜边长度的平方等于两条直角边长度的平方之和)的。其实,中国人和古埃及人早已经知道这个规律,但是没有证明它。西方人便以此炫耀,认为希腊文明高于东方文明。但是且慢,不一定哟,且听我的分解。

你要知道,毕达哥拉斯学派其实是用几何图形证明的毕达哥拉斯定理,也就是说,通过几何直观发现直角三角形的两个邻边分别作为边长的正方形面积就等于一个以斜边为边长的正方形面积,而正方形面积等于边长的平方。

注意,这里存在一个问题:这种几何直观仅仅在欧几里得平直空间中才正确,在一般性的弯曲空间中并不成立,而爱因斯坦的广义相对论发现,我们所在的宇宙是弯曲空间,也就是说,在我们的宇宙中,毕达哥拉斯定理并不成立!

当然,在古希腊时代,人们还不知道广义相对论。但是,今天我们发现,在我们这个宇宙中毕达哥拉斯定理并不成立。当然,由于误差非常小,可以忽略,实际生活中使用毕达哥拉斯定理没有问题,譬如修建长城和金字塔、发射火箭和宇宙飞船,没有问题,可以使用毕达哥拉斯定理。然而,哲学思考追求的是真理,而不是是否可以使用!

由此看来,古代中国人和古埃及人似乎更加明智一些,他们并不打算去证明它。今天我们发现,在一般的黎曼空间几何中(弯曲空间),毕达哥拉斯定理并不成立。

然而,当年希帕索斯正是应用毕达哥拉斯定理证明了正方形的对角线长度不可能是有理数！

也就是说，正方形的对角线长度不可能通过正方形的边长作为有型复制出来。这个结论当然是基于毕达哥拉斯定理的，由于我们的宇宙是弯曲空间，毕达哥拉斯定理并不成立，所以希帕索斯的证明亦不成立！

另外，在实际生活中，我们完全可以用正方形的边长作为尺子去测量正方形的对角线长度。事实上，我们每天都在用直尺去测量所有的物体长度，也没有感觉到这样做不合适！

你可以说，测量是有误差的。用正方形的边长作为有型去测量正方形的对角线长度，一定存在误差。是的，要知道在实际生活中任何测量都存在误差，不仅仅是这个测量。你怎么就特别针对这个测量呢！这是因为，你已经先入为主地认为正方形的对角线长度是无理数，而任何实际发生的测量都是可以读出来的数，所有可以读出来的数当然是有理数了！所以存在误差，用有理数测量无理数，当然存在误差！

3.4　无理数是鬼魅

注意，无理数仅仅是想象出来的，并不是感知的，因为感知的都是有限的，而无理数是无限不循环小数，包含了无限，所以并不是感知的。

既然所有的测量都存在误差，为什么特别针对无理数这种想象出来东西认为存在误差呢？

你可以说，随着测量技术的进步，有理数长度的测量会越来越精确，测量误差会越来越小。对于 $\sqrt{2}$ 这种无理数的测量，尽管误差也会越来越小，但是误差永远存在，因为测量读出来的数字都是有理数，而 $\sqrt{2}$ 是无理数。用有理数逼近无理数，永远存在误差。然而，如果"无限"逼近一个有理数，误差就会消失！这是有理数测量与无理数测量的"本质"差别。

根据量子力学，测量存在最小的误差下限，这个误差是宇宙的本质，并不会因为测量技术的进步而突破。它就是普朗克常数。量子力学中的海森堡测不准原理，说的就是这个东西。

换句话说，人类感知外部世界存在最小误差，"无限"逼近有理数的测量是不可能的！

所以，我们只有说一个有理数的测量就是用它自己测量自己，这就是百分之百准确的，而无理数不可能用有理数测量，而所有的测量读数都是有理数，所以无理数是不能测量的。

然而，无理数不能测量吗！如果我们坚持哲学而不是数学的逻辑，实际上用正方形的边长作为尺子去测量正方形的对角线长度，完全是可以的，不仅是可以的，而且全世界每天都在发生直尺测量长度的实践活动，也包括对正方形的对角线长度的测量。这是因为，如果我们忽略量子力学意义上的最小误差，或者说接受基于量子力学的感知存在不可突破的测量误差的概念，用正方形的边长作为有型去测量正方形的对角线长度完全是没有逻辑问题的。

也就是说，不仅是 $\sqrt{2}$，其他无理数也是如此。譬如圆周率，圆的周长与直径之比，就是无理数。如果接受基于量子力学的测量最小误差的存在，有理数测量也是可以的。事实上，人类所有活动涉及的数字都是有理数。譬如今天的计算机计算都是基于有理数的运算。无理数是否存在，并不影响人们的生活。当然，前面已经指出，无理数这种想象出来的东西，对于人类生活还是有价值的，因为它们的设定有利于数学运算和推理，这种有利于是基于人类生活降低大脑成本来说的，并不是基于本体论视角的存在。

既然无理数不是可以感知的，就如鬼魂或者神明一样是超验的。当然，超验的东西、鬼魂和神明对于人类社会也有影响。但是，从认知角度看，它们并不实质性地影响人类的理性思维。

3.5　量子力学与薛定谔的猫

有道是，大道无形！物自体是什么样子！康德说不知道，外部世界永远是自在之物，我们不知道其原形。我们的感知就像戴上有色眼镜的人看世界，先天综合判断编辑之后的对于外部世界的感知，并不是物自体本身！

斯宾诺莎说外部世界或者说宇宙是"一"，也就是说，宇宙的本来面目是统一的整体，是不可分的。根据康德哲学，我们的感知是哲学范畴编辑之后的外部世界物理刺激，就把不可分的外部世界分离成为一个个可以认识的单元。譬如，一个苹果，就与另外一个苹果分离开来。分离物自体，是感知过程产生的结果，是人类感知外部世界的功能性。因为，感觉器官及人类认识外部世界的过程，是哲学范畴把物自体刺激整理成为感知单元存储记忆的过程。我们的身体器官、神经系统在处理感知信息的过程中，一定是按照一个个单元进行的。因为，最小的物理作用是通过一个个的能量单元进行的，这是量子力学的发现。能量作用是量子方式而不是连续的方式进行的。所以，感知过程，就是把无形的、连续的大道（物自体）分离成为不连续的单元进行的。

当外部世界物理刺激被分离成为单元组团进行感知时，排中律就随之而来了。一个东西，它此时此刻在什么地方，就不会同时出现在另外一个地方。一个苹果，是一个苹果，就不会同时是一个梨！这就是排中律，是亚里士多德形式逻辑的基本规律！

然而，排中律仅仅是感知过程产生的结果，尽管是先天综合判断得出的先验规则，却不是物自体本身的特质。由此，在感知之外的物自体那里，在超验世界里，并不一定要求排中律成立。譬如，在人类感知极限之外的基本粒子世界，如电子、光子，它们细微到超出了人类的感知能力，是不能感知的。物理学家通过科学仪器，如电子显微镜"看见"的电子，并不是电子本身，而是科学仪器荧光屏上面的光点，他们把这些光点定义为电子而已。人类本身的直接感知能力是不能直接感知到电子这些基本粒子的。

因此，基本粒子世界是超验的，在不可能感知的世界，形式逻辑就不成立了。譬如，排中律就不成立了。量子力学中电子可以同时位于不同位置的实验现象就是一个验证。譬如隧道效应，基本粒子可以穿越势垒，就如崂山道士能够穿墙一样！这是因为电子能够同时位于墙内和墙外。

量子力学的杨氏双缝衍射实验发现，光子呈现出粒子和波动两种特性。学历史出身的法国贵族德布罗意后来提出，任何物质粒子都可以在实验中呈现出粒子和波动的特征。他的这种大胆假设震惊了科学界，很多人认为是文科生的胡说八道，但是他的理论启发了爱因斯坦。由于得到了爱因斯坦的首肯，德布罗意获得了物理学博士学位。薛定谔由此受到启发。因为根据古典力学的哈密顿方程组（从牛顿力学理论进化到极致的成果），任何物质粒子的行为都应该满足哈密顿方程组。于是，既然任何物质粒子都是波动的，薛定谔就把经典力学中的波函数植入哈密顿方程组，导出一个刻画物质粒子呈现波动行为的运动方程式。这就是量子力学中著名的薛定谔方程。薛定谔因此获得了诺贝尔物理学奖。薛定谔方程刻画了波函数随着时间而变化的行为，是量子力学最核心的工具，比之前海森堡发明的矩阵力学好用（两者是等价的），因为可以用连续函数分析和微积分。当然，对于那个方程式中的波到底是什么，薛定谔认为是物质本身，但是后来哥本哈根学派的波恩提出，波函数并不是物质，物质仍然是粒子，粒子的行为是不能准确测量的（海森堡测不准原理），波函数刻画的是粒子在不同时间、不同空间位置被测量到的概率（波函数振幅的平方是概率）。

薛定谔反对哥本哈根学派的解释。因此，他发明了薛定谔的猫悖论来证明哥本哈根学派理论的自相矛盾。想象在一个盒子里有一只猫，同时有一个机关，还有一个放射性物质，它随机发射放射性元素。如果放射性物质发射出一颗放射性粒子，就启动机关，机关发射出毒气，把猫杀死。现在，给定一个时刻，譬如就是现在这个时刻，我们提出一个问题：现在盒子里面的猫是死是活？盒子是封闭的，我们在外面看不见猫的状态，不知道猫是死是活。因为放射性元素的发射是随机的，是不能预测的，所以我们不能判断猫的状态。

当然，你可以说，猫一定是死的或者是活的，二者必居其一，只不过盒子是封闭的，我们不知道是哪一种情况而已。然而，按照量子力学理论，不能这样理解。因为猫的状态由波函数决定，而波函数可以被分解为无限多个正弦函数之和（傅里叶级数分解），而每一个正弦波函数都是可能存在的状态，其系数的平方就是这种状态存在的概率。这个正弦波函数被称为"本征函数"。也就是说，猫以不同的概率存在于无限多个状态中。你打开封闭的盒子，你当然只能看见猫要么是活的，要么是死的，但是打开盒子之前，逻辑上并不能说猫的状态是哪一种。事实上，按照量子力学的说法，打开盒子之前，猫的状态是某种叠加态，这种叠加态既不是死的，也不是活的，而是不同于两者的叠加态！

这种推断与基本的逻辑常识矛盾。因为，根据逻辑学，任何一句有意义的陈述句，都存在一个确定的"真值"，即要么是对的，要么是错的，不可能不能判断对错！譬如，打开盒子之前说，猫是死的。这句话，有一个逻辑真值，它要么是对的，要么是错的，尽管到底真值是什么需要打开盒子看看，但是打开盒子之前真值是确定的。薛定谔本来打算通过这个思想实验来反驳哥本哈根学派解释的荒谬。然而，量子力学的理论尽管荒谬，但是在实际生活中发挥了重要作用。智能手机（芯片），就是按照量子力学波函数的哥本哈根学派解释原理制造的。其实，量子力学的哥本哈根解释的荒谬来自波函数的傅里叶级数分解。简单来说，就是人类大脑在复制外部世界的模型记忆时，是采用把最简单的有型通过加法规则进行的。数学中的函数分解，如泰勒级数、傅里叶级数，其实不一定成立，是有条件的。但是量子力学没有顾及数学条件就把波函数用傅里叶级数展开。当然，这个问题并不是本质上的，本质上是哲学考虑：外部世界被意识采用有型的加法规则复制，仅仅是人类认识外部世界的方式，这种方式完全是基于人类中心主义的，并不是外部世界本身的完全表达。按照康德哲学术语来说，量子力学的波函数解释困难是物自体本身的不可知造成的。

无限也是超验的，因为感知是有限的。因此，一旦进入无限，形式逻辑就会出现麻烦和混乱。在感知之外的超验世界，由于形式逻辑不再成立，一切荒诞无稽的、违反逻辑的事情都是可以发生的，即使根据形式逻辑不存在的事物，都是可以成立的，至少不违反。譬如，你可以随便说一些关于鬼神的话题，因为超验不可能被证伪，所以不会不对，就如小孩子说怪物有八条腿、九个脑袋、三个舌头一样，你不能说他是错的。

因为无限世界是感知能力之外的超验世界，所以形式逻辑不成立，就会导致许多自相矛盾的可能。这就是逻辑抑或数学领域各种各样逻辑"悖论"出现的根源。我们发现，所有的逻辑悖论，几乎都与无限这种超验世界有关。譬如，芝诺的"阿喀琉斯追不上乌龟""飞矢不动"，数学中存在的选择公理问题，都是无限这种超验导致的逻辑悖论。接下来我们看看为什么是这样的。

3.6 一个著名的芝诺悖论：阿喀琉斯追不上乌龟

阿喀琉斯是希腊神话中的勇士，他让乌龟先出发向前爬一段距离，譬如领先50米，然后他开始奔跑追乌龟。芝诺说阿喀琉斯永远也追不上乌龟。因为，阿喀琉斯要追上乌龟，他必须经过他与乌龟之间的每一个空间点。但是，当阿喀琉斯抵达他与乌龟之间的每一个空间点时，乌龟已经离开那个地方向前爬行一段距离了。注意这句话：当阿喀琉斯抵达他与乌龟之间的每一个空间点时，乌龟已经离开那个地方向前爬行一段距离了。这句话意味着阿喀琉斯永远也不能追上乌龟！

显然，这是一个悖论：阿喀琉斯会迅速追上乌龟，这是我们的感知！

这在什么地方出了问题呢？是因为涉及了无限！

我们一眼就看出了阿喀琉斯几秒钟就能追上乌龟，但是，上述理性分析在逻辑上是没有问题的。问题出在这里：阿喀琉斯与乌龟之间的每一个空间点！

事实上，每一个空间点，这些点是纯粹想象之中的，人类不可能感知这些点，因为是每一个空间点，这些点有无限多个！所以，一旦涉及无限，就会出现悖论！

数学家说他们解决了芝诺悖论，因为可以用极限方法即微积分去解决芝诺悖论（见张景中的《数学与哲学》）。然而，极限或者说微积分仍然涉及无限，只不过数学家用另外一个无限去偷换了芝诺的无限。这是感知的有限性与无限的想象力之间的矛盾。数学家的方法其实仍然没有解决这个问题。

事实上，当你看见一条直线的时候，你可能会把直线想象成上面布满了无限个点。欧几里得在《几何原本》中就说直线是点构成的，点构成了线，线构成了平面，平面构成了立体……

其实，从哲学上看，这只是大脑用点作为有型去复制线，然后用线作为有型去复制平面，最后用平面作为有型去复制立体。你其实并没有感知线是点构成的、平面是线构成的。也就是说，点构成线、线构成平面、平面构成立体仅仅是大脑中的想象，是有型复制，并不是感知！这种复制因大脑遵循经济原则而获得的图像仅仅是欧几里得平面几何，是想象中的几何，并不是我们这个宇宙中的真实几何，即弯曲空间黎曼几何！这也是康德预见到的理性世界不能准确或者说完全符合物自体的一个例子。

在数学中，有一个选择公理。如果从大学的每一个班选择一个同学当班长，这个事情很容易做到。一般地，如果从有限的集合中的每一个集合选择一个元素作为该集合的代表，这也能够做到。但是，如果从无限多个集合中的每一个集合选择一个元素作为代表，这个事情能否做到呢？

数学家发现，如果假设这种事情可以做到，即选择公理成立，则可以推导出一些荒谬的结论，譬如可以把一个大饼变成无限多个大饼。如果假设选择公理不成立，则又会导致其他的一些悖论。也就是说，假设选择公理成立或者不成立都是灾难！数学家只有实用主义地对待选择公理，如果假设选择公理成立可以证明某些结果，就假设其成立，只要不导致矛盾即可。这种鸵鸟政策是目前数学家面对选择公理的态度。显然，这也是因为涉及了无限。

3.7　无穷小

现在我们来看看微积分的问题。微积分最初的发轫来自无穷小量的概念。在阿基米德那里，其实就用无穷小量技巧解决了一些不规则面积的计算问题。中国古代思想家刘徽用割圆术计算圆周率也有无穷小的思想。在牛顿那里，用曲线上两个点连线的斜率的极限去计算曲线的切线斜率，获得运动的瞬时速度，是最有名的无穷小量运用。用这种方法，牛顿建立了他的自然哲学数学原理，破译了天文学和地球上物质运动的规律。

牛顿因为无穷小量的杰出运用在科学界"封神"！

在牛顿的极限推导中，他假设两个点十分靠近时，误差就会消失。因此，两个点之间连线的斜率除去误差项之外的那个常数就是点的切线斜率。

现在，我们来看看所谓两个点十分靠近时误差消失是怎么回事。所谓消失，就是很小的意思，我们知道，大与小是相对于某个基准来说的。

大主教贝克莱对牛顿的消失法很不以为然，评论说是"消失的鬼魂！"

其实，牛顿说的消失，就是说误差小到不能感知的程度，就可以认为误差为零。当然，牛顿时代还没有发现量子力学原理，牛顿并不知道人类感知外部世界存在一个下限。同时，牛顿也没有贝克莱的"存在就是感知"那种哲学世界观。但是，在牛顿的潜意识里，其实也有类似的直觉。牛顿的科学方法是直觉主义的，在他的微积分里，是用运动的形象比喻称呼函数和函数相关性质的，譬如函数切线斜率被称为速率。

在牛顿的科学思维中，潜在假定了只有呈现在可感知范围里的事物才是存在的事物。这种思维其实与贝克莱的观点是相同的，尽管他并没有声称如此。

事实上，小于人类可感知下限的物理刺激，对人类生活来说是无足轻重的，可以忽略不计。这个就是牛顿无穷小方法的根本哲学意蕴。由此，我们说无穷小其实并不是无穷小，只是小到人类感知下限以下的尺度，就可以忽略不计了。因为，这种忽略并不影响人类的生活。这样理解无穷小，就可以避免无限的逻辑陷阱！

这种理解，不仅可以避免无限从而避免逻辑悖论，而且量子力学本身的存在也是这个原因：存在物理作用量的下限即最小能量子——普朗克常数，这样可以避免无限，因为无限并不能被感知，无限还会导致逻辑悖论。如果感知能力没有下限，则无限就可以被感知，而这是与能量守恒定律矛盾的，因为感知过程需要耗费能量。

3.8　牛顿与病毒

人类感知外部世界的尺度不仅存在下限（量子力学限制），而且存在上限。这个上限就是狭义相对论发现的光速。宇宙中任何物质运动的速度都不可能超过光速——每秒约30万千米。感知下限是量子，普朗克常数；感知上限是光速，也相当于能量。

因此，人类实际上处于宇宙中某个特定的尺度范围，感知范围也局限在某个范围内。

　　人类特有的感知尺度把人类的知识体系局限在特定的范围内，超出这个范围，人类或者不能够感知（超验世界），或者可以感知但是不能够理解（量子力学带来的诸多哲学难题）。

　　然而，自从哥白尼革命以降，我们不能说人类一定是宇宙中居于特殊位置的生物。在人类感知尺度上发现的科学定律，难道就是宇宙规律吗？！或者说，我们已经发现的诸多科学定律，是否是真正的宇宙规律？！从逻辑上看，不一定。我们有理由追溯这个问题。

　　现在，我们来做一个假想的物理学实验：牛顿第二运动定律的验证！

　　实验的参与者：牛顿，一个病毒（假设这个病毒具有智慧，并且能够观察实验结果，还能够说人话）。

　　实验工具：一张玻璃桌面的桌子，一颗玻璃球，一个弹簧秤，一只秒表，一把直尺。

　　待验证科学定律：牛顿第二运动定律——物体加速度大小与作用力成正比。

　　实验方案：牛顿用弹簧秤撞击桌面上的玻璃球，让玻璃球滚动，用直尺和秒表测量出玻璃球滚动的加速度，用弹簧秤测量推动玻璃球的作用力。

　　测量出的数据：加速度大致与作用力成正比，但是存在一些误差。

　　讨论：

　　牛顿：显然我的第二运动定律是正确的，因为实验数据说明加速度与作用力成正比，一些误差是在可以接受的范围内的。

　　病毒：不！牛顿爵士！你凭什么说误差是在可以接受的范围内的呢？

　　牛顿：因为误差非常小啊！

　　病毒：哈哈，爵士！误差非常小是相对于你们人类尺度来说的吧！你瞧瞧，直尺测量的误差、秒表指针测量的误差，比我这个病毒的身体尺度大好几百倍哦！尽管相对于你们人类的身体尺度只有几百万分之一，或者说因为误差相对于人类的身体尺度小到不能感知的范围去了，但是相对于我们病毒来说，这个误差是不能忽略不计的，因为我们明显感知到加速度与作用力之间并不是成正比这样简单的线性关系。

牛顿：这……这……

病毒：牛顿爵士，我们病毒与你们人类同处一个宇宙，你的第二运动定律应该是我们这个宇宙的自然规律。但是，仅仅是人类才是自然规律的制订者吗！你们说第二运动定律成立，但我们病毒认为不成立，因为误差对我们来说是不能忽略不计的。那么，爵士，宇宙规律到底是你们人类说了算，还是我们病毒说了算，还是有什么其他方式表达呢？

牛顿：喔……

你能够帮牛顿解围吗？

3.9　智慧的平行宇宙

由此，我们看到，自然规律相对于不同尺度的观察者有不同的表达。在这个实验讨论中，牛顿只有如此为自己的第二运动定律辩护：因为我们人类只考虑在我们的感知尺度范围内的知识，所以我们可以忽略所有我们不能够感知到的误差。所有的物理学实验都存在误差，我的牛顿第二运动定律实验误差在我们人类的感知尺度范围内是可以忽略的，所以第二运动定律对于人类是成立的，当然，在你们病毒世界里，这个定律并不成立。

也就是说，科学定律在不同感知尺度其实是不同的。如果我们把科学定律的具体表达视为科学定律本身，譬如，牛顿第二运动定律是物体的加速度大小与作用力成正比。那么，这种不同感知尺度的观察者有不同表达的自然规律似乎意味着宇宙中并不存在所谓的"科学定律"。

按照康德哲学的意思，不同感知尺度的观察者有不同的先天综合判断，感知的先天框架是不同的，因此对宇宙有不同的感知。

我们没有理由认为只有人类尺度的观察者才是宇宙自然规律的观察者，倘若是这样，我们就与哥白尼革命之前的托勒密时代的人一样自信了。

如果我们接受哥白尼革命，以及以后的爱因斯坦所说的"宇宙民主"假设，就只有接受这样的主张：宇宙中并不存在任何规律，所谓规律，都是相对的，相对于具体尺度的观察者来说有相对正确的规律。

这样，人类最小的感知尺度来自量子力学设定的普朗克常数，最大的感知尺度是光速，没有任何物质运动的速度能够超过光速。

在量子尺度及以下尺度的物理世界行为，因为人类感知不到，之前我曾指出，不能够感知的世界是超验世界，人类逻辑在那里不成立，所以，量子力学中的诸多发现，如波粒二象性、隧道效应、杨氏双缝衍射实验、量子纠缠等，人类是不能够理解的。

类似的，在宇宙尺度上，相对论效应如尺缩效应（物体运动速度接近光速时，沿着运动方向的尺度会缩短）、时间延缓效应，都是人类不能够理解的。

人类的理解能力，或者说直觉，是在人类感知尺度范围内形成的，超出这个尺度的物理刺激就不能被理解。

3.10　杨振宁的最后一战

这一节的题目是我在微信上读到的一篇文章，说杨振宁反对现阶段在中国投入巨资建造一个超大型粒子对撞机实验室建设项目。

其实，1999 年 9 月，我在香港中文大学访问，有一天在校园偶遇杨振宁，他在停车，叫我给他看着倒车。然后，我们一起步行去图书馆附近的一个会堂，他下午要去那里做一个关于中国古代科学技术史的讲座。

路上，我们聊起现代物理学的超弦理论。我说 20 世纪 80 年代有一个中国留学生卢某在美国读天体物理学，后来据说因为没有获得博士论文最高奖学金，就枪杀了导师、系主任、副校长等人，导致国际天体物理学界顿时失去一半大咖。我说看过关于卢某事件的报道，其中有一些东西令我颇有感触：卢某说物理学已经走到人类感知极限，现在研究的基本上是一些缺乏人类直觉甚至违背人类直觉的抽象数学模型。他对此感到十分无聊。我想，卢某事件表面上看是因为没有获得博士论文最高奖学金，其实深层次原因是对当代超越人类感知尺度的科学研究的迷茫导致的抑郁症！

其实，我已经很清晰地论证了人类认知的感知尺度局限：这个局限根本上在 18 世纪的休谟那里就已经清清楚楚地表达出来了，只不过我是在休谟哲学基础上更加具象地深化了这种哲学而已。

物理学家天真地认为可以在超弦模型那里找到宇宙的第一块建筑砖块，通过它统一构造宇宙所有的物理定律。然而，人类认知只能局限在人类可感知尺度之内，宇宙中在人类可感知尺度外的认知，完全是人类想象力不可及的地方。超弦这种纯粹的数学模型，作为人类想象力的成就，纯粹属于艺术品，而不是科学。甚至，它恰如上帝一般是想象力构造的，是纯粹心智的作品，与人类感知尺度外的宇宙物自体毫无关联。

不过，我在1999年还没有悟出现在这种哲学理念。

无疑，杨振宁对超越人类感知尺度的科学研究现状导致的荒诞不经感到忧虑，对外国科学界某些人试图让中国烧钱的"阳谋"加以阻挡，相当于把美国当年在冷战中通过军备竞赛拖垮苏联的策略看穿了。虽然这只是我自己的看法，但是，事实也许果真如此！

哲学才是力阻人类被当代科学拖入陷阱的万里长城。

大道无形，宇宙没有还原论认知的结构，宇宙并不是人类在自己特定的感知尺度基础上形成的认知。我们不可以忘记康德的忠告：宇宙物自体是不可以认知的，我们的认知只是我们感知基础上的有型复制模型而已！在无穷大和无穷小的两个方向，我们都不可能认知，那里是我们纯粹想象力的空间。

3.11　波粒二象性

在康德哲学的基础上，我添加的假设是大脑编辑外部世界物理刺激是基于经济原则进行的。这样，感知的内容就包括人类科学知识在内的一切理性知识。量子力学，就是这样的科学知识的一部分。因为人类不能感觉基本粒子这些微小尺度的物理存在，能感觉到的无非是科学仪器上的数据和荧光屏上的光斑。但是，大脑用有型复制这些物理刺激，构成了关于微观世界的模型。人类感知的微小物体的有型最简单的就是小球体，被称为"粒子"，感知的弥散性的能量传播的有型就是水波一样的"波动"。

因此，物理学家认为物理世界存在两种有型：粒子和波动。有型是人类基于对生存环境的熟悉、互动，长期进化而来的对宇宙中围绕在我们身边的最简单印象的感知。粒子、波动，显然是我们身边最熟悉、最简单、最基本的物体印象。粒子有型是集聚在一个点的物质符号，而波动却是弥散性物质或能量散布的最简单印象。我们用粒子和波动分别去复制外部世界的物理刺激，是大脑按照经济原则运行的必然逻辑选择。譬如，古希腊哲学家德谟克利特提出宇宙万物由原子构成，原子是最基本的不可分粒子，是构成宇宙万物的最小砖块。原子的不同组合方式就构成了万事万物。德谟克利特的原子论影响了近代微观物理学的发展，道尔顿用物理学方法证实了原子的存在。当然，今天的物理学发现原子并不是最小的不可分砖块，原子存在结构。卢瑟福实验证明原子中存在原子核和外围的电子，而后来的物理学发现原子核又由质子和中子组成，这些基本粒子还可以进一步分解为夸克，夸克又由更加微小的超弦构成。

其实，这些更加微小的基本粒子，是超出人类感知尺度范围内的，只是科学家用数学模型解读实验数据的技巧而已。事实上，基本粒子物理学属于超验世界，只不过和鬼神这种超验世界不同的是人类可以通过物理学实验与这个超验世界进行互动，并且可以基于模型对实验结果进行预测，而与鬼神通灵的可预测性就差远了。

正是这种可预测性上的巨大差别，人类对科学和宗教存在巨大的信仰差距：大多数普通人信仰科学比信仰宗教更加真诚。

这种真诚差异其实来自人类大脑用有型复制物自体的成功程度的差异，或者说人们信仰的是复制模型本身。

然而，量子力学发现，用粒子和波动这两种有型去复制电子、光子这样一些物理刺激是不成功的。因为杨氏双缝衍射实验发现：当你采用假设光是粒子构成的实验方案，实验结果表明光就是粒子；当你采用假设光是波动构成的实验方案，实验结果表明光就是波动。也就是说，你采用什么样的有型，实验结果就表明光是什么样的有型。用电子做同样的实验也会有同样的结果。

虽然关于杨氏双缝衍射实验存在不同的描述，但是都可以总结为上述表达。

当然，所有的实验表明，光可以是粒子，也可以是波，但并不能同时是粒子和波。

这就有点像盲人摸象，感知的方式和视角不一样，感知就不一样！

这种看似荒谬的结果，似乎是物自体在忽悠我们：到底光（电子）是粒子还是波动呢？都不是！

这说明，基本粒子世界，这个超验世界，因为属于人类不能够感知的尺度，所以我们没有熟悉的印象，也就是说，对于这个超验世界人类没有合适的有型，粒子和波动这两个有型属于人类尺度的有型。

我们没有合适的有型去复制基本粒子世界，但是又只能勉强用粒子和波动这两个有型去复制，得到的量子力学理论十分难以理解，违反了人类直觉和逻辑！

同时，当我们用粒子有型去复制时，实验对象就表现出粒子的行为！当我们用波动有型去复制实验对象时，它们就表现出波动的行为！这恰好说明我们观察到的实验现象其实就是我们的复制结果！这是元理性或者脑经济学的一个强有力的证明！

3.12 为什么引力与其他三种力难以统一，从元理性视角看就明白了

爱因斯坦之所以差点成为神，或者说没有成为神，就是因为他没有把四种力统一起来，或者说没有完成"统一场论"大楼的盖建！

爱因斯坦年纪轻轻就成功建立了狭义相对论和广义相对论，且基本上是他一个人单枪匹马完成的。这些理论在他有生之年就被验证，因此爱因斯坦在第一次世界大战后就登上了科学的"神坛"。但是，爱因斯坦还不能成为神！因为，物理学还没有统一，被分为适合微观世界的量子力学和宏观世界的相对论。这两个框架是矛盾的。统一物理学，自然成为爱因斯坦最后"封神"的必由之路！

因此，在成功建立相对论之后，爱因斯坦开始单挑这个终极目标：建立

统一场论！什么是统一场论呢？从牛顿开始，或者说早一点，从伽利略、开普勒开始，物理学的核心就是"力"。宇宙间存在四种力在勾连所有的物质运动变化，他们是宇宙"gang of four"：强相互作用力、电磁力、弱相互作用力、引力。西方文明第一个哲学家古希腊的泰勒斯就猜测：表面上看起来热热闹闹、变化莫测的宇宙万事万物，其实本质上是某种单一的存在在"演戏"！他认为这种存在是水，因为水可以变为气，气可以变回水！水还可以变为冰、雪……另外一位古希腊哲学家阿那克西美尼认为宇宙的本质并不是水，而是气，因为水是看得见、摸得着的，是显现。而宇宙不变的本质应该是看不见、摸不着的非显现，因为显现不过是宇宙表象的显现而已，所以显现出来的并不是宇宙的本质！后来的斯宾诺莎认为宇宙是"一"，也就是说，宇宙的本质是某种不变的单体。当然，希腊哲学家德谟克利特的原子论和莱布尼兹的单子说，都是宇宙单体说的各种变体。

为什么哲学家要穷尽一生用各种各样的奇思妙想去"统一"宇宙万事万物呢？从元理性或脑经济学视角看，很简单，因为大脑为了节省信息存储空间和搜寻信息能量，在大脑中构建的外部世界图像需要尽量简单。所以，简单化、大统一，是大脑的需要。爱因斯坦没有成功，直到他去世时，书桌上还摆着统一场论的数学手稿。

后来，弱相互作用力和电磁力被统一了。目前，物理学家认为用标准模型统一强相互作用力、电磁力、弱相互作用力这三种力是近在咫尺的，就看有没有超大型粒子对撞机了！甚至，有人得陇望蜀，认为在中国建立一个超大型粒子对撞机可以为统一引力在内的四种力提供理论模型线索。烧几千亿，完成人类构建宇宙终极模型的目标，值得！

但杨振宁反对！他是标准模型的奠基人，他心里有数。他是中国人，明白这个东西很可能是为中国挖的一个"坑"！为什么呢？他作为标准模型的权威，知道标准模型有几斤几两。嘿嘿，统一强相互作用力、电磁力、弱相互作用力，标准模型还行。但是，统一引力，呵呵，没门！

为什么引力就难以"驯化"呢！因为，这个东西是科学不可能搞定的，正如杨振宁所说：物理学研究的尽头是哲学（大意如此）！根据休谟哲学，人类认识只不过是基于感知的综合。感知，受到人类感觉器官感知尺度的局限。人类感知尺度是宇宙各种尺度中的某一个区间，位于这个区间之外的尺度，是超越了人类感知可能性的。在那里，人类没有认识。人类尺度只是宇宙各种尺度中的一个特定的区间，更加小的尺度，就是微观世界，更加大的尺度，就是宇宙尺度的宇观世界，人类感知没有可能性。引力，是宇观世界的存在，因为只有在宇宙尺度的星球之间，引力才是可以感知的。譬如，我们能感知地球引力，但你不可能感知你女友对你的引力……她对你只有吸引力，不是"引力"！强相互作用力和弱相互作用力，你也感知不到。人类打算把两个不同的、超出人类感知尺度的宇宙构成中的事物捏合在人类尺度区间。也就是说，人类打算把存在于宇观世界和微观世界的引力与量子力学中的其他三种力捏合成为一种人类可以认识的中间尺度模型，这种模型符合人类尺度的逻辑，岂不是本身在逻辑上就有点儿悬啊！

投资千亿去赌逻辑上明显悬浮的对撞机，相当于赌中国足球队在十年内拿下世界杯冠军，可能还要不靠谱！

3.13　哲学人类中心主义与历史

哲学史上有人类中心主义留下的痕迹，如托勒密的地心宇宙模型。所谓人类中心主义，就是这样的哲学观：人类感知到的宇宙万物，都是按照人类的需要呈现出来的。当然，哥白尼革命捣毁了托勒密的地心宇宙模型。然而，不要以为哥白尼革命之后，人类中心主义就荡然无存了。其实，在人类文明的方方面面，人类中心主义都是随处可见的。譬如，在自然科学中，人类中心主义基本上就是主宰！没有人类中心主义，就没有科学。

几乎所有的科学定律，其实都存在实验误差，只不过科学家说，误差很小，是可以忽略不计的。问题也就在于这个"可以忽略不计"。因为，所谓"可以忽略不计"，是相对于人类的观察尺度来说的。牛顿第二运动定律的实验误差，在人类观察尺度上，是可以忽略不计的，因此物体加速度的大小与作用力成正比。但是，对一个微生物来说，误差就大得并不是可以忽略不计的。

对微生物的观察尺度来说，加速度的大小与作用力之间的关系并不是线性关系。如果牛顿第二运动定律要成为宇宙法则、宇宙真理，就不能仅仅由人类尺度的生物说了算！细菌也是宇宙的一员，难道就没有发言权！如果仅凭人类说了算，就是人类中心主义！

其实，所有的科学定律都是人类中心主义的，因为所有的科学定律都存在人类认为是"可以忽略不计"的误差。

按照康德哲学的观点，人类意识之外的物自体并不是意识可以认识的，物自体是不可知的。人类关于宇宙万物的认识，即人类的知识体系，都是人类中心主义的。建立在人类中心主义基础上的知识，并不是宇宙或者说物自体本身的真实写照。其后果是，人类基于人类中心主义的知识判断，以及建立在这种判断基础上的决策，往往造成错误的结果或违背人类自身愿望的结果。人们往往把这种未曾意料到的结果归于"意外"，科学家就说是"小概率"事件。其实，对宇宙来说，并不存在什么意外或者小概率的概念。所谓"意外"，甚至概率的大小，都是根据人类中心主义定义的。没有人类，就没有"意外"抑或"概率大小"的概念。这些概念的参照系就是人类自己。

希特勒入侵苏联的巴巴罗萨计划，以150个机械化师进攻苏联，并计划在冬天到来之前结束战争。这个计划可谓十拿九稳。但是人算不如天算，意大利入侵希腊居然搞不定，还被希腊反攻，危及巴巴罗萨计划。于是希特勒推迟入侵苏联，先去帮墨索里尼攻打希腊。这样就耽误了两个月时间，导致第六集团军进攻莫斯科时已经是千里冰封的大冬天。同时，纳粹德国满以为德军先进的战术和武器，可以轻易置苏联红军于死地。然而，朱可夫的西方面军专门选择在夜晚发起近距离冲击，使德军机械化部队不能发挥作用。最终莫斯科战役以苏联取胜告终，而一直观望的美国政府是以莫斯科战役的结果来决定是否大规模援助苏联的。美国的站队，当然决定了纳粹梦断。这一系列"意外"，对希特勒及纳粹德国高层来说，是纯粹的意外，但是对宇宙物自体来说，就是物自体自身的运动。

人类依照自己的局限（不仅仅是尺度局限）选择关注某些变量而有意忽视其他变量，所谓抓"主要矛盾"，就导致"意外"发生，而诸多"意外"就铸造了历史。

一个人的寿命，除了基因因素，也是人类中心主义决定的。平时小小的不健康行为，日积月累就会铸成大错，导致生病，影响健康。

从某种程度说，历史都是一系列"意外"写成的。秦朝的崩溃源于大泽乡那几天的大雨，李自成的崩溃来自吴三桂的"冲冠一怒为红颜"。辛亥革命成功是因为一个士兵半夜睡不着。美国南北战争中南方军败于北方军，居然是因为一支丢弃的香烟透露了南方军的军事秘密……

宇宙按照自己的逻辑运行，而人类按照人类中心主义去认识宇宙，那些被人类中心主义世界观忽视了的变化，最终改变了历史进程！

3.14　唯象理论

我们看到，尽管人类的感知被局限在人类感觉器官能够感知的尺度内，但是，人类与微观世界仍然可以互动。物理学家研究基本粒子，尽管基本粒子世界看不见、摸不着（有报道说科学家能够通过激光"看见"原子，其实看见的仅仅是照片中的光斑），但是科学家可以通过数学模型研究基本粒子。这种研究就是用人类感知的有型去复制基本粒子世界。原子是有型，相对于球体这种有型，现在改为"超弦"，有型就是很小的"琴弦"。这种超弦的不同振动模式就对应不同的基本粒子。

不过，有意思的是，尽管微观世界是超验世界，但是物理学家居然可以与之互动。物理学家设计了量子力学实验，通过能量与微观世界进行相互作用，能够获得实验数据输出。并且，正如杨氏双缝衍射实验，衍射结果是可以重复的。可重复，是量子力学与通灵术的本质不同。所以，科学家或者科学哲学家把是否可重复作为实验结果是否科学的判定标准。

但是，与经典物理学不同，量子力学缺乏内在逻辑不矛盾的物理图像，或者说缺乏不存在内部矛盾的有型。正如粒子与波动有型存在矛盾一样，量子力学几乎是在没有合适的有型情况下研究微观世界的。这种没有有型的，仅仅根据数据与研究对象进行互动的实践，被称为"唯象理论"。现在的大数据其实也是唯象的。人们通过大数据可以找出某种规律性线索，但是这种大数据规律并没有对应的本体存在。当然，由于规律并不存在，大数据中的规律仅仅是统计规律，是存在误差的。

3.15　人工智能超越平行宇宙

量子力学居然可以不需要有型（没有内在矛盾的有型，目前的两种有型，即粒子和波动，但是矛盾的），仅仅通过唯象进行研究。这看起来似乎令人惊讶。其实，唯象也许才是科学研究的本来面目。

一般认为，科学理论如果不是唯象理论，就应该有基本公理，在这些公理的基础上通过逻辑推理获得预言，而如果预言没有被证伪，这些公理和预言就构成了科学理论。而唯象理论没有公理及在公理基础上进行逻辑推理获得预言的体系。唯象理论仅仅是实验数据分析，在这种数据分析基础上进行推断，如果推断结论没有被证伪，就把数据作为进一步推断预言的依据。因此，科学理论与唯象理论之间的差别就是有没有公理。

譬如，开普勒行星运动三定律就是唯象理论，因为没有公理。后来，牛顿力学把它们变成了科学理论，因为在牛顿力学里有公理，如力的分解、合成，把存在体积的球体视为没有体积但有质量的点，所谓"质点"。公理就是有型，有型是感知的抽象，如前面谈到的"数字1"和这里的"质点"。

换句话说，唯象理论是工具理性，不需要有型，而科学理论需要有型。为什么一定要有有型呢？这是因为，有型这种简单的感知，易于记忆或存储在有限的大脑空间。

人类知识，包括科学理论，其实就是通过有型去复制其他事物。因为大脑存储空间有限才进化出这样的大脑功能。

未来，由于人工智能的发展，人类可以通过人工智能增加大脑存储空间或者通过大脑"调用"人工智能来增加信息存储，也许就不需要有型了。这就是大数据时代的真正到来。

人工智能不仅可以把人类大脑存储空间"扩容"，还可以把人类感知植入更加小的尺度世界。譬如，科学家可以把人类大脑与病毒感觉器官链接，这样人类就可以感知病毒的世界。

换句话说，人工智能有可能改变人类在宇宙中的位置，既可以使人类感知到病毒等感知的世界，也可以放弃有型复制图像或进行唯象思考。通过数据本身而不是有型复制去引导人类行为，这就是唯象理论！

3.16　不存在科学定律

谈及大数据和人工智能，我现在打算从认知哲学角度分析大数据和人工智能的影响。我们现在都在关注大数据和人工智能发展对经济社会与科技的影响，这方面的话题很多。但是，大数据和人工智能对人类真正最深刻、最重大的影响恐怕并不是这些，而是对哲学的影响。

正如我之前谈到的，人类的认知由于受到感知尺度的局限，我们的理性知识局限于康德所说的先天综合判断那些哲学范畴，而这种康德哲学指出的局限来自人类感知尺度的局限，感知尺度局限来自人类感觉器官的尺度局限！

然而，人工智能会改变这种局限。譬如，未来的人工智能科技是否能够把人类意识上传到一只蚂蚁上、附在一个病毒身体上？如果可以，那么，我们不仅可以看见蚂蚁的小微世界，而且可以看见病毒的超微世界。甚至，如果能够把人类意识上传到一个电子、光子上去，那么我们就可以感知基本粒子物理的微观世界。那个时候，微观世界就不再是超验世界，而是经验世界。

到那个时候，我们就可以产生微观世界或量子物理世界的有型了，可能既不是粒子也不是波动，而是我们现在难以想象的东西！

同样，如果能够把我们的意识上传到巨大的星球，也就是说，人工智能赋予一个星球以智慧，我们将会成为真正的巨人！那个时候，我们对于宇宙的有型的认识就会不同于现在。我们就可以感知弯曲空间，而不只是欧几里得平直空间。

爱因斯坦少年时代经常想象自己是一个光子，以光速飞跑时能够看见什么！他经过不懈探索创立了狭义相对论。未来，如果能够把人类意识上传到一个光子上，那么爱因斯坦的想象就会成为现实。

如果人工智能能够让人类认知因为感知局限的突破而突破，那么，人类认识世界、感知宇宙的能力就会彻底改变。那个时候，我们的感知尺度拓展了，现有的科学定律也会彻底改变。牛顿与病毒之间会就科学定律达成共识！

也就是说，牛顿会发现，他的第二运动定律不仅被后来爱因斯坦的广义相对论和量子力学所修改，而且广义相对论也被与病毒之间的共识所改变。

不过，即使是这样，牛顿与病毒果真会达成共识吗？即使可以，随着人类意识上传到电子、光子等更加微小的存在上去，牛顿与病毒之间的共识也许还会被电子、光子打破，因为在更小的尺度世界，智慧感知到的科学定律又不一样了！显然，这个过程是无止境的。

一个更加深层次的问题就自然呈现出来了：如果不同尺度感知到的科学定律不一样，那么真正的科学定律是什么呢？

这个问题只可能存在唯一的答案：根本不存在科学定律！

接下来，我将解读为什么是这样的答案！

3.17　说真话

为什么说不存在科学定律呢？我们先来看看什么是科学定律。以牛顿力学三大定律为例，我们发现，科学定律就是确定性的因果关系或确定性的关系。这种关系是普遍存在的，是放之四海而皆准的。那么，有没有满足这种要求的科学定律呢？放之四海而皆准，确定性的！

我们发现，没有！牛顿力学理论是广义相对论在弱场慢速条件下的近似而已，而爱因斯坦的广义相对论呢？当然科学家在不断地验证它，如著名的三大验证——星光弯曲、红移、水星近日点进动。那么，是不是三大验证成立，就说明广义相对论是确定性的，是放之四海而皆准的呢！不是！正如休谟所说，过去成立的假说不能保证未来也一定成立。这是归纳法的局限！爱因斯坦曾告诉科学哲学家波普尔，说他自己的理论是用来给未来的科学家证伪的。

尽管引力波的发现进一步证实了广义相对论，但是休谟哲学的逻辑永远都成立：无论有多少次验证，也不可能证明广义相对论是放之四海而皆准的。这个是逻辑问题。

所谓放之四海而皆准，就是说无限次验证也成立，但是人类实践活动永远是有限次的。根据波普尔的证伪主义哲学（就是爱因斯坦那句话启发了他提出这个哲学理论）：真理或科学理论永远也得不到证实，只可能被证伪！譬如，只要有一次实验证明广义相对论错了，那它就错了。

牛顿力学被几百年的人类实践活动验证，但是被水星近日点进动证伪，然后被广义相对论取代。

所以，推而广之，一切所谓的科学定律，其实都处于被证伪的列队中，怎么能说是放之四海而皆准的呢！

那么，我们通常所说的科学定律抑或真理，又是怎么回事呢！其实，科学定律也好，真理也好，不过是我们大脑意识用有型复制外部世界构成的模型而已！这些模型局限于具体有型，有型局限于感知尺度，而感知尺度是相对的，不同的尺度存在不同的感知，因此存在不同的有型。因此，在不同尺度有不同的科学定律表述。当然，你可以不拘泥于具体的科学定律表述，这样就可以避免不同尺度的问题。譬如，尽管牛顿第二运动定律实验在病毒看来并不成立，因为物体的加速度大小与作用力之间不成正比。但是，可以把作用力引起物体加速度这种因果关系作为科学定律，而不局限于是不是成正比关系。这样表述的科学定律对牛顿和病毒来说都是成立的。

然而，有两个理由反驳这个说法。第一，休谟已经说清楚了因果关系其实并不存在；第二，正如普列汉诺夫所说，真理是具体的。牛顿力学作为科学理论正是在于确定性预言——物体的加速度大小与作用力成正比！确定性预言是科学理论的特征，不确定的预言，是躲躲闪闪的，是无法被证伪的。譬如，预言明天可能下雨也可能不下雨，尽管这个预言永远正确，但是纯属废话！

作为有型复制外部世界的模型，受到大脑工作经济原则及感知尺度的局限，逻辑上不可能保证它是放之四海而皆准的和确定性的。

3.18 决定论

法国天文学家拉普拉斯有一个理论：根据牛顿力学，宇宙万物由一个个微粒组成，给定每一个微粒的初始状态，即运动速度和位置，牛顿力学定律就决定了每一个微粒在未来任何时刻的位置和速度(状态)。也就是说，宇宙中万事万物未来任何时刻的状态在初始时刻就完全决定了，无论你做何努力，都不能改变既定的未来，包括你现在打算改变未来的任何想法，都是宇宙完全按照初始时刻的状态就决定了的。这就是宿命论。

所谓"拉普拉斯妖"，就是说一个知道宇宙初始状态一切细节的妖怪，她也有无限的计算能力，因此她可以完全预知未来。

有一次我在图书馆看见一本书，是哲学著作，里面讲了一个故事：有一个叫泰勒的美国人，有一次他在图书馆看见一本书，名字叫《泰勒传》。他拿起翻了翻，发现正是写的他自己。他看见书里描写的他过去的经历都是完全准确的。于是，他好奇地去读后面的内容。他想看看书里他是怎么死亡的。

书中说，泰勒在多年以后的某一天去芝加哥出差，因飞机失事而死亡。他暗自好笑。他想，那一天他怎么也不出差，即使出差也不坐飞机，即使坐飞机也不去芝加哥，看你这破书说的能否应验！

过了许多年，这一天终于到来。泰勒还记着这件事呢！

他躲在一个酒店里，避开公司的人，喝着闷酒，结果喝醉了。醒来，他发现自己坐在飞机上了。身边的同事告诉他，公司有一个业务非得由他去出差。公司到处找他，终于在酒店里把烂醉如泥的他找到，因为事情急，就立即把他送上公司的飞机去外地出差。

泰勒在飞机上酒醒了，当他知道在飞机上时，大吃一惊，忙问是飞去哪里出差。同事告诉他，是去芝加哥。泰勒一听，气急败坏地前往飞机驾驶舱，要求飞行员不要去芝加哥。大家不知道泰勒为什么不准去芝加哥，还以为他醉酒还没有醒呢！

于是，大家七手八脚地打算把狂怒的泰勒控制住。但是，泰勒恼怒地在驾驶舱与飞行员搏斗起来，试图控制驾驶舱改变飞机航向。

　　终于，飞机在他们的打斗中飞临芝加哥上空，因泰勒失手打破了驾驶舱的玻璃，飞机失控坠毁在芝加哥。泰勒死于芝加哥的飞机失事过程中……

　　怎么样，那本书的预言完全准确。泰勒先生的一切试图改变未来的想法都是没有用的。

　　未来是预先决定了的！这本书的作者就是"拉普拉斯妖"吧！

　　你可以想象，如果宇宙完全按照科学定律（如这里的牛顿力学定律）运行，宇宙就是完全预定了的！多么可怕！

　　如果宇宙是预定的，人们可以对任何事情不负责任。譬如，犯罪分子在法庭上可以这样为自己的犯罪行为辩护：我抢银行的行为是宇宙之初就预定了的，宇宙是大约137亿年前大爆炸出现的，而我才30岁，所以，抢银行这种行为是大约137亿年前就决定了，与我自己没有关系，因此，我对抢银行这个犯罪行为是没有任何责任的。

　　在法律上，犯罪分子如果不能自己主导自己的行为，则是免责的。譬如，一旦犯罪分子被诊断有精神病，就是免责的、无罪的。

　　事实上，第二次世界大战后盟国在纽伦堡审判德国国防军军官时，那些军官就以国防军不得不听从"元首"希特勒的命令为由提出无罪辩护，因为国防军不能够主导自己的行为。

　　我们看到，这个问题的本质：人，到底是自由的，还是宿命的。如果人是自由的，就应该为自己的行为负责；相反，如果人是宿命的，就不应该为自己的行为负责！

　　如果宇宙如拉普拉斯说的那样是完全决定的，就是宿命的，因此人类就可以对自己的行为不负责任，人类社会就无法无天了，当然就会崩溃。

　　这样看来，这个哲学问题其实并不是象牙塔里的哲学家的空谈话题，而是对人类社会至关重要的。

　　但是，如果宇宙是由科学定律完全主宰的，就一定是决定的，人就一定是宿命的，人类社会就一定会崩溃！

　　事实上，不用科学定律，根据逻辑学，似乎就可以证明宇宙是决定的、人是宿命的、人类社会一定会崩溃。

维特根斯坦早期哲学有如下推理：根据逻辑学，每一个判断句都有一个真值，即是"正确的"还是"错误的"。

譬如，这个判断句：太阳在10亿年后会熄灭！

我们不知道这句话是否正确，但是，无论它是正确的还是错误的，二者必居其一。如果是正确的，太阳在10亿年后一定会熄灭；如果是错误的，太阳在10亿年后就不会熄灭。二者必居其一。

当然，我们现在并不知道它的真值到底是哪个，只有等到10亿年后才知道。然而，是否知道真值与是否存在真值是两回事。根据逻辑学，这个判断句的真值现在就是存在的，或者说现在就有了，尽管我们不知道到底哪一个是正确的、哪一个是错误的。

不知道真值并不影响真值的存在。就如一个陌生人不知道你的姓名，并不意味着你没有姓名一样。

然而，无论真值是哪一个，正确的，还是错误的，都决定了宇宙在10亿年后的状态：太阳熄灭还是不熄灭！

因为宇宙中万事万物的未来，都可以用类似的判断句描述，根据同样的逻辑，所以宇宙万事万物的未来状态都是预定了的。这就是宿命论的维特根斯坦早期哲学版本。

3.19　时间不存在

我们看到，如果存在科学定律，是多么可怕！一切都是宿命的，每个人不必对自己的行为负责。未来的一切都是既定的，人类现在的任何努力都是没有意义的，因为我们不可能改变未来。那么，你现在辛苦读书，努力工作、赚钱，都是没有意义的，甚至，人活着都是没有意义的，当然，不活着也是没有意义的。

因此，我们不仅可以证明不存在科学定律，而且科学定律也应该不存在！然而，怎么才能够在逻辑上做到这一点呢？

当然，宿命论显然与人类常识矛盾。但是，你似乎没有办法驳倒它！它的逻辑清晰严密，你怎么驳倒。

有一个人驳倒了它，并因此获得诺贝尔文学奖，他就是法国哲学家柏格森。他从"时间"的哲学解析入手驳倒了它，前提是牛顿力学及所有的科学定律并不存在，因为，时间并不存在……

3.20   牛顿力学决定论

我们来看看时间是什么。一说到时间，你会想到时钟的指针，如手表的指针。指针转了一圈，如果是分针，就过了一分钟，如果是时针，就过了一个小时。古人没有时钟，是通过观察天文现象估计时间的。经过一个昼夜，就过了一天。经过365天，就过了一年。一个人看见自己白发苍苍，就知道自己活了几十年。

时间，就是一种感知，即感知到事物的变化。人类用事物的变化去测量时间。时钟的指针，就是测量或复制时间的有型。因为指针转动是周期性的，就是之前我说的大脑基于经济原则复制动态感知的有型：周期性有型，如波动。也就是说，时间是一种关于物自体变化的感知，花开花落、冬去春来、一江春水向东流……这些感知被人们用时钟的指针复制成均匀流逝的时间。这就是牛顿时间。牛顿写道：绝对的、真正的和数学的时间自身在流逝着，而且由于其本性而在均匀地、与任何外界事物无关地流逝着……（艾萨克·牛顿，2008）

在牛顿力学中，时间作为自变量出现在决定物质运动方程式中。给定时间变量取值，方程式就决定了物体的未来一切时间的状态。这是决定论的。所以，才有"拉普拉斯妖"。在牛顿决定论的世界，人类没有一丁点儿自由，一切皆被决定，你的任何努力并不能改变宿命。维特根斯坦的逻辑哲学分析也得出了同样的结论：世界皆被决定了。

3.21　柏格森打破决定论

显然，这是一个不好的结果。但是，这些结论逻辑严密，很难驳倒。怎么才能够驳倒它呢？这个事情，由柏格森来完成，他因此创立了伟大的哲学体系：创造进化论哲学！下面，我们来看看柏格森的创造性思维。

截至目前有五位哲学家获得诺贝尔文学奖。柏格森是其中之一，其他四位分别是鲁道夫·欧肯、罗素、让·萨特（他拒绝领奖）和加缪。

柏格森是文科生，所以对牛顿力学有着旁观者清醒的认识，他带着一种真正的批评精神进行观察。你看看他的批判性思维：时间，作为牛顿方程式中的自变量，通过方程式，时间这个自变量决定了物质未来任何时刻的状态（位置和速度）！也就是说，宇宙未来任何时刻的状态都由时间决定。因此，10亿年后太阳是否熄灭，这个事情其实现在已经被决定了，只不过现在我们不知道是怎么决定的：熄灭还是不熄灭。这不重要，重要的是已经被决定了。未来是完全被决定了的。

也就是说，在牛顿力学中，时间决定了物质运动。或者说，时钟的指针转动，这种物质运动，也是被时间决定了的。一分钟之后，分针转了一圈。一个小时后，时针转了一圈。

但是，这里有一个问题，这个问题就是柏格森脑洞大开的地方，是他拿诺贝尔文学奖的"尤里卡"时刻（阿基米德泡澡时突然灵感出现，想出了如何测量皇冠体积的方法，惊喜地叫出了："Eureka！Eureka！"（尤里卡！尤里卡！）从此，人们把科学家们的伟大灵感出现时刻称为"尤里卡"时刻）。他发现一个逻辑矛盾：牛顿方程式中的时间变量决定了物质运动的结果，但是，时间本身又是物质运动的感知抽象（有型复制，用指针运动复制时间感知）！

也就是说，牛顿时间存在内在的逻辑自我重复：什么是时间，答案是，时间是物质运动的感知，什么是物质运动，答案是感知到时间的变化。在牛顿方程式中，随着时间的变化，物质在运动变化。反过来，时钟的指针这种物质运动变化，又表明时间的变化。这就是逻辑自我重复！

因此，牛顿的时间概念是存在致命逻辑困难的。其实，牛顿的时间概念，并不是牛顿一个人的问题，大多数人都是这样认识时间的。

柏格森指出，通常的时间概念，只是人类大脑基于经济原则用均匀流逝的周期性感知如指针转动作为有型复制外部世界变化的模型。当然，柏格森没有用这种术语，有型复制是我发明的术语，但他就是这个意思。

柏格森提出，时间只是感知，我们内心深处感知到时间的流逝。我们不应该停留在有型复制上面，而是应该回到感知本身。也就是说，不应该用指针运动去复制理解时间，因为复制并不是感知本身。柏格森的意思是，我们应该撇开周期性有型复制，而直接去感知感知！感知的感知！在柏格森那里，这种感知的感知就叫"绵延"！

柏格森指出，物质运动并不在时间中发生，因为时间只是大脑对物质运动感知的代名词而已。这种说法是同义反复！物质运动就是物质运动，我们感知的是物质运动，并不是感知在时间中的物质运动。也就是说，物质运动是自己发生的，并不是时间自变量的函数（牛顿力学）。物质运动是自我发生的，时间并不是物质运动的原因（根据休谟对因果关系的批评），物质运动本身就是物质运动的原因，或者说物质运动没有原因（记住休谟）！

3.22　创造进化论

伟大的柏格森，在这里把自为的物质运动叫作"创造"。他因此创造了"创造进化论哲学"！

注意，柏格森在这里打破了决定论，从而为波尔的量子力学提供了哲学基础。同时，柏格森哲学把人类从牛顿和维特根斯坦早期哲学的决定论宿命中拯救了出来。人，终于是自由的了。当然，自由的人类需要对自己的行为负责。法律，也因为柏格森的创造进化论哲学而找到了依据！

这么伟大的发现，你认为诺贝尔文学奖应不应该给呢！

柏格森哲学特别受年轻人的追捧：未来是我现在的努力创造的，并不是被决定了的，宿命论破产了！年轻人努力吧！我想要什么样的未来，我就可以有什么样的未来！一切取决于我今天的选择和努力！明天的生活真美好！

需要指出，尽管爱因斯坦在狭义相对论中纠正了牛顿的时间概念，他发现时间并不是与外界无关均匀流逝的，而是与参照系有关的。但是，爱因斯坦并没有在哲学层面上离开牛顿的时间概念，只不过认为不同的参照系时间度量不一样而已。

3.23　柏格森哲学

现在，我们来看看柏格森哲学如何破解"太阳10亿年后会熄灭"这句话及维特根斯坦早期哲学的逻辑死结。

太阳10亿年后会熄灭，这句话有一个问题，就是10亿年后，这个是时间。也就是说，这句话潜在假定时间是自变量，时间自己在流逝，流逝10亿年，之后有一个判断，太阳熄灭。根据柏格森哲学，未来是物质运动自为创造的，时间并不存在。也就是说，10亿年后，这个判断句是没有意义的。因为，只有物质运动到了太阳熄灭或不熄灭，没有什么10亿年后这等事！至于太阳是否熄灭，这是太阳物自体自己的创造，这种创造背后没有原因。创造自己就是创造的原因，或者说没有原因。因此，凡是判断未来是什么的话语，其实都是没有意义的，因为含有时间概念。时间是不存在的，存在的只有物质运动本身，就是创造，而创造是没有原因的。创造，就是创造，没有原因，有原因的就不是创造了！

现在，大多数科学家接受的时间概念来自柏格森的创造进化论哲学。

通常，人们一想到时间，就会联想起时钟，这就是有型复制，用时钟周期性运动的有型复制感知的事物变化、复制时间，或者说产生时间的概念。但是，按照柏格森哲学，这种复制仅仅是复制感知，并不是感知本身。我们应该回到感知本身，那就是他说的"绵延"。

为什么说柏格森哲学在哲学上摧毁了科学定律呢？因为，大多数科学定律都是具有预测功能的。预测当然是基于时间的，由于时间不存在，所以科学定律是没有意义的。有一些预测并不是基于时间的预测，是基于关系的预测。譬如理想气体方程，给定体积，压强与温度成正比。这里没有时间概念。这样的科学定律为什么也是不存在的呢？这需要另外说明。

3.24　维特根斯坦哲学

我们回过头来说说维特根斯坦。之前谈到，维特根斯坦早期哲学就是他的剑桥大学博士论文《逻辑哲学论》，这篇博士论文出版了，是世界名著，但是至今没有几人读得懂。当年，他的博士生导师罗素自以为读得懂，还给这本书写了序言，结果维特根斯坦埋怨老师胡说八道！

维特根斯坦认为他的哲学已经解决了人类所有的哲学问题，没有事情干了，于是打算去乡下当个乡村教师度晚年。但是，他的哲学惹得一个意大利经济学家怒从心头起、恶向胆边生。这个经济学家说出来很"吓人"，就是著名的经济学家斯拉法。他直接去乡村找维特根斯坦说道说道。

我们知道，维特根斯坦早期哲学有一个假设：每一句判断句都有一个真值。或者说，每一个有意义的（不是胡说八道的）的话都存在唯一的意义，因此，要么是正确的，要么是错误的，二者必居其一！

这是维特根斯坦早期哲学的假设。但是，斯拉法面对维特根斯坦叽里呱啦说了一堆意大利俚语，问维特根斯坦是什么意思。

无论维特根斯坦怎么回答，都是错误的！结果，斯拉法说，这些意大利俚语在不同场合意义是不同的。比如，我们中国人说，吃了吗，其实有时候并不是问你吃饭没有，而是问好，相当于"您好"！

但是，吃了吗也有吃饭没有的意思。一句话到底是什么意思，取决于具体的环境。

也就是说，维特根斯坦假设一句话存在唯一的意义是不成立的！

维特根斯坦听了斯拉法的话，如醍醐灌顶、大梦初醒！

于是他重新回到剑桥大学，提出他的后期哲学。后期哲学就是反对他的早期哲学。

早期哲学的结论是，除非世界有一些东西是不可言说的，否则世界就是决定论的，因此没有自由意志。后期哲学说，语言存在多意义性质，哲学因此存在多种意义，不同的场景，不同的说话人，说话人不同的心境，语言的意义是不同的。所以，维特根斯坦后期哲学就注重语言分析，分析哲学理论背后的意义。这就是现代分析哲学的开端！

第 4 章　元理性视角审视数学危机

4.1　没有因果关系

现在，我们来谈谈为什么没有科学定律。科学定律分为含有时间因素和不含时间因素两种。譬如，目前宇宙学计算出，宇宙正处于"中年"，也就是说从大爆炸开始到现在，宇宙已经有约137亿年了，宇宙还有差不多同样的时间存在。

这个理论含有时间，按照柏格森哲学，是不值一提的，更谈不上什么科学定律。同样，所有的预测科学，按照柏格森哲学，其实都是"伪科学"。事实上，凡是自称预测科学的，无论是基于严谨的数学模型或《易经》之类的，都是扯淡。当然，这个结论来自柏格森的创造进化论哲学，是柏格森哲学的自然推论。这种含有时间因素的科学定律或理论，不能通过柏格森哲学的关口。

另外一种是不含时间因素的科学定律，只是确定不同因素间的关系。譬如，理想气体方程：给定体积，压强与温度成正比。

当然，大多数科学定律或理论都是基于因果关系的。在休谟那里，早已经从逻辑上否定了因果关系的存在。实际上，因果关系在康德那里是先天综合判断之一，即属于先验范畴，属于人类主观意识中的元素。

其实，从元理性看，因果关系其实是大脑基于经济原则，把不同感知通过因果关系进行的链条式存储，这样存储起来的感知，在需要的时候，便于大脑搜索，与外部世界本身存在因果关系没有什么关系。

4.2　休谟的智慧

你早晨起床推开窗户，看见朝霞满天，就预测今天气温较高，于是出门就不用穿较多的衣服。在这里，从朝霞满天到气温较高，是因果关系的预测。因为，朝霞满天意味着今天会有大太阳，因此气温较高。但是，真的存在这种因果关系吗？你可以说，当然存在！理由呢？

理由是：大太阳意味着太阳能量辐射到地球大气层里的比较多，因此气温较高。那么，太阳能量辐射到地球大气层里较多，气温就会高吗？为什么？有两个答案：

①这是过去的经验归纳出来的。因为过去当大太阳出现时，气温都较高。

②物理学（大气物理）理论证明一定是这样的。

我们现在从哲学层面来分析。

休谟早已经否定了归纳法获得的结果具有真理价值，第一个理由在这里就不值一提了。

现在来看看第二个理由：科学理论的预测难道就是真理吗？你可以说理论经过了过去的验证，过去每一次验证都是成立的，预测也是准确的，所以是真理。显然，这也是用归纳法证明的，根据休谟的分析，也不值一提。科学理论本身是经过严密逻辑推演出来的结论，应该没有问题。

然而，一切科学理论都是建立在一些公理基础上的。即使是欧几里得几何这样逻辑严密的体系，也是基于五大公理得出的。公理就是有型，而有型是人类大脑选择的，与人类感知尺度有关，并不是物自体本身。所以，有型可能存在偏离物自体本身的可能性，这时候，基于有型推演出来的科学理论就与人类感知尺度有关，受到感知尺度的局限。

人类的感知尺度在宇宙中并不居于特殊地位，还存在其他不同感知尺度的世界。不能将在人类感知尺度基础上大脑编辑出来的"科学理论"作为宇宙的自然规律，因为这种规律的具体表述一定存在人类尺度的局限和特征。

事实上，欧几里得几何中的第五公设——过直线外一点能够并且只能画一条直线与给定直线平行，就不是我们这个宇宙的真实感知。广义相对论发现的弯曲空间，以及广义相对论的实验验证，都证实第五公设不成立。只不过因为人类自身的感知尺度相当于宇宙尺度来说太小了，所以人类感知不到弯曲空间。

这样看来，不存在科学定律。那么，我们已经有的科学定律是什么呢？

4.3　规律都是统计的

现在，我们来看看刚才提到的理想气体方程：给定温度，体积与压强成反比。这个理论应该与时间没有关系，也没有因果关系牵涉其中。那么，这个方程式是不是科学定律呢？

我们认为，也不是！为什么不是呢？

且听下面的分解：

首先，什么是体积？什么是压强？

体积很简单，就是空间测量出来的。压强呢？压强就是测量压强的仪器测量出来的。

也就是说，你实际测量的时候，只是感知测量仪器上的数字，发现它们之间成反比。

注意，按照休谟哲学，因为你不可能完成所有的测量，包括过去的、现在的及未来的测量，所以，你仍然不可以说这个方程式是放之四海而皆准的。因为有限次测量仍然是归纳法。其实，还有进一步的问题：压强被麦克斯韦定义为构成气体的分子热运动的平均撞击测量仪器的能量。注意，这是"平均值"。

平均值是想象的，并不是可以感知的。你能够感知"平均"吗？

你可以说，能够感知平均！譬如我们可以感知温度，但是，同样是麦克斯韦的定义，气体温度是构成气体的分子热运动的平均能量。同样是平均，我们可以感知温度。是的。这是因为分子对人类尺度来说很小，所以我们可以感知很小物体的集合的平均值。这是统计规律。平均就是统计指标。如果未来人工智能发展到可以将人类意识上传到一个分子上去，我们就可以用分子尺度的感知能力去感知分子热运动。那时，我们就不可能感知分子的"平均"热运动能量，我们可以感知一个个的分子，但是不能感知平均值。譬如，你去参加一场足球赛，你可以感知一个个球员对你的冲撞，你不能感知别人对你冲撞的平均值！因为，别人与你是同一个尺度。

也就是说，当我们面对比我们的尺度小很多的物体时，我们是通过统计学意义上的感知去感知它们的，其实，统计学意义上的感知就是有型。譬如，用我们的身体去感知气体压强，就如有一块东西压在我们身体上那种感觉。这个东西就是有型。有型是想象的，并不是实在的。

压强是分子运动撞击的平均值，温度是分子运动的平均能量。因为分子尺度很小，所以我们用有型去复制感知。但是，当我们的尺度与分子的尺度一样大时，就不能通过统计学意义上的感知去感知了，就是实实在在的感知。你对其他球员对你的冲撞的感知，是实实在在的一次又一次的冲撞，而不是平均值冲撞感知。你对分子运动撞击的感知，是平均值感知，而不是一次又一次一个个分子实实在在的撞击。因为分子尺度太小，所以人类感觉器官不可能分辨一个个分子的撞击。

于是，不同尺度的感知方式的不同，就有大脑节省能量消耗的不同的知识构造方式。也就是说，不同尺度的科学定律是完全不同的。但是，作为同一个宇宙的科学定律，不应该因为感知尺度的不同而不同。在这个意义上，科学定律就是不存在的。

或者，我们可以把视野局限在人类感知尺度里。科学定律对于人类感知尺度是存在的。是的，这就是统计学意义上的科学定律。

其实，量子力学说的就是这个意思。哥本哈根学派的量子力学哲学就是这种观点：微观世界是偶然性主导的，量子力学是统计规律。波尔的对应原理说，在宏观世界，感知尺度是人类的尺度，所以偶然性消失了。用元理性的语言说，就是宏观尺度用有型复制感知，有型本身覆盖了微观世界的偶然性，所以是必然性的关系构成相对真理。譬如，宏观的太阳系模型，我们用一个个球体有型代表地球和其他太阳系星球，而无视构成星球的一个个分子、原子、电子等微观世界的偶然性。

所以，科学定律都是相对的，相当于某个感知尺度而言成立。那么，如果我们问有没有不依赖感知尺度的一般性的、放之四海而皆准的真理，显然，没有！

独立于感知尺度或观察者的科学定律是不存在的。这也是量子力学通过大量实验发现的"规律"。也就是说，唯一存在的科学定律就是没有科学定律！

一切具体感知尺度或具体观察者获得的科学定律，必然是这种尺度的观察者的大脑组织有型复制感知构成的知识体系。

因此，元理性其实也可以被称为"意识创造哲学"！

4.4　数学危机

现在，我们来谈谈数学哲学问题。

数学哲学主要是数学基础问题。

数学发展史上有三次数学危机。第一次是无理数的发现，第二次是无穷小量的运用，第三次是罗素悖论的发现。据说三次危机都被解决了。英国数学家戴德金在19世纪通过戴德金分割解决了无理数问题，法国数学家解决了无穷小量问题，而罗素解决了自己发现的悖论。

我发现，三次数学危机都可以统一到元理性或意识创造哲学上来获得哲学意义上的解决。

其实，第一次、第二次危机本质上都是无限带来的问题。

有理数体系来自数字1作为有型复制出来的模型，但是有一些感知不能复制，这些不能复制的就是无理数。根据康德哲学，这种结果是必然的，理性世界不可能完全复制物自体嘛！物自体是无限的，感知只能感知有限。戴德金分割本质上就是承认存在无限，因为实数轴上存在有理数不可能复制的点。

尽管有理数也是无限多的，但是利用加法规则可以通过有型1复制所有的有理数。也就是说有理数是"可数的"。但是，加法规则不可能复制无理数。

无穷小量，无穷当然就是无限。在牛顿那里，无穷小量是一种"趋于零的变量"。这东西有点让人摸不着头脑：数量应该是静止的，怎么"趋于零"，什么是"变量"？因为牛顿是物理学家，研究天体运行，所以习惯"变量""趋于"这些直观感知。但是在数学家看来，这些术语并不严谨。大主教贝克莱评论道：无穷小量趋于零，就如鬼魂一样消失了。

在逻辑严谨的数学家那里，这样的术语是不严谨的。但是，牛顿用这种方式发明的微积分，在物理学中获得了巨大的成功，不能不说微积分存在巨大的科学价值。于是，19世纪欧洲大陆的数学家们就开始琢磨微积分的基础问题，如何把牛顿"趋于零"这种直观术语严谨化。

其实，无论是贝克莱还是其他数学家，不喜欢牛顿的"趋于零"这种表述的背后，本质上是不喜欢"无限"。无穷小量的麻烦，就是"无穷"两个字。那么，怎么解决这个问题呢？法国数学家柯西用 ε-δ 表述解决了这个问题。ε-δ 表述就是我们现在都熟悉的微积分教科书里面的标准表述方法：给定任何大于零的数 ε，存在一个数 δ，当自变量大于（小于）δ 时，无穷小量会小于 ε。这是什么，这与牛顿的"趋于零"有什么不同？其实，当年我们在大学学习微积分时，感觉这个表述还没有牛顿的"趋于零"好理解呢！为什么数学家要劳师动众折腾，把直观的牛顿"趋于零"硬生生整成柯西烧脑的 ε-δ 呢？

4.5 极限的哲学问题

这个问题，其实用元理性或意识创造哲学能很自然地获得解答。

牛顿的"趋于零"是一个无限的过程，"趋于"就是"无限靠近"的意思。因为人类不可能感知无限，无限世界属于超验世界，超越了人类理性（康德哲学指出理性世界是感知的世界），所以牛顿的表述存在形而上学问题。欧洲大陆的科学家对牛顿的表述很不满意。那么，柯西是如何用 ε-δ 方法避免形而上学问题的呢？

我们来看看柯西方法的元理性或意识创造哲学理解：给定任意一个大于零的数 ε，注意，这里是给定任意的，并不涉及无限。因为"给定"这个词本身有显现的意思。给定，如果看不见、摸不着，就不是"给定"。所以，"给定"就是感知！

柯西成功地把牛顿的"趋于"涉及的无限给抹去了，然后，存在一个 δ。"存在"当然也是可以感知的。柯西的方法就是把牛顿表述的形而上学因素去除，把微积分整合成为符合现代科学规范的科学理论。

所以，戴德金和柯西的工作其实就是把无限从数学中去除，让人们知道存在无限但不涉及感知无限的问题。戴德金分割，其实是用有理数去识别什么地方存在无限（无理数，无限不循环小数），并且用有理数体系标示出无限，用这种标示加入数学运算，这就是戴德金发明的实数域。

也就是说，戴德金也好，柯西也好，其实都是把希帕索斯和牛顿发现的无限数学拉回到了可以感知的理性世界。

下面我们来看看第三次数学危机。两位数学家兼哲学家的大咖，罗素与怀特海，认为数学基础就是逻辑。他们合作创作鸿篇巨制《数学原理》，试图从最简单的逻辑公理（有型复制）推演出整个数学体系。这个最简单的逻辑公理就是一个集合论设定：存在一个由所有的集合作为元素构成的集合。

本来，直观上看，这个设定完全是可以成立的。但是，在数学家看来，直观的东西不一定是正确的。数学家只认逻辑。然而，罗素发现自己面临困境：这个设定存在逻辑矛盾。你想，如果包含所有集合的集合存在，那么，就会出现一个问题：这个集合是否包含了它自己？

如果它包含自己，则有一个集合不在它里面，就是它本身不在它里面。如果它不包含自己，则有一个集合不在它里面，这与它本身的定义矛盾。这就是罗素悖论！

罗素只有假定，包含所有的集合不能作为一个元素成为自己的元素。因为，包含集合的集合与它所包含的集合是"不同层次"的东西，不能跨层次。也就是说，我们不能说包括所有集合的集合是一个作为包括所有集合的集合的元素。这种说法是不对的，是不能这样说的。

这里涉及的"层次",其实就是感知或尺度的问题。不同层次就是不同大小、不同高低,这些范畴其实属于康德的先天综合判断哲学范畴,是人类意识感知外部世界的编辑软件。也就是说,我们必须回到人类感知外部世界的角度去构建数学基础,否则面临的就是逻辑灾难!

因此,即使数学这样似乎是"形而上"的东西,其实仍然是"形而下"的。这也印证了我之前提出的观点:即使是逻辑这样最基本的人类思维规则也来自感知。之前我已经用这种观点解决了量子力学违反排中律的实验结果。现在,我们看到,数学也是如此:人类一切知识都是建立在感知世界基础上的。

贝克莱说:存在就是感知!

尽管这句话有一些问题,譬如物自体不能感知,但是存在的。然而,如果把贝克莱所说的存在理解为感知,他的这句话就是"感知就是感知到的",显然成立。

4.6　数学哲学

因此,我们给包括微积分在内的现代数学建立起了哲学基础。那就是,数学是什么!数学就是建立在感知基础上的有型,并且是最简单的、除去了对物自体所有感知细节的纯粹感知有型,以及在这种基础上大脑按经济原则运行的基本规则。这种规则就是加法规则及它衍生出来的复制规则。

纯粹数学是这样的,应用数学及几何是把比数字感知多一些感知细节的感知作为有型的复制。

也就是说,从某种意义上看,纯粹数学就是复制简单感知,而应用数学和几何复制的感知要复杂一些。

譬如,数论作为纯粹数学的重要分支,研究素数的分布,因为素数被视为复制其他数的基本砖块或有型。

在感知世界,数字是最简单、最少细节的感知。用素数复制数字,是复制简单感知。

但是，几何学中用简单有型，如正方形、三角形复制其他复杂图形，就是研究复杂图形的几何性质，如用正方形面积去度量复杂图形面积的黎曼积分。

应用数学研究现实问题，用数学模型复制现实感知，是复杂感知的复制。

牛顿发明的微积分，以及用他发明的无限术语表述的微积分，其实是用人类感知下限去定义极限。譬如，所谓"趋于零"，并不是无限的过程。因为人类不能感知无限。"趋于零"，就是说当数量小到超出人类感知下限时，物自体就是不能感知的了。按照贝克莱说的"存在就是感知"，不能感知的物自体就相当于不存在，或者说可以忽略不计。牛顿微积分中的"趋于零"，就是说当变量数值小于人类最小可感知尺度时，就可以忽略不计了。显然，这是符合元理性或意识创造哲学的。

有意思的是，虽然当年贝克莱责怪牛顿，但是他们的思想在本质上是一样的。

这样，我们可以给现代数学涉及的无限或无穷小量设定一个元理性或意识创造哲学的理解：以感知尺度最小边界为界，在这个边界以内的、可感知变量数值大小是不能忽略不计的，在这个边界以外的数值则可以忽略不计。

黎曼积分，用正方形面积的叠加去复制复杂图形面积，当正方形面积足够多、复制误差小到感知尺度以外时，就可以忽略不计，正方形面积的叠加就等于复杂图形的面积。

4.7　哲学与宗教

我们看到，由于时间不存在，我们仅仅感知到外部世界的变化，花开花落，春去秋来，我们慢慢变老。那么，如果我们不是在时间中变老，因为时间不存在，那么，是什么造成了我们感知到的变化呢？

这是一个问题。事实上，这既是所有哲学问题的终极问题，也是所有哲学问题的起点。

当然，我们可以忽视感知到的事物变化，这就是一位古希腊哲学家的答案，他是前苏格拉底哲学家中的一位，名叫巴门尼德，埃利亚学派创始人。他认为宇宙是一，我们感知到的变化事实上不存在，是幻觉。譬如，你昨天看见的一朵盛开的玫瑰，今天就凋谢了。其实，你能肯定存在的仅仅是今天，仅仅是现在，仅仅是此时此刻，昨天是你此时此刻的想象而已（这也是柏格森的时间理论中的雄辩）。所以，昨天盛开的玫瑰，此时此刻又没有了，说明昨天看见的所谓盛开的玫瑰并不存在。明天，你也会发现今天看见的玫瑰凋谢也没有发生，可能明天什么都没有了。一切的变化说明什么都没有，变化也就没有。后来他的学生芝诺用"阿喀琉斯追不上乌龟""飞矢不动"等悖论来进一步说明巴门尼德的观点。没有变化，也就是说宇宙归一。

斯宾诺莎也认为宇宙其实是一个整体。他是用严谨的逻辑证明这一点的。

相反，其他的哲学家认为宇宙的本质就是变动不居。另一位前苏格拉底哲学家赫拉克利特说，人不能两次踏进同一条河流！按照赫拉克利特的意思，我们感知的不变的事物才是幻觉，宇宙的本质是变动不居的。什么意思呢？按照元理性或意识创造哲学，可以这样理解赫拉克利特的思想：我们感知到的固定影像，其实是我们大脑意识编辑出来的物自体。大道无形，物自体什么也不是，又什么都是！譬如，你可能有时候看见天上的云彩像一条狗，其实并不是狗。你的确可以看见街上有一条狗，但不过是一些骨架和皮肉而已，只是你的感觉器官把这样的物理刺激整合成了一条狗。

当然，介于两者之间可以存在各种各样的折中方案，构成古往今来形形色色的各种哲学流派。

在柏格森创造进化论哲学里，那种变动不居的感知，无须用时钟指针周期性转动作为有型去复制的感知，直接感知到的，叫作"绵延"，"绵延"就是创造。按照柏格森哲学，宇宙的本质就是创造，静态不过是人类意识本身的幻觉而已。所以，柏格森是赫拉克利特那一条线上的。

当然，我们可以从科学角度研究这个问题。19世纪的数学家高斯研究了"内蕴"几何学。什么是"内蕴"呢？譬如，我们看见一只蚂蚁在一个篮球上爬行，我们知道蚂蚁爬行的"面"其实是一个球面，并且它爬行一圈之后会回到原点。

但是，蚂蚁本身并不知道它在一个球面上面爬行。它会以为是在一个平面上爬行的。因为，蚂蚁太小，"鼠"目寸光，只能看见周围的环境，似乎就是平的。现在仍然有人认为地球是平的，就是因为在人类视野内似乎就是这样的。阿波罗8号飞船登月，宇航员第一次拍摄到地球，才让人信服了地球是圆球体。

如果蚂蚁中有一个几何学家，它会研究它爬行的地面到底是平面还是球面。当然，我们人类一眼就看见蚂蚁爬行的篮球是球体的。这是因为我们在三维空间里看一个二维球面。蚂蚁是存在于二维球面世界中的，它必须从它自身所处的二维空间研究这个问题。

因此，有必要研究一种几何，这种几何仅仅是研究者自己所在空间的感知，而不是从更加高维的空间来感知低维空间进行的研究。这就是"内蕴"几何。欧几里得几何显然是非"内蕴"的，如平面几何就是我们在三维空间感知二维平面图形进行的研究。

在牛顿力学及今天的主要科学研究中，都存在一个特殊的维数——时间维。也就是说，自然科学数学方程式中基本上都是以时间为自变量描述物质运动变化规律的。这样，事物变化的原因就归结为时间。但是，正如我们看到的，时间不是存在巨大的麻烦嘛！有人说时间并不存在（柏格森、巴门尼德、斯宾诺莎等等）。甚至，基督教也认为上帝在时间之外，而宇宙本质是上帝。所以，似乎存在一种必要，能否在自然科学数学方程式中不用时间变量，把时间维去除，研究"内蕴"自然科学！

英国一个物理学家发现统一场论（把宇宙中四种力，电磁力、万有引力、强相互作用力、弱相互作用力统一成一种力，目前已经统一了弱相互作用力和电磁力，但是剩下三种力从爱因斯坦到现在仍然处于统一无望的状态）研究存在的困难主要是量子力学与相对论的方程式中都有时间变量，且如果消除时间变量，统一场论就是能够成功的。他因此认为如果"内蕴"研究宇宙，从上帝视角研究，上帝在时间之外，把时间维去除，统一场论就成功了。也就是说，万物模型就成立了。

这种观点有点意思，但是存在争议。难道科学与宗教在这里走到一起来了吗？

第 5 章 元理性实验验证与 在经济学中的应用

5.1 证实元理性的一个实验

到现在，我已对元理性或意识创造哲学的大致框架做了介绍，也运用它对一些科学问题，主要是数学基础进行了分析，为数学哲学提供了一种框架性理解方式。

但还有一个问题，我提出的元理性或意识创造哲学有没有科学性，或者说有没有实际验证的东西？

一般来说，科学理论需要验证，但是，哲学只是一种思想，能够雄辩就可以了，并不需要实际验证。然而，让人想象不到的是，元理性或意识创造哲学得到了实际案例的验证，并且这种验证是可以重复的，任何人随时都可以进行！

下面，我就来告诉读者怎么通过实验验证元理性或意识创造哲学（这个实验许多经济学家都做过，最早来自凯恩斯的选美理论）。

科学验证，一般是先从一个科学理论出发做一些预言，然后看看这些预言是否能够得到验证。下面，我就来给出一个预言：

你找10个志愿者,要求每一个志愿者在一张纸条上写下一个整数,要求整数取值范围是0到100,包括0和100,必须是整数,不能写分数。同时,每一个志愿者押一些钱,如100元钱作为赌注。这是一个博弈实验。

最后,谁写的整数最靠近10个数的平均值的一半,谁就赢得其他9个志愿者的钱。如果有多个人都是赢家,他们就平分输家的钱。

写什么整数会赢钱呢?

现在,我们先来预测当每一个人都是高度理性的人的情况下的标准答案!

显然,如果一个人知道10个人写的数的平均值不会超过100,平均值就不会超过50,他写的数就不会超过50。知道这个道理的人就被称为具有一阶理性的人。如果这个人知道其他9个人也是具有一阶理性的人,那么他就知道其他人写的数不会超过50,所以平均值就不会超过25。知道这个第二步推理的人就被称为具有二阶理性的人。具有二阶理性的人写的数不会超过25。

如果具有二阶理性的人知道其他人也具有二阶理性,那么他就知道其他人写的数不会超过25,所以平均值就不会超过12.5。知道别人是二阶理性的人,被称为具有三阶理性的人。以此类推,如果这个人具有无限高阶的理性,则他最终会写"0"。

也就是说,假设志愿者都是无限高阶理性的人,标准答案就是写"0"。

但是,我在给MBA学生上"应用博弈论"课程的几十年中,做了几十次这种"猜数字"实验,没有一次是标准答案写"0"的志愿者赢钱的。同时,我有一个规律性的发现,几乎每一次的赢家都是具有三阶理性的人(在几十次实验中,仅有一次不是三阶理性的人赢钱)。为什么是三阶理性的人赢钱呢?除了元理性或意识创造哲学,其他任何理论都不能解释。

下面,我给出一个令人震惊的发现。三阶理性的人赢钱,正是元理性或意识创造哲学的一个预言!

这里,每一个人都打算知道别人是什么样的人,就是说每一个人用什么样的人作为有型去复制别人。显然,一个人对于其他人的有型复制最合适的有型就是自己,因为每一个人最熟悉的人的模型就是自己,即以己度人。

自己是一阶理性的,因为自己知道自己是明白人,自己不会认为自己是傻瓜！

　　当然，自己也许知道自己是二阶、三阶甚至四阶以上理性的人，但是，基于有型是最简单的感知，所以一阶理性就是有型。人们不会用非理性作为有型，因为非理性有型没有预测功能。

　　也就是说，对于别人最简单的感知，同时可以作为有型的感知，就是一阶理性。如果每个人都认为别人是一阶理性的，则每个人都是二阶理性的。当大多数人都是二阶理性的时候，某个人如果是三阶理性的，当然就是赢家。因为他知道其他人基本上都是二阶理性的，大多数其他人写25左右的数，他写12.5附近的数就会赢。因此，元理性或意识创造哲学预言三阶理性的人会赢钱。这在大多数猜数字实验中得到了证实。如果不信，读者不妨找10个志愿者来试试，基本上就是这样的结果！

　　这样，我们其实已经做了一项重要的工作，即通过元理性或意识创造哲学解读了为什么大多数人是二阶理性的。也就是说，行为经济学发现大多数人是有限理性的，或者说有限理性是行为经济学的一个基本假定，在元理性或意识创造哲学中得到了解释。

　　所以，可以说我提出的元理性或意识创造哲学是行为经济学的哲学基础。

5.2　元理性视角中的经济学

5.2.1　内生经济增长理论

　　经济学从一开始就是研究经济增长的。亚当·斯密的《国民财富的性质和原因的研究》，也被翻译为《原富》，就是琢磨国民财富是怎么来的，即经济增长是怎么发生的。亚当·斯密本来是哲学家，是研究伦理学的。18世纪，苏格兰发生了一场轰轰烈烈的启蒙运动，被称为苏格兰文艺复兴，其中有一个哲学家哈奇森，是亚当·斯密的老师。这些哲学家在思考一个问题：人，到底是善的，还是恶的！哈奇森有一个观点：人，总的来说还是善的！哈奇森是怎么得出这个结论的呢？他是运用当时比较时兴的方法：实证方法！他根据人类社会在长期发展中（总的来说）是向着高级阶段发展的得出的上述结论。譬如，尽管科技进步带来了一些杀戮，但是对人类福祉有更多的贡献。大多数人在大多数情形下都在做好事，而不是坏事。所以，人总的来说是好的。然而，亚当·斯密的好友休谟，写了一部《人性论》，认为人都是恶的，人与人之间的关系是狼与狼的关系。每个人都在试图攫取别人的利益。所以，人类社会需要一个政府，需要法律，由政府来惩罚违反法律、侵犯别人利益的行为。

这样，亚当·斯密的老师与好友各持一端。相信谁呢？亚当·斯密采用的是中庸之道：兼收老师和好友的部分思想，提出自己的学说！

亚当·斯密认为，每个人都有私利和人与人之间和谐双赢并不矛盾！通过市场交易，甲乙双方可以互利互惠！因为，互惠互利是市场交易的本质属性。由此，亚当·斯密建构了基于市场交易的财富积累理论或者说经济增长理论。

正是由于人类的自利动机，在道德和法律约束下（他因此写了另外一部名著《道德情操论》），人类行为会朝着最大化社会福利的方向选择，从而优化了资源配置，而市场交易机制的存在促成了分工（如果没有市场交易机制，分工就不会出现，因为没有市场交易，分工会导致人们生产的商品没有市场，而自己需要的物品也难以获得），分工提高了效率，从而带来了经济增长。

所以，我们可以说，自亚当·斯密创立经济学开始，经济学就是经济增长理论。但是，现代经济增长理论是从数学模型伊始的，这就要等到20世纪40年代的哈罗德—多马经济增长模型出现了。

5.2.2 索洛的发现：长期经济增长的驱动力不是资本也不是劳动力投入

20世纪40年代末，哈罗德和多马把凯恩斯理论动态化，导出一个经济增长模型。这是第一个经济增长数学模型。在凯恩斯理论中，每年的总需求中存在一个构成，就是投资需求。但是，投资会形成产能。这个增加的产能会在下一个年度增加总产值，这就是经济增长！所以，在这个模型中，经济增长来自投资。同时，投资需要的资金来自储蓄，因此，哈罗德—多马经济增长模型的含义就是：经济增长的驱动力来自储蓄或积累。

这个模型其实是传统的经济增长思想：储蓄或积累是财富增长的原因。那个时候，第二次世界大战结束后的苏联由于计划经济体制下的高积累出现高速度的经济增长，在哈罗德—多马经济增长模型中找到了理论依据。

然而，这个模型存在数学上的致命弱点：经济增长不稳定！一旦经济增长率偏离均衡增长率，经济增长率就会越来越偏离均衡增长率，直到经济增长率偏离均衡到离谱的水平。

改写经济增长理论的高人随后出现，他就是麻省理工学院的索洛教授！

索洛发现，哈罗德—多马模型潜在假定资本和劳动力投入之间存在固定比例，也就是说，每一个劳动力使用固定比例的资本进行生产。这个假定，在短期内是正确的，但是，经济增长是动态过程，发生在长期而不是凯恩斯理论考虑的短期。因此，这个假定存在逻辑上的毛病。

在长期的动态过程中，一个劳动力可以使用不同比例的资本进行生产。也就是说，在生产函数中，不同资本和劳动力的组合都可以生产出给定产量的总产值。

如果假定劳动力投入与资本可以替代，也就是说，两者在生产中的配合比例可以变化，不一定是固定的，就得到了所谓的"索洛经济增长模型"（以下简称"索洛模型"）。在这个模型中，均衡的经济增长率是稳定的。并且，这个索洛模型可以进行实证检验。索洛用19世纪美国制造业的数据进行回归检验，揭示出一个令人震惊的发现：在长达百年的美国制造业经济增长中，劳动力投入和资本投入的贡献为零，但是存在大于零的长期经济增长率！

那么，如果说经济增长没有劳动力和资本的贡献，大于零的经济增长来自什么呢？索洛模型告诉我们，来自一个未知的"索洛剩余"。

索洛认为，这个剩余就是技术进步！

科学技术是第一生产力！这个论断在索洛模型中得到了验证！

索洛因此获得了1987年的诺贝尔经济学奖。

5.2.3　内生增长理论

索洛模型颠覆了古典经济学，甚至人类长期以来的习惯认识，即经济增长或者说财富增长来自积累的观念。技术进步，是经济增长的唯一源泉。索洛模型不仅在实证上，而且在数学分析上也明确给出了这个结果：人均收入的长期增长唯一可能的来源是技术进步。这就是索洛的新古典经济增长理论：经济增长来自技术进步。

　　当然，在这里，技术进步的概念是生产函数的改变。经济增长不是因为生产函数的自变量即生产要素投入的增长，而是来自生产函数本身的改变。这种改变既可以理解为生产技术的改变即技术进步，也可以解读为包括经济制度和社会文化习俗改变带来的效率改变。所以，在索洛模型中的技术进步是广义的。

　　索洛的贡献是改变了人们对经济增长的传统认识：技术进步及改革经济制度是经济增长的动力。这个发现深刻地影响了包括中国的经济改革政策和科教兴国战略在内的各国政府的发展政策的制定。

　　然而，进一步的问题是：到底技术进步是怎么发生的呢？如何才能促进技术进步呢？也就是说，如果我们把整个人类社会进化过程视为一个整体，其内在的技术进步驱动力量来自何方？

　　这个问题就是经济增长的内生性问题。在索洛模型中，技术进步是外生的，因为技术进步的源泉在模型之外。但是，人类社会整体就没有外部的问题。因此，内生经济增长问题就是一个问题！

　　革命性的成果出现在1986年，国际著名经济学刊物《政治经济学杂志》发表了罗默的论文《规模递增报酬与长期增长》。在这篇论文中，罗默提出一种思想：人类社会长期演化中存在的"边干边学"导致了长期经济增长！

　　什么是"边干边学"呢？讲一个故事：两千年前有一个中国人，是一个木匠。有一次他急匆匆走过一片草丛，忽然跌了一跤，站起来后发现手指被划破了。他感到奇怪：是什么东西割破了手指呢？他低头一看，原来是一片草叶惹的祸！他看见那片草叶是一种特别的形状！一种锯齿形！木匠顿时大受启发！于是，他就发明了锯子！这个发明极大地提升了木匠的工作效率！这个木匠是世界上最有名的木匠——鲁班！

　　人类在漫长的生产活动中，偶然发明或发现的一些提升效率的窍门、科技、思想，都可能带来经济增长，尽管这种经济增长的效应可能十分微弱，但是漫长的数千年历史，这种看似微弱的效应会积累成为明显的经济增长，这就是长期经济增长。这就是"边干边学"！

　　知识积累是没有成本的技术进步，是人类社会长期经济增长的源泉之一！

这是罗默的发现。这是第一个内生经济增长理论。罗默因此获得了2018年诺贝尔经济学奖。

5.2.4　人力资本理论

内生经济增长理论的第二位大神是芝加哥大学的卢卡斯，他在1995年因为理性预期理论获得诺贝尔奖。除了理性预期理论，他还是内生增长模型的原创人之一。1988年他提出了人力资本理论的内生增长模型。基于这个模型，他认为经济增长中的技术进步来自人力资本增长。随着人类社会的进化，人们的体质、劳动技能和知识都在增长，因此生产效率得以提升，带来了经济增长。另外，索洛模型中的技术进步是广义的，包括经济体制的改变贡献的经济增长。

20世纪80年代末90年代初，研究内生增长的不同学派经济思想被称为"新经济增长理论"新经济增长理论基本上就是内生增长理论，即研究经济增长的内生原因。其实，这就相当于几何学里面的内蕴几何学，从自身视角而不是外部观测。新经济增长理论开始是试图解读索洛模型中的剩余何来、生产函数为什么会变化，到后来研究包罗万象的促进经济增长的各种各样因素，如技术进步、知识积累、人力资本增长、经济制度演化，甚至文化变迁，无所不包。

普林斯顿大学的迪克西特等人还构造了关于中间产品种类多样化带来经济增长的模型。其实，中间产品种类多样化就是一种技术进步的表现。历史上出现的科技进步，在很大程度上表现为人类社会为了生产用于消费的中间产品的种类增加。譬如，鲁班发明的锯子，使木匠生产人们需要的家具这种最终产品的工具（中间产品）种类增加。中间产品是用于生产最终消费品的工具性产品。中间产品种类多样化导致生产最终产品的效率提高，带来经济增长。从某种意义上说，科技进步过程就是中间产品种类多样化的过程。

从20世纪80年代到90年代，新经济增长理论或者说内生增长理论的研究，对于经济增长的内生原因说出了许许多多的东西。这些东西概括了我们对经济增长的认识，这些认识构成了自亚当·斯密到新经济增长理论这个长长的逻辑链条。经济增长的理论成为第二次世界大战后各国政府指导经济发展的依据，特别是当今世界各国在科技创新方面的政策推动，存在着来自这种经济理论的思想背景。

如果说内生经济增长理论到目前为止基本上已经成熟，那么，我打算添加的一点东西就是，元理性视角还可以说明，不仅中间产品种类的增加，而且最终产品种类的增加也可以带来经济增长。下面，我就给出主要的想法。

5.2.5　元理性解读内生经济增长

罗默在1986年的论文中指出，人类在数千年历史中获得了人均收入的长期增长，这就是我们今天的日子明显比古代社会有了提升的感知。我们今天出门有汽车，看病去医院。丰富的商业供给人们各种各样的物品消费和文化娱乐。这些都是工业革命以前的人们难以想象的。可以说，今天的人类社会，是几千年以前的人类想象中的天堂！

那么，这样的人类进步是怎样来的呢？亚当·斯密经济学认为是经济增长，而经济增长源于市场的出现，市场的出现导致分工，而分工提升了效率，促进了经济增长。新经济增长理论认为这一进步是"边干边学"抑或人力资本增长的结果。然而，我要说明的是：经济增长本身具有一种自激励机制，这种机制推动了经济增长。

经济学家诺斯指出，人均收入持续增长发轫于14世纪中叶，也就是说工业革命初期。在工业革命之前，由于人们可以选择的物品种类匮乏，人们的生活依赖少数几种物品或者食物，边际效用递减，在这样的环境中，努力工作赚钱的边际效用低。货币的边际效用是货币预期的购买力购买的物品的边际效用测量的。在消费物品种类很少的环境中的人们，由于货币能够购买的物品种类很少，消费这些物品的边际效用是递减的，因此努力赚钱获得的货币收入的边际效用也是递减的。当赚钱获得的边际效用低于工作的边际成本时（边际负效用，劳动的辛苦），赚钱就是没有意义的，或者说是不理性的。如果一个非洲人生活在只有番薯和酒的消费品环境中，赚钱只能购买番薯和酒，成天吃番薯和喝酒就会倒胃口！所以，他只需要工作一点点时间，赚得足够购买番薯和酒的钱，就不会再努力工作了。

这就是我的在非洲开工厂的学生观察到的现象。他的非洲工人，每天工作赚点钱就去喝酒，只要赚到的钱足够买酒喝，就不工作了。只有没有钱买酒了，才来上班。这就是2019年的一项诺贝尔经济学奖成果的发现：贫穷的本质是穷人不进行投资、不努力工作。

然而，工业革命之后，随着人类社会生产力的发展，特别是物品种类的增加，货币可以选择购买的物品种类增加。在货币购买消费品的过程中，如果某些消费品消费的边际效用递减，则增加的货币购买就会转向其他相对具有较高边际效用的物品。这一过程中货币的边际效用递减速度下降，或者说货币的边际效用较高。当货币的边际效用较高时，投资和工作赚钱的边际净效用就大于零。因此，人们就有投资和工作赚钱的积极性。

我们看到，一个地区甚至国家，随着经济发展，消费品种类增加，人们就不再懒惰，开始积极投资和工作。

随着人们改变习俗进行投资和工作，经济增长就发生了。同时，如果经济增长又反过来使消费品的种类增加，则人们投资和工作的积极性就增加了！

这样的正反馈，导致了经济的持续增长！

当然，如果经济增长并没有增加消费品种类，经济增长的机制就不一定存在。尽管苏联有很高的积累和投资，经济增长却没有持续，原因就是苏联单一的中间产品生产，且消费品种类匮乏。

人们以感知到的消费品带来的边际效用为有型去复制预期消费的消费品的边际效用。感知到的消费品种类当然是人们生活环境中可以感知到的消费品种类。货币的边际效用有型是感知到的消费品边际效用的平均感受。就像我们知道构成物体的温度的物理学原因，是构成物体的分子运动的平均动能。然而，我们并不能感知到每一个分子，我们感知到的是温度，即平均热运动。之前我已经提出，科学定律是统计的规律，就是这个意思。感知到的是平均，平均是统计的。

当生活中可以感知到的消费品种类很少时，人们可以选择购买的消费品种类很少，货币的边际效用就会递减，投资和工作赚钱的边际效用也会递减。随着消费品种类的增加，人们投资和工作的积极性也会增加。在市场经济体制下，投资和消费的增长当然就导致经济进一步增长。这样的正反馈，就带来了持续的经济增长。

我们看到，工业革命时期的西欧，正是技术创新和市场经济融合发展的时期，出现了持续的初期经济增长。

这就是我提出的元理性对内生经济增长理论的贡献。

5.3 贫穷的本质的元理性解读

5.3.1 贫穷的本质：2019年诺贝尔经济学奖得主的发现

经济学是形而下的，基本上不涉及本体论和不可观测事物的议论。当然，这也不是绝对的。譬如，古典经济学谈论价值理论，价值就是不可观测的。因为，古典经济学来自哲学家休谟和亚当·斯密，当然，在马克思主义经济学那里，还有黑格尔的影响。哲学，当然就是形而上的。

尽管现代经济学不再与形而上的东西搅和在一起，声称只是建立在可观测量基础上的预言。然而，经济现象的观测结果仍然需要形而上的哲学解读，否则，作为理论的力量，在经济学中就显得十分乏力！

没有逻辑联系的纯粹观测数据是缺乏理论图景的，没有理论图景，或者说没有模型（不一定限于数学模型），就是纯粹的垃圾信息，不能构成人类理解外部世界的框架。

观测结果只有植入理论图景中，才能成为科学发现。而科学理论如果没有哲学基础，就不能成为人类认知的指南，也就没有价值。哲学，是人类探索外部世界的好奇窗口，也是人类在知识海洋遨游的归宿！

2019年诺贝尔经济学奖授予了班纳吉、迪弗洛、克雷默三位学者，以表彰他们在贫困研究方面所作的贡献。班纳吉等人的工作完全不像传统经济学一样注重数学模型，全都是深入的随机对照试验。几位科学家用了近 20 年时间，深入非洲、东南亚等贫困地区，通过对照试验研究深入贫困的本质。班纳吉与迪弗洛有一本关于贫困经济学的代表作品《贫穷的本质：我们为什么摆脱不了贫穷》。

这本书已经被看作研究"贫穷"的巅峰之作。书里研究的问题如：

为什么穷人吃不饱饭却还要看电视？

为什么他们的孩子即使上了学也不爱学习？

为什么穷人不注意健康和锻炼？

为什么他们放着免费的健康生活不去享受，却要自己花钱买药？

书中有一个很重要的概念是"贫困陷阱"，主要是看资本的作用对人们生产能力和贫困程度的影响，这里的资本包括人们存的钱、获得的资助等等。

如果你有更多的资本，就可以采购原料、雇用工人、扩大生产，明天就会比今天更有钱。而如果一个人很贫穷，去掉了衣食住行等支出，就没有钱进行生产劳动，明天就会比今天更穷，未来比现在收入更低。

这样看，似乎只要给穷人资金去扩大生产就能解决问题。但是，很明显，现实中各国政府的大规模补助并没有取得很好的成效，穷人还是很穷。

可是穷人为什么还是没有生产盈余投入来赚更多的钱？

几位学者在经过大量的随机对照试验后，认为："贫穷陷阱"的根本原因在于穷人没有有效地利用资源和留存收益，大量本该被用作未来发展的资本开支被浪费了，因此最终陷入了贫穷之中。

三位学者发现了不少浪费资源和无端开销的现象：比如，非洲的农民事实上并不是真的没钱去投入再生产，而是他们把很多积蓄用在购买电视机和葬礼上，要不就是因为不愿意给自己和孩子打疫苗，最后不得不花更多的钱治疗疾病。

在这种情况下，问题的关键是穷人更擅长浪费钱，即使赚到钱或者拿到钱都没有用，他们根本没有把获得的资源放在自身或者家庭的发展上，最终无法摆脱螺旋下滑的"贫穷陷阱"。

"电视机比食物重要"，富裕能增加人的耐心，而贫穷让人丧失耐心。

书中指出了一个很有意思的现象：相当多穷人虽然穷，相对而言在消费方面的支出并不比富人少，甚至还更多。

穷人为什么会对奢侈品有这么强烈的渴望呢？

《贫穷的本质：我们为什么摆脱不了贫穷》中提到，他们有一次去贫困的村子考察，发现许多儿童表现出营养不良的状况，但是许多家里都有电视机。

村子里的人说，他们会攒很久的钱买一台电视机。

学者们感到奇怪：电视机并不能改善他们的经济状况，吃得好、更健康却可以帮他们更好地提高生产力。为什么宁可把钱用来买电视机，却不愿意花钱改善自己的营养状况呢？

村子里的人说："因为电视机比食物重要。"

班纳吉认为，这一现象背后的经济学原理是：穷人在巨大的生活压力下往往具有更高的皮质醇含量，并据此做出更加不理智的冲动型决定。因此，他们更需要频繁地释放压力，而生存环境注定他们不能有更多的耐心和更好的解压方式，只能在即时满足上去寻求高频低效的压力释放，比如吃一顿丰盛的晚餐、买一台电视机等等。

还有许多地区的穷人会有一个共同点就是特别爱面子。比如为死去的亲人办特别豪华的葬礼，就能花掉自己一年收入的一半。因为他们每天都在为生活奔波，所以如果有一点额外的钱，他们就会想办法让自己的生活变得更加有趣一点、重要的场合更有面子一点。

这样，穷人更容易拒绝延时满足，因此长期投资、延迟回报对他们的吸引力很小，比如储蓄、教育和学习，从认知和行动上对穷人家庭来说都是很难去选择的，这样就容易掉入一个几代贫困的死循环。

5.3.2　元理性的视角

三位学者在他们的研究中总结，关于导致穷人容易陷入困境的数个重要因素，排在第一位的正是穷人缺乏正确的信息来源，而往往选择相信错误的事情。

他们不清楚给儿童接种疫苗将可以节省更多的医疗费用，不明白基础教育能够在未来产生更高的收益，不知道如何正确使用化肥，不知道如何使用避孕套以避免艾滋病……

无论一个人多努力，输入的是垃圾，输出的就只能是垃圾。信息贫富和经济贫富是正相关的关系。

比如，富人的健康情况远远好过穷人，这是因为穷人没有钱做体检，没有时间健身，也不觉得锻炼身体有什么用。

每年，全球有约500万人在5岁之前就会夭折，绝大多数都是撒哈拉以南的非洲穷人。

比如，许多家长的教育观念不正确。他们认为供孩子读书就像买彩票，成绩好特别难，可如果孩子成绩不好，找不到好工作，那自己的教育投资就打水漂了。

但研究数据显示，教育反而是一种稳健的长期投资，每增加一年教育年限，平均工资就会提高8%。

这就是为什么乔治·奥威尔说，贫穷的本质是消灭一个人的未来。

这些发现，能否给予元理性或者哲学层面的解读？我的回答是肯定的，因为，用我提出的元理性或者意识创造哲学可以漂亮地解读这些实证结果。下面，我就给出具体的演绎过程。

元理性或者意识创造哲学的核心和最基本的要点是人类认知过程和机制遵循大脑工作是基于经济原则的，也就是说，大脑进化出来一种存储和处理来自外部世界物理刺激信息的节约存储空间和能量消耗的机制。这种机制的具体表现就是通过存储最简单最熟悉的外部世界刺激，称为"有型"，然后通过加法规则复制出复杂的外部世界物理刺激的方式，在大脑中形成关于外部世界的一个"模型"。这个模型就是引导人类行为的指南或"地图"。

我们睁开眼睛，看见一个外部世界；我们闭上眼睛，脑海里仍然存在一个关于外部世界的想象图景，这个想象图景就是大脑中关于外部世界的模型，是通过一些有型复制出来的图景。

大脑可以记忆一些简单的图形，如对称性很强的正方形、圆形，但是，大脑不可能完全记忆一个非对称复杂图形的细节。大脑记住一个正方形的面积（面积概念就是用正方形定义的），但是没有一个曲线下面围成面积的概念，而这个面积概念本身是用正方形面积去复制、通过加法规则进行叠加出来的。

5.3.3 有型与价值尺度

现在，我们来看看经济学，从元理性或者意识创造哲学视角看经济学。在经济学中，最基本的要素是交换，随之引出交换价格。当一个人打算拿自己的某件物品与他人交换物品时，他其实是在用他意识中的物品与意识中的他人物品进行交换。因为，他自己的物品有什么价值，是他的大脑通过有型复制出来的价值。用于交换的物品，他自己并没有消费掉，他并不知道自己物品的价值。譬如，他打算用一只羊与别人的一头猪交换。他打算用于交换的羊的价值，是他自己消费如吃掉这头羊的满足感或效用。但是，这只羊是用于与别人交换的，他不可能吃掉它。所以，这头羊给他带来的满足感显然只能是他想象的，并不是他实际体验到的。如果这头羊重100千克，他可以通过意识中吃掉1千克羊肉带来的满足感去复制100千克羊肉的满足感。也就是说，1千克羊肉的满足感就是他的有型！加法规则意味着他想象吃掉100千克羊肉的满足感等于100次吃掉1千克羊肉的满足感（实际上由于边际效用递减，这两个并不相等）！也就是说，1千克羊肉的满足感就是"价格"。

当然，对于对方用于交换的一头猪，他也是用1千克猪肉的满足感作为有型的。也就是说，这个人用自己熟悉的、曾经吃过的羊肉带给他的满足感，即经济学家所说的"边际效用"，去复制（加法）他将要与别人交换的一只羊和他将获得的一头猪的满足感或效用。1千克羊肉的满足感，1千克猪肉的满足感，在他的意识中，就是度量效用的尺度，即用它们来复制一只羊或一头猪的效用。因此，它们就是有型。

商业社会出现了货币，货币是交换不同物品的共同尺度。也就是说，可以用货币度量羊肉和猪肉的满足感，不必分别用1千克羊肉和1千克猪肉的满足感度量一只羊和一头猪的满足感，而是用同样的货币，如铜板去度量一只羊和一头猪的满足感。然而，货币尺度与之前的1千克羊肉和1千克猪肉作为尺度是不一样的。1千克羊肉和1千克猪肉本身带来的满足感就是有型，但是，货币铜板作为尺度并不是因为它自身的满足感，不能说一块铜板具有的满足感作为有型，而是一块铜板可以购买的物品（如羊肉或者猪肉或者其他物品，或者平均看来可以购买的物品）消费后带来的满足感作为有型。这就是经济学说的购买力平价，作为有型，就是价值或边际效用。

之所以出现货币，而货币载体（铜板、贝壳、纸币、电子货币……）本身并没有带来满足感，而是货币预期的购买力带来的满足感作为尺度复制物品的效用或价值，是因为共同的有型尺度可以节省交易成本。这是货币作为交易媒介和价值尺度的功能。

　　然而，货币出现后，由于货币本身的价值是它隐含的平均购买力带来的满足感，而这种货币购买力的预期大小受到人们所处的具体经济环境的局限，因此，经济环境会局限人们的消费和投资行为，并且，我可以通过这种局限性对消费和投资行为的影响来解释贫穷为什么会持续存在及 2019 年获得诺贝尔经济学奖得主的田野调查发现。

5.3.4　感知决定有型

　　我有一个学生在非洲开工厂。他雇用了一些非洲人当工人。他告诉我，很多当地人领了工资就去买酒喝，钱用完了又来工作，为的是赚钱买酒喝。也就是说，对那些非洲人来说，他们主要的消费就是喝酒，他们的收入主要用于喝酒，喝酒就是他们熟悉的消费。酒，就是有型，可以成为他们价值尺度。

　　然而，任何单一物品消费的边际效用都是递减的，随着喝酒次数的增加，喝酒带来的边际效用会递减。一般情况下，当消费者消费某种物品出现边际效用递减时，他会把钱转移到其他物品的消费，因为这种物品的边际效用递减了，其他物品的边际效用相对较高。如果可以选择的物品种类繁多，那么这种调节可以在较大范围内进行，从而使货币的边际效用不会递减。在经济学中，假定物品的边际效用递减，但是货币的边际效用不一定会递减。因为，货币边际效用递减意味着消费者是风险厌恶的，但是，并不是所有人都是风险厌恶的。如果消费者可以选择的物品种类很少，消费者即使在所有的不同种类物品之间不断选择调整，货币的预期平均购买力带来的边际效用也是递减的，这就意味着货币的边际效用递减。

　　对消费者来说，货币本身的边际效用是由货币的预期平均购买力带来的预期边际效用决定的，货币本身并没有效用，没有使用价值。如果消费者所处的经济环境中可以选择的物品种类很少，随着花钱购买物品消费的增加，货币购买力产生的边际效用就递减了。

　　在这种经济环境中的人们，如果投资，预期投资收益带来的货币收入的边际效用就是货币的边际效用，就递减了。但是，穷人没有什么货币投资资本，仅有的是以体力为内容的人力资本。工作、读书减少了闲暇时间，存在的劳动成本是递增的。递减的货币边际效用与递增的工资和学习边际成本，就决定了在这种缺乏多样化物品种类经济环境中的人们不会努力劳动、工作和学习，而懒惰就成为一种理性选择。也就是说，正是贫穷地区经济不发达、贸易不兴盛导致了物品种类缺乏，消费品的单一导致了人们的懒惰，而懒惰又导致人们陷入贫穷的陷阱！

5.3.5 贫穷来自物品种类匮乏

大多数贫穷地区都是与世隔绝的，与世隔绝意味着缺乏与其他地区的贸易，就会导致物品种类很少。与世隔绝的世外桃源通常也是慢生活的地方，"懒惰"是习俗。我提出的元理性或意识创造哲学理论可以解释这种现象。另外，城区近郊的农民通常是勤劳致富的，因为城区近郊与城区的贸易使物品种类繁多，货币边际效用不一定递减，投资和人力资本投资（工作）是理性行为。

内生经济增长理论家发现，人类历史上的长期人均收入增长部分贡献来自人类社会中间产品种类的增长，这是迪克西特模型的结论。我在1999年的《管理工程学报》上发表的论文也给出了一个模型，与这个模型一样，证明中间产品种类的增长带来了人均收入的长期增长。不过，这里却是认知哲学理论预言。中间产品种类和消费品种类的增加都会带来增长效应。这个想法就留给经济学家去做模型和实证吧！

也就是说，贫穷的本质是经济环境中消费品种类的缺乏。如果人们生活的环境中缺乏消费品的多样化，即使给穷人钱也不会促使他们改变懒惰的习惯，不会致富。

中国进行城市化，进行新农村建设，让与世隔绝的农民集中居住等，都是正确的方法。

5.3.6 物品种类匮乏导致货币边际效用递减严重

现在信贷如此容易，据说是普惠金融。这里还是借用班纳吉与迪弗洛的《贫穷的本质：我们为什么摆脱不了贫穷》中的例子，关键是很多人贷款之后并没有用于生产，而是去购买一部苹果手机、一个LV的包，或者办一场豪华的婚礼，一不小心最后被高利贷压得喘不过气，难以脱身。

穷人为什么会对奢侈品有这么强烈的渴望呢？

非洲的穷人为什么会把有限的钱拿去买电视机、买口味好但并没有营养的食物呢？

村子里的人说，他们会攒很久的钱，买一台电视机。

为什么穷人还是没有生产盈余投入来赚更多的钱？

班纳吉等人发现了不少浪费资源和无端开销的现象：按照元理性或者意识创造哲学视角，即时消费是可以感知的满足感，打疫苗预防生病的效用，是生病之后才会明白的事后感知。穷人在有限的预算下，会做出即时消费的决定，包括不投资教育、不储蓄。总的来说，不把今天的收入用于延迟消费的行为，其中的原因就是当前感知的影响力大于对于延迟消费的想象未来满足感，这不仅对穷人，而且对包括富人在内的一般人类行为都是成立的，因为，存在小于1的时间贴现率。人类行为由大脑关于外部世界的复制模型引导，而复制模型是通过感知作为有型进行的。可感知的事物，当前消费的满足感，比起想象未来消费的满足感，更能引导人类的消费行为。口味好的食物，即使缺乏营养，因为口味好，也是可感知的。而对文化程度低的穷人来说，口味不好但是营养丰富并不是可感知的事实，那是知识，不是即时感知，因此，穷人宁愿把有限的钱用于购买可感知满足感的口味好但是缺乏营养的食物或电视机，也不购买口味一般但是营养丰富的食物，不给孩子打疫苗，不投资教育，不进行这些收益高的延迟消费投资，在元理性或者意识创造哲学框架的逻辑上是自然而然的推论。

由于延迟消费满足感在感知上的积弱，人类普遍存在高估当前消费、低估延迟消费的行为，所以经济学中假定时间贴现率小于1。在这个假定下推演出的诸多经济学理论，对经济现象的大量成功解释，反过来证明了这种假定的合理性，而时间贴现率小于1的假定的合理性又支持了元理性或者意识创造哲学的内在逻辑的成立。

5.3.7　缺乏贸易是贫穷的根本原因

如果你很久没有吃苹果了，现在，你吃一个苹果，会有很好的满足感。接着你再吃一个苹果，满足感也不错，不过，第二个苹果带给你的满足感不及第一个苹果。如果你还能吃第三个苹果，满足感也许就很一般了。再来一个苹果怎么样？你会拒绝，因为，第三个苹果已经让你不再想连续吃苹果了！

你接连吃下几个苹果，每一个苹果带给你的满足感都是不断下降的，以至于最后吃的那个苹果让你对吃苹果感到倒胃口了！这就是经济学中的"戈森第一定律"，现在的经济学教科书中称为"边际效用递减规律"。所谓"边际效用递减"，就是说接连消费相同的物品增加的满足感是依次递减的。

就餐的时候，当酒足饭饱时，我们会要点水果。因为，酒足饭饱意味着酒食中各种各样饭菜的边际效用都几乎为零了，再吃一些，边际效用就会是负数了，所以，这时候吃一些水果，边际效用会较高，是正数。

人们在消费过程中，追求的是最大化自己的效用水平，单一物品的接连消费的边际效用是递减的。当某些物品消费足够多，边际效用递减到低于消费其他物品的边际效用时，追求效用最大化的行为将预言人们会终止原有物品的进一步消费，而是消费其他物品。

所以，那些非洲穷人，当他们发现村里出现电视机、手机、巧克力、汉堡等这些过去没有见过的新玩意儿时，就会把钱，甚至在其他长期习惯于消费的物品上节省下来，去购买电视机、手机、巧克力、汉堡等这些并非生活必需的物品。

这就解释了2019年三位诺贝尔经济学奖得主的田野调查发现：穷人宁愿把有限的钱用于购买可感知满足感的口味好但是缺乏营养的食物或电视机，也不购买口味一般但是营养丰富的食物或投资。特别是，一旦穷人长期生活的环境中物品种类匮乏，他们长年累月的生活依赖很少几种物品，则这些物品消费的边际效用递减会十分严重！一旦出现电视机、手机、巧克力、汉堡等这些过去没有的新奇玩意儿，消费它们的边际效用就会很高。

越是贫穷，长期消费依赖很少几种物品，边际效用递减就越严重，对于新奇玩意儿消费的边际效用就越高。这就是为什么穷人会节衣缩食去高消费！这并不是一些人说的非理性行为，而恰好是经济学可以解释的"理性"行为。

这么说来，穷人的非理性行为就与他们生活环境中物品种类匮乏而不是物品数量匮乏有关，而物品种类匮乏就一定缺乏与其他地方进行贸易的机会。

非洲，人类起源地，特别是撒哈拉沙漠以南地区，物质本身并不匮乏，而是撒哈拉沙漠造成的与世隔绝、贸易缺乏使物品种类匮乏而引发的贫穷。

从元理性或者意识创造哲学视角看，因为物品种类匮乏，非洲的穷人测度物品价值的有型就是有限的几种熟悉的物品，因为这些物品的边际效用递减严重，进一步获得的收入的边际效用也低下，所以他们没有投资和工作的动力，导致陷入贫穷陷阱而不能自拔！

5.4　有限理性与人类合作行为

5.4.1　《红楼梦》其实是博弈论小说

《红楼梦》到底是什么小说？这个问题曾争论了一百多年！有人说是爱情小说，有人说是阶级斗争小说！其实，我认为是一部博弈论小说！

乍听起来，似乎我是在哗众取宠、博眼球，是语不惊人死不休啊！如果你慢慢读下去，你就不得不相信我的说法！

《红楼梦》的一号主角是谁？贾宝玉？不是！林黛玉？不是！薛宝钗？当然也不是！是谁呢？是王熙凤！

《红楼梦》中有一首诗，是对王熙凤的盖棺论定，其中两句是"机关算尽太聪明，反误了卿卿性命"。这首诗，其实就是红楼梦的主题！王熙凤，太聪明，理性程度太高，结果误了自己！

我要说的就是，人类理性程度太高，并不是好事！注意，这里说的是，人类理性程度太高并不是好事，并不是说一个人聪明不是好事，是说作为整体的人群，不是单个人。

为什么这么说呢？且听我慢慢道来。

我要说人类进化成功的原因是合作行为，并且也只有人类才具有足以进化到今天这种高度发达文明的合作行为！

事实上，作为一种生物物种，人类在体能上与其他物种相比，并不具有绝对优势！

5.4.2　丰富的想象力使人类更具合作性

人类与其他物种相比，没有一个地方是占据绝对优势的。比打架、比体力，狮子、老虎、大象可以秒杀人类；比水下功夫，我们没有鱼类厉害；比在天空中翱翔，鸟儿胜过我们。我们没有一个地方具有绝对优势，那么，为什么人类在进化上反而秒杀其他所有的物种呢？

这是因为，人类通过合作能够比其他物种更加有效率，可以"集体行动干大事"。

譬如，我曾看过一个电视节目，一群猴子居然把一头狮子从它们的领地赶走了。猴子们一起抛石头砸狮子。当狮子去追击某个猴子时，其他猴子就猛抛石头砸狮子。当狮子掉过头去扑抛石头砸自己的猴子时，之前被狮子追扑的猴子又掉过头来用石头砸狮子。这样，被合作的猴群弄得狼狈不堪的狮子，最后只有灰头土脸地逃走了。

这就是灵长类动物的合作行为！群体合作，可以使单挑本事不大的灵长类动物战胜猛兽！这是灵长类动物进化的优势。

人类的祖先是灵长类动物古猿，有这种合作行为，具备这样的进化优势。那么，这种合作行为是怎么形成的呢？这是因为我们的祖先具有语言能力。语言，是维系合作的要素。对于不合作行为，具有语言能力的物种可以通过语言八卦把某个个体的不合作行为告诉别人，从而对不合作行为加以制衡。譬如，如果有一个原始人约请另外一个原始人一块儿去捕猎，并且承诺一旦他抓到一只兔子，他会分配一半兔肉给另外一个人。然而，当他真的抓到一只兔子后，他食言了，他把兔肉独享了，一点肉也没有给另外一个人。

当然，第二天如果他要再约请那个人一起去捕猎，人家就不会继续上当了！这个人会拒绝他。当然，他也知道再次约那个人去捕猎是不现实的。但是，他会再去骗第三个人……如此这般，这个人一辈子不断骗人，并且每一次骗取信任的人都是不同的人。因此，他也可以一辈子不断骗人而生存下去。

然而，当第一个被欺骗的人把他的行径告诉别人后，这个人其实就难以去骗取第三个人的信任了。

也就是说，人类的语言能力，通过八卦一个人的声誉，可以制衡那些不断骗取别人信任的坏人，由此可以制衡不合作行为。

合作，就是不背叛、不欺骗别人。

语言能力，是制衡不合作行为的一种机制。人类因为语言能力而获得群体合作的优势。

但是，具有语言能力的物种不仅仅限于人类。蚂蚁、蜜蜂、海豚等都有非常丰富的语言能力，并且，蚂蚁、蜜蜂也有合作行为，但是它们在进化上仍然远逊于人类。这是怎么回事呢？

这是因为一些动物的合作行为仅仅限于它们的家族中，如一窝蚂蚁、蜜蜂，会合作建造精致的巢穴，但是不同巢穴的蚂蚁、蜜蜂会打架，而不是合作。

同一个家族的蚂蚁、蜜蜂，因为具有相同的基因而合作，这是家族利他行为。

然而，局限在同一个家族的物种内的合作行为，受到家族规模限制，不可能做大。但是，人类是跨家族合作的。一个几亿人口的国家，大多数人在大多数情形下都是遵纪守法的合作，这已经超越了家族规模！

人类的进化优势是跨家族的、大规模的合作，这是人类与其他物种相比在合作方面的进化优势。那么，是什么使人类具有这种跨家族的大规模合作行为呢？这是因为人类具有其他物种没有的一个要素，即想象力。

5.4.3　人类语言中有抽象概念是进化成功的关键

动物也有语言，这是众所周知的事实。譬如，科学家曾经在非洲丛林做了这样一个实验：他们用仪器模拟狒狒的语言，在狒狒群中大声呼喊"狮子来了！"狒狒们听见后纷纷逃亡。他们又做了另一个实验，用仪器模拟狒狒的语言说"河边有一头狮子！"结果狒狒们都十分紧张地看着河边。然而，动物语言与人类语言的不同之处是，人类语言并不只是描述现实的，以及动物语言没有抽象语言！比如，如果科学家的实验仪器模拟狒狒的语言说"鬼来了！"可能狒狒没有任何恐惧感！事实上，在狒狒的语言中，根本就没有鬼神的概念。

人类语言中存在大量抽象语言，除了鬼神，还有货币、国家、法律、上帝等不存在具体感知实体的抽象概念。据说，如果没有抽象概念，人类最大的合作性群体规模不会大于150人，但是，我们这个国家有十几亿人，大多数人都是遵纪守法的，遵纪守法就是合作。因为，你不偷窃我的财物，我也不盗取你的财物，就是合作。

你可能会说，你我之间不相互侵犯是因为我们对法律惩罚的预期。对了，是预期，仅仅是预期。因为，当你在犯罪的时候，法律惩戒也许还没有发生，还是不能被感知的。法律惩戒只是预期，预期就是想象力！

人类因为想象力，因为人类语言中存在法律、国家、货币、上帝等抽象概念，使行为得到约束、不合作行为受到限制，从而能够形成较动物更大规模的合作。而这种大规模合作成为人类成功进化的要素。

然而，人类的进化使人类大脑容量增加，导致人类理性程度增加，而这种增加反而不利于人类合作。

这是怎么回事呢？

5.4.4　博弈的纳什均衡是低效率的

在一群人中，如果每一个人的理性程度都很高，其实并不是好事。因为，理性程度很高的个人之间的博弈会导致效率低下，而效率低下的原因是不合作。在博弈论里，我们已经知道，博弈的纳什均衡是低效率的，因为纳什均衡并不是帕累托最优的。所谓帕累托最优，是指一群人中的每一个人的利益分配处于最好的状态，以至于任何对这种利益分配状态的改变都不会得到所有人同意。

在经济学中，我们说的合作，严格来说，就是不同个体之间的利益分配达到帕累托最优状态。任何偏离帕累托最优状态的利益分配都是不合作的。

博弈的纳什均衡为什么是不合作、低效率的，就是因为博弈论假定博弈的参与人是理性的。这样看来，人类进化成功既然来自合作，那么就一定有这样的判断：人类是非理性的。

然而，事实并非如此。作为人，较之其他动物来说，理性反而是一个特征。因为，进化成功并非完全由合作行为决定。进化成功存在多种因素，包括个体的生存技能，而个体的生存技能需要理性支持。理性有助于个体掌握一些生存技能，如使用工具的技巧。

所以，我们只能说，人类进化成功既需要理性又不太需要理性。理性有助于生存技能的掌握，而合作则要求理性程度不要太高。

为什么合作不需要理性程度太高呢？因为理性程度太高会阻碍合作。我们来看看这一个例子：蜈蚣博弈（又称"旅行者悖论"）！

5.4.5 蜈蚣博弈

蜈蚣博弈说的是有两个人结伴而行，一起去景德镇旅游。离开景德镇返程的时候，他俩在景德镇各自购买了一个纪念品，是一模一样的小瓷瓶。但是，当他俩乘飞机回程到达自己的城市时，他们发现由于飞机的颠簸或者机场行李搬运工的大手大脚，两个瓷瓶都碎了。他俩随即向航空公司索赔。

航空公司经过调查，知道他俩购买的瓷瓶价值在 1 000 元的范围之内。于是，航空公司把他俩安排在不同的房间里，要求他俩各自报一个赔偿金额，并且不能超过 1 000 元，且两个人不能商讨（分别在两个不同的房间里，手机被搁置在一边）。规则是，如果他们两个人的报价是一样的，就认为他俩说的是真话，航空公司就按照他俩的索赔金额进行赔偿。因为那个东西是在同一个地方购买的，东西又是完全相同的，当然当初购买的价格应该是一样的。如果他俩的索赔金额不相同，就认为索赔较低的那个人说的是真话，而高报价格的人一定在说谎。规则规定，在这种情形下，航空公司按照低报价格进行赔偿，并且要奖励说真话的人两块钱，还要惩罚说假话的人，那两块钱就从高报价格那个人的赔偿金额中扣除，用来奖励低报价格的那个人。

在这种机制下，如果两个人具有很高的理性程度，则纳什均衡就是他俩完全放弃航空公司的赔偿，一元钱都不要了！当然，这正中航空公司的下怀。

为什么是这样的结果呢？因为，每个人都具有很高的理性。作为一阶理性的人，他认为最好的索赔金额是 1 000 元。但是作为二阶理性的人，他知道另外一个人是一阶理性的，因此知道另外一个人会索赔 1 000 元。然而，当他人索赔 1 000 元时，他最好索赔 999 元。因为，他因此可以获得 1 001 元赔偿。如果他仅仅索赔 1 000 元，他只能获得 1 000 元赔偿。但是，进一步，作为三阶理性的人，他知道对方也会知道自己是二阶理性的，因此知道自己会索赔 999 元。给定对方的预测，对方最好索赔 998 元。作为四阶理性的人，他知道对方会索赔 998 元，因此他最好索赔 997 元。

如果两个人都具有非常高的理性，这样的过程会不断进行下去，直到两个人最后都索赔0元，不要钱走人为止。

显然，这样的结果是航空公司喜欢的，但是他俩就是愚蠢至极的。

这种结果是因为假设了他们两个都具有很高的理性程度。这就是红楼梦中那两句评论王熙凤的嘲讽诗"机关算尽太聪明，反算了卿卿性命"！

对他俩来说，这种结果就是不合作行为，但是纳什均衡。如果他俩合作，都索赔1 000元，他俩会各自获得1 000元的赔偿。

这个例子也可以用另外一种博弈来表述。

你找两个人一起来做一个实验。他们两个人一个是小李，一个是小王。你第一次拿出两块钱，让小李先取。如果小李把两块钱都取走了，你就终止实验。结果是小李获得两块钱，小王没有收入。如果小李只拿走其中的一块钱，留给小王取走另外的一块钱。那么，你在第二轮再次拿出两块钱，再次重复第一轮实验：不过这一次是小王先决定拿走多少钱，如果他留给小李一些钱，留下的钱就由小李拿走。同样，如果小王拿走所有的钱，实验中终止，小王获得三块钱，小李获得一块钱。如果留给小李一块钱，则你再拿出两块钱做第三轮实验……这个过程不断进行下去！每一轮由小李和小王轮流先取钱，并且决定留给对方多少钱。

实验的预期结果是什么呢！依赖小李和小王的理性程度。

如果他俩都具有很高的理性程度，则实验可能进行第一轮就终止了。因为，他俩知道这种实验只能进行有限轮。在最后一轮，先取钱的那个人一定会把两块钱都拿走，不会给对方留下任何一点点钱，因为他是一阶理性的。在倒数第二轮，因为先取钱的人是二阶理性的，他知道对方是一阶理性的，知道在最后一轮对方可能会拿走所有钱。所以，在倒数第二轮，先取钱的人会拿走所有钱。同样，因为三阶理性，在倒数第三轮，先取钱的人会拿走所有钱……

显然，在很高理性程度的假定下，小李在第一轮实验中就把两块钱取走了，不会留给小王机会的。

这种结果是纳什均衡，但是低效率的。因为，如果他俩每一次都只取走一块钱，把另外的一块钱留给对方，他俩都可以从你那里获得n元钱！这才是帕累托最优的。

上面的两个博弈，本质上是相同的，叫作"蜈蚣博弈"。因为用图形表达这样的博弈，图形很像长着许多脚的蜈蚣（图5.1）！

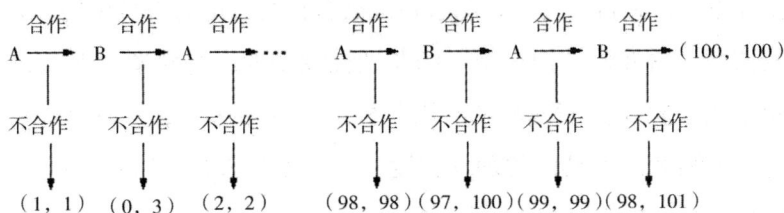

图5.1　蜈蚣博弈

蜈蚣博弈意味着一群人中的大多数人理性程度越高，则效率就越低。这个发现可以解读许多管理甚至文化现象。

5.4.6　难得糊涂

我们看到，一群人中理性程度太高，会导致低效率、不合作。在蜈蚣博弈中，如果正如我们发现的那样，大多数人是二阶理性的，则他俩都会索赔999元，而不是0元，并且他俩都会获得999元的赔偿。

如果我们认为大多数人都是二阶理性的，而不是无限高阶理性的，也就是说，假定大多数人都是有限理性的，则许许多多人类合作现象就可以得到解释。

目前博弈论对合作的解释只有两种理论。一是无限次重复博弈中的无名氏定理。这种理论把合作建立在无限次重复博弈的基础上。二是所谓博弈论"四人帮"（戴维·克雷普斯、保罗·米格罗姆、约翰·罗伯茨、罗伯特·威尔逊）的声誉模型。如果参与人认为对方有一定的可能性是非理性的，则可能形成合作均衡，即在帕累托最优的均衡。除了这两种可能性，我提出了第三种可能性，即在有限理性情况下也可以形成合作均衡。譬如，如果博弈的参与人仅仅是二阶理性的，则在蜈蚣博弈中，他俩都可以获得999元赔偿。帕累托最优赔偿应该是1 000元，这个均衡在仅仅是一阶理性的情况下获得。也就是说，随着理性程度的下降，帕累托效率提高了。

我已经指出，前面的猜数字博弈实验结果发现大多数人是二阶理性的，因此，大多数博弈均衡处于仅次于帕累托最优的状态。这是次优的合作行为。也许，人类社会大多数时候是处于次优效率的。

在博弈论中，到目前为止，能解释人类合作行为的只有罗伯特·奥曼的无限次重复博弈及博弈论"四人帮"的非理性预期的声誉模型。其实，这两个解释都缺乏实证验证。我提出的有限理性解释，存在猜数字博弈这个实验证明，同时，还测度出了具体的理性程度，即大多数人是二阶理性的。郑板桥的书法作品《难得糊涂》，被中国人视为人生哲学。这是因为，在人群中表现出不高的理性、装糊涂是一种策略。这种策略可以使一个人在人群中获得好处，获得高水平的合作收益。

5.4.7 为什么总是有坏人

（1）博弈论中的合作问题

多年来，我一直在思考人类的真善美与假恶丑问题。之所以纠结这个老问题，并不是因为个人经历了各种各样的人和事，感知到了人生中的真善美与假恶丑（的确，这种感受是很丰富的！），而是因为，在经济学博弈论研究中，这是一个基本的关于人类行为的假设。在博弈论中，真善美可以说与博弈参与人的合作或者不合作均衡有关。博弈论模型通常用纳什均衡作为预测的博弈结果。这是博弈论的基本出发点，即博弈参与人预测其他参与人会选择纳什均衡策略，由此该参与人也会选择自己的纳什均衡策略。这样，每一个参与人都选择纳什均衡策略，所以纳什均衡是所有参与人的共同预测，这种共同预测成为所有参与人的共同知识，从而使纳什均衡成为可靠的博弈结果预测。

但是，有一个问题是，在非无限次重复博弈中，一般来说，纳什均衡都不是帕累托最优的。帕累托最优，是经济学家判断效率的标准。也就是说，纳什均衡通常不是高效率的。诺贝尔经济学奖获得者罗伯特·奥曼发现，在无限次重复博弈中，当参与人都具有足够的长期利益关注时，博弈会出现合作均衡。所谓合作均衡，就是帕累托最优的纳什均衡。我们可以把人类行为中的善、好人、好事，大致理解为合作。譬如，遵守制度规则或做好事，给他人带来好处，甚至利他行为（自己蒙受损失给别人带来好处），就是合作行为，相反，就是不合作行为。也就是说，简单地把合作和不合作行为定义为做好事与做坏事。

博弈论发现，除非是无限次重复博弈，一般来说，纳什均衡都是非合作或不合作的低效率。即使在无限次重复博弈中，也存在不合作、低效率的纳什均衡。因为存在多重均衡，在无名氏定理保证了一定条件下存在合作均衡的情况下，不合作均衡无条件地存在。也就是说，在博弈论中，不合作比起合作来说，是更加恒稳的存在。在行为经济学中，我们可以用互惠行为取代经典博弈论或主流经济学关于理性人的假定。在投桃报李、以牙还牙、互惠行为假设下，可以在一次性博弈中获得合作均衡，但是，仍然存在不合作均衡。不合作，犹如魔鬼一样，挥之不去！行为经济学关于人类互惠行为的假设可以在进化论中找到依据。因为，存在互惠行为的群体更具有群体适应性。一个内部成员之间充满爱的群体，在群体竞争中更加强大。这是近年来出现的进化论新理论。进化，重要的是群体进化，决定了进化的方向。也就是说，进化中的自然选择选择了互惠行为。但是，这种理论不足以说明合作的存在。我们看见人类行为的多样性，好人与坏人总是并存的，在人类社会中，永远都是既有好人也有坏人，甚至，好人也会做坏事，坏人也会做好事。墨索里尼的女儿曾写回忆录描述了墨索里尼良心的一面。事实上，经济学也好，行为经济学也罢，一直在争论的自私自利理性人与互惠行为人假设，其实都不能回答这样的问题：为什么合作和不合作是共存的？他们都回答不了这样的问题，为什么同样一个人，有时候做好事，有时候也会做坏事？行为经济学强调人类行为合作的一面，而主流经济学站在另外一面，都是片面的。

（2）元理性的理解

现有的经济学抑或博弈论，永远都不能解决这个问题。我发现，元理性解决这个问题易如反掌。事实上，根据元理性，人类行为是感知驱动的。一切判断，是由人类感知决定的。譬如，行为经济学中的锚定效应，就是说人类决策是基于某个基准进行的。你去买东西的时候，心里有一个基准价格。

如果以低于基准价格交易，你就感觉占了便宜，这就是行为经济学所说的存在交易效用。否则，如果交易价格高于基准价格，你就会觉得吃了亏。锚定，是人类行为中普遍存在的。为什么存在锚定价格呢？你可能会说，锚定价格是市场均衡价格，或者说是价值。呵呵，这是经济学家的忽悠！个体，特别是没有学习经济学知识的普通人，根本没有均衡价格甚至价值的概念，至少没有这种计算能力。难道普通人在买卖东西时心里已经计算出了均衡价格甚至价值吗？根据元理性，好与坏，是相对的概念，并且，这种相对判断是建立在感知基础上的。

因为比较存在的基准也是建立在感知基础上的，所以，意识中需要建立一个比较的基准，什么是好事、好人，什么是坏事、坏人，一定存在锚定基准。并且，这种锚定基准是来自感知的。在生活中，人不断做一些坏事，也就是说做一些不合作行为，会因此感知到不合作带来的痛苦经历，这种痛苦经历的感知，就会成为做好事带来的快乐经历的比较基准。因为，快乐与痛苦是相对的。合作带来的愉悦，是以不合作带来的痛苦锚定为参照系的。由于大脑存储空间的有限性，记忆中的痛苦经历会不断淡化甚至忘却，所谓好了伤疤忘了痛，所以人类需要不断做一些坏事来重置作为快乐参照锚定基准的痛苦经历。也就是说，没有痛苦，就不知道什么是快乐！这样，我们看到，其实，每个人都是向往成为做好事的好人的，即王阳明所谓人皆有良知！但是，只有感知了做坏人、做坏事的心灵痛苦，才会知道做好人、做好事的珍贵。圣奥古斯丁说，上帝是全能的，因此上帝既造就了好人也造了一些坏人！意识中通过做一些坏事来建立或者重置做坏事的痛苦经历，为做好事体验作为好人的愉悦提供锚定基准。意识中会形成一个偏好序。由于大脑空间的有限性，所以需要重置锚定或不断重置好坏参照系，即使同一个人，也会不断在做好事、做坏事之间循环！这才是对人类行为的真实写照！主流经济学和行为经济学只是各自站在一个极端片面强调人类行为的一面，特别是主流经济学不能够解释合作行为、行为经济学不能解释不合作行为。如果经济学用博弈论中存在合作与不合作多重均衡的多样化来解释为什么合作与不合作行为都存在的问题，则与进化论矛盾！因为进化论认为是自然选择选择了合作基因。

只有元理性才能如此圆满解决为什么合作与不合作共同存在的问题。特别是同一个人既会在某些情形下合作又会在某些情况下不合作的现象，这是主流经济学与行为经济学皆被无法解释的情况，而元理性则可以完美解释！漂亮！

5.5　人类社会为什么需要法律：大卫·休谟胜于亚当·斯密之处

5.5.1　人类理性程度是有限的

亚当·斯密是经济学的鼻祖，但亚当·斯密本来是一位哲学家，主要研究伦理学。因为他的朋友大卫·休谟创作的《人性论》，改变了斯密专注的话题，他华丽转身为经济学家，并且是第一个经济学家（现代意义上的）。在斯密的经济学体系中，理性是最基本的关于人性的经济学定义，即经济人的定义。

在经济人假定下，人类社会中各个个人之间的利益互动，形成了人类社会经济活动的动力。斯密将其用于解释国民财富增长的奥秘！

什么是理性呢？理性就是你做决定时，会根据你能够掌握的信息，以及你力所能及的计算，做出最有利于自己的决定。这是经济学关于理性的定义，即个人是追求效用最大化的。或者说，理性人就是聪明人，做什么事情都是不会吃亏的，总是做最有利于自己的事情。当然，现实中的人由于存在信息缺乏或者不具有完美的计算能力，做出的决定不一定是最有利于自己的，但这并不违反理性人的假设。理性人假设说的是个人做决定时总是朝着最有利于自己的方向计算，并不是说他们一定会做出最有利于自己的决定。初心是一回事，能力则是另外一回事！

然而，人们的理性存在差异，不同人的理性程度是不一样的。前文提到的那个博弈实验告诉我们，不同人的理性程度不同，并且大多数人的理性程度仅仅是二阶理性的，重要的是，我还证明，这个发现正是元理性或意识创造哲学的一个预言！

这里，二阶理性意味着每个人都知道别人是什么样的人，就是说每个人用什么样的人作为有型去复制别人。

为什么大多数人是有限理性的呢？这是因为，大多数人是有限理性的，是有利于人类的合作行为。换句话说，正是大多数人是有限理性的，人类才得以成功进化。也就是说，进化，使人类普遍具有有限理性，而不是无限理性。甚至，大多数人都是二阶理性的，这是我的一个发现！

5.5.2　为什么法律是必需的：休谟与斯密之间的差异

为什么法律是必需的？这个问题，初看起来十分奇怪！人类社会要是没有法律，岂不乱套了。但是，仔细想想，存在进一步的问题：为什么人类社会一旦没有法律就会"乱套"？其实，哲学家们很早就以这个问题为讨论的议题。这个问题的背后是一个潜在的议题：人的本性到底是善还是恶？如果人的本性是善的，当然没有必要存在法律！法律的存在，是以人性恶为潜在假定的。这是休谟在其《人性论》中表达的观点。

18世纪的苏格兰出现了一大批哲学家、思想家，他们在研讨和思考这样的问题，其中一个著名的人物名叫哈奇森，他认为人类本性是善的。那么，证据是什么呢？哈奇森认为，因为人类社会总的来说是向着进步的方向进化的，因此，人类本性大多数情况下是善的，否则，人类社会不可能向着进步的方向演进！

哈奇森有一个学生名叫亚当·斯密。亚当·斯密有一个朋友名叫大卫·休谟。休谟出版了一本书名叫《人性论》。休谟在这本书中认为，人性是恶的，每个人都是自私自利的，按照今天的经济学假设，每个人都是追求效用最大化的。亚当·斯密开始对他老师哈奇森的人性善理论深以为然。但是，休谟的人性论打动了斯密，他最终不得不在老师的人性善与朋友的人性恶之间折中。斯密接受了休谟人性恶的理论，并且在休谟人性恶假设下进一步发挥，建立起了经济学的理论框架，创作了经济学开山之作《国民财富的性质和原因研究》。在这个框架内，斯密认为自私自利的人们在市场机制引导下，最终为社会创造出财富，并让每个人都获得好处。譬如，面包师追逐个人财富增长而生产出我们需要的面包，理发师为了赚钱为我们理发。然而，斯密仍然对老师的人性善难以忘怀。因为，市场机制本身并不能制衡人性恶给社会带来的破坏。譬如，同样是追求自私自利，人们既可以专注于物质生产获取财富，也可以去抢银行啊！那么，为什么大多数人会通过生产而不是抢银行去致富呢？斯密知道，这个问题在《国民财富的性质和原因研究》中是得不到解答的，除非回到休谟的答案中去，即法律威慑。他不愿意如此简单化。

亚当·斯密打算在老师哈奇森与朋友休谟之间找出中庸之道，解决老师与朋友之间的分歧。

于是，他又创作了《道德情操论》。斯密认为，每个人都知道人类社会中还有一只眼在看着自己的一举一动，它就是"良心"。

斯密认为，每个人都有良心（让我想起了王阳明的心学，人皆有良知），一个人如果过度自私自利、无所顾忌地损害他人利益，良心就会谴责他。这就是良心制衡。斯密通过良心制衡来平衡自私自利假说带来的逻辑冲突。毕竟人类社会总体来说是良性发展的，就像他老师哈奇森提出的那样。

在斯密那里，良心这个第三只眼，其实就是声誉。斯密认为，一个人如果在追逐自己利益的同时侵犯了他人的利益，是违背良心的。这种行为会形成个人的坏的声誉，而坏的声誉会招致社会对个人不良行为进行惩罚。当然，与休谟不同，斯密思想的这种惩罚并不是来自法律，而是人类社会中其他人与这种人的不合作。在斯密体系中，逻辑是自洽的。因为，斯密思想中的一个潜在假定就是人类合作会带来双赢结果，不合作导致这种潜在双赢不会出现，就是潜在合作利益的损失。这种利益损失就是惩罚，并不是来自法律的惩罚，是不合作带来的潜在合作收益损失的惩罚。

当然，斯密逻辑的前提是人类合作存在双赢收益，这是当然的假定。这种假定存在普遍观察到的依据，就是斯密少年时代在爱丁堡海关他老爸作为征税官员与贸易商打交道的过程中，他观察到的商人们精于交易的本性！

市场交易是人类普遍存在的行为，这种行为的普遍存在证明合作存在合作收益。因为，市场交易是平等交换，而平等交换一定意味着交易给双方带来了双赢。

5.5.3　亚当·斯密错在潜在的三阶理性假定

在斯密那里，假定人们能够知道这个第三只眼，并且意识到了社会声誉对侵犯他人利益行为的潜在惩罚的可能性。因为社会无非是其他人构成的集合。这就意味着，斯密潜在假定人们知道其他人知道自己的行为。也就是说，斯密潜在假定人们具有三阶理性！

在斯密的这种假定下，自私自利的人类行为被局限在寻求合作收益挖掘的市场交易中，而潜在的侵犯他人利益的自利行为受到声誉约束。也就是说，在斯密的资本主义社会模型中，人类基于自私自利挖掘到的私人利益完全是从合作性的市场交易中获取的，不会有大规模的掠夺行为！因此，法律并不是必需的。

这是与休谟和霍布斯大相径庭的观点。

然而，事实证明，休谟才是对的。因为，法律是人类社会必不可少的，良心制衡并不能取代法律。无论是西方社会还是自诩为道德社会的东方世界，都不可能没有法律。

问题出在哪里呢？

按照元理性视角，斯密假设人们是自私自利的，这就是说人们具有一阶理性。斯密的第三只眼，就是说每个人都知道别人在盯着自己的所作所为，因此，人们对自己的自私自利行为存在自律，当这种行为严重损害别人的利益时，良心会制衡自己无所顾忌的自利行为。

这个假设，就是说斯密潜在假定了大多数人都是三阶理性的，因为每个人都知道别人知道自己的行为。

然而，我在之前的哲学分享中已经指出，博弈实验证明，大多数人只有二阶理性，没有三阶及以上的理性程度。因此，斯密的良心制衡其实并不存在。所以，我们观察到，良心制衡并不能避免人类社会陷入混乱。人类社会少不了法律制衡。

也就是说，休谟理论正确是在于人们的理性程度事实上低于三阶理性。

事实上，大多数人的理性程度只是二阶理性的，这是元理性或意识创造哲学推导出来的结果。

因此，人类社会为什么需要法律，完全是大脑工作按照经济原则运行的结果。这种机制导致大多数人只具有二阶理性。而这种理性局限导致良心其实是稀缺的，法律因此成为必然。

5.6　一些宏观经济学问题的元理性解读

5.6.1　经济周期的元理性解读

（1）经济周期

一个新的理论要崛起，不仅需要在一些细小的现实问题上做出解释，而且需要在某些重大的人类疑难问题上大显身手才行。我已经用元理性或意识创造哲学解释了著名的博弈实验结果，即猜数字博弈的结果，以及为什么人们在餐馆点菜吃饭时经常会多点菜，以至于吃不完，所谓"眼大肚皮小"。

在大家看来，这些并不是大显身手，只不过是雕虫小技而已。那么，有没有可以大显身手的表现呢？有的！现在，我就和大家聊聊元理性或意识创造哲学是怎么解读经济周期的。

经济周期，也叫经济危机、经济波动，可以说是经济学中最重大的问题——没有之一！

经济周期是怎么发生的呢？

当经济上行的时候，投资收益上升。随着投资收益的上升，投资者会不断追加投资，直到投资过剩导致产能过剩。当出现产能过剩时，一些投资的回报开始下降，这种投资收益下降的信号通过市场传递给投资者。投资者知道经济出现拐点、经济开始从上行转向下行，于是，开始改变投资策略，从追加投资转为抽逃投资。投资的抽逃会加剧经济下行，导致已有的投资项目收益下降。这种信号进一步使投资者加速抽逃投资。这种恶性循环加快了经济下行的速度。

这就是一个经济周期的全过程。当投资缩减维持一段时间后，产能也缩减到市场需求规模以下，或者市场由于技术进步出现了满足新需求的新产品，投资收益开始重新上升，新的一轮循环又开始了。这就是资本主义经济的运行规律。马克思认为，资本主义这种周期性运行规律给生产力带来巨大的破坏（熊彼特认为资本主义的本质是创新带来的利润引起资本追逐利润，并且创新是所谓"毁灭性创新"，想想互联网购物是如何毁灭那些路边门店的），也给工人阶级带来了无比的痛苦（想想1929年纽约码头绝望、饥饿的人们眼睁睁看着资本家把面包和牛奶向着大海倾倒的情形，或者上网去看看电影《愤怒的葡萄》，也可以读读约翰·斯坦贝克的原著）。马克思与熊彼特的分歧是，马克思认为创新存在有限的创新空间限制，一旦创新达到极限，资本的超额利润率就会消失，资本主义就会走向灭亡，人类社会的基本制度将发生彻底的改变——社会主义取代资本主义。但是，熊彼特认为，创新利润消失后，资本主义是和平、长驱直入地进入社会主义的（看看现在的北欧）。

既然是经济学中最大的问题，那么，经济学家当然对经济周期的发生机制做过许许多多的研究。很多经济学家因此获得了诺贝尔奖，包括哈耶克、萨缪尔逊、希克斯等。譬如，后面两位做的数学模型，即乘数与加速数相互作用模型，就是宏观经济学教科书里面的高大上作品。当然，在这个问题上最了不起的应该算罗纳德·凯恩斯，他因此创作了一部巨作《就业、利息和货币通论》，他被称为是20世纪最伟大的经济学家。

你想想，在这么多厉害人物聚集的地方，还想做点什么事，不是没事找抽吗？俗话说，班门弄斧！我的理解是，要想打出山门，必须挑战高手！最好是最厉害的高手——挑战凯恩斯大神！

当然，如果仅仅从经济学上挑战凯恩斯，那基本上就是找抽了。我还没有这个本事。我走的路子并不是峨眉派、华山派、武当派、少林派这些天下闻名的路子——因为人家清楚你的路数，而是元理性！

（2）元理性对经济周期的解读

现在，我用元理性来解读经济周期是怎么回事。

在经济上行阶段，随着投资的增加，产业之间的配套合作越来越密切、完善，投资收益是递增的。投资者的大脑意识中，不断把观察到的投资收益的递增现象作为有型——每一份投资的回报是多少。随着观察到的投资回报率的递增，投资者的意识中会不断用较高回报的有型去取代之前较低回报的有型。此时，投资者知道经济处于上行区间。即使投资者知道经济不可能永远位于上行区间，知道有朝一日经济会出现拐点，但是，他们不可能准确预期经济拐点的具体位置。因为意识是以"眼见为实"作为决策依据的。

在这种情况下，随着投资回报率的递增，投资者也就越发踊跃地不断追加投资，直到投资过剩导致产能过剩，产能过剩导致市场价格下降，已有的投资项目的回报率下降。这种可以观察到的信号告诉投资者拐点出现了。于是，投资者的意识中会用经济下行图景取代准确的经济上行图景，有型也用低回报率取代之前的高回报率。投资者开始抽逃资金。

之前我已经证明，大多数人是二阶理性的。也就是说，大多数人都假设其他人是一阶理性的。

如果大多数人是二阶理性人，则大多数投资者都知道其他投资者在拐点没有出现之前会不断追加投资，追加投资的回报率会递增，因此大多数投资者会不断跟进投资，造成投资过热。当拐点出现后，大多数投资者知道其他大多数投资者会抽逃资金，在建项目的回报率下降、风险增加，因此，大多数投资者会抽逃资金。如果投资者具有比二阶理性更高的理性，这样的恶性循环会更加剧烈。

显然，这就是经济周期全过程的元理性解读。比起那些复杂的经济学数学模型，元理性在解决问题时显得干净利落！因为，元理性的力量就在于此！

5.6.2　元理性可以成为理性预期理论的哲学基础

（1）理性预期理论

1946年，美国赢得了第二次世界大战，但是由于战争结束，经济开始下滑。美国国会通过了一项《就业法案》，要求美国政府在充分就业和物价稳定基础上促进经济增长，并称这是美国政府不可推卸的责任！于是，凯恩斯在10年前完成的大作《就业、利息和货币通论》就成为美国的官方主流经济学。凯恩斯就是鼓吹政府干预经济的鼻祖！美国采用凯恩斯主义推行政府干预经济政策，带来了美国第二次世界大战后持续30多年的经济高速增长，史称"黄金时代"。但是，到了20世纪70年代末，美国出现了经济停滞与严重通货膨胀的双重压力，称为"滞涨"。根据凯恩斯主义经济学，滞涨是不可能同时发生的。于是，在20世纪80年代，凯恩斯主义经济学崩溃，众多宏观经济学学派如雨后春笋般涌现，力图取代凯恩斯主义经济学的主流地位。著名的芝加哥学派，如弗里德曼的货币主义，认为货币政策比凯恩斯看重的财政政策重要。在经济停滞状态，企业的产品卖不出去就解雇工人，最终导致失业人数激增。凯恩斯提出政府直接财政政策投资基础设施以提供就业机会，但是财政开支需要货币政策印发钞票辅助，因为政府投资如果仅仅由政府债券募集是不够的。增加货币发行会导致物价上涨。但是，短期内产品价格上涨并没有伴随工人工资上涨，工人实际工资下降，企业劳动成本下降。企业在实际成本下降时会增加雇用工人，于是就业率上升。这就是凯恩斯主义解决经济衰退的药方！然而，弗里德曼指出，凯恩斯主义采用蒙骗工人降低实际工资的政策，可能在短期有效但是长期无效，因为一段时间后，工人发现实际工资下降了，就会通过工会要求提高工资，使实际工资重新回到之前的水平。当实际工资回到之前水平后，企业就会辞退增加的工人，使那些工人重新回到之前的失业状态。卢卡斯提出的理性预期理论指出，实际上，工人是具有理性预期的。也就是说，一旦政府推出增加货币发行的凯恩斯主义政策，工人就预期实际工资会因为通货膨胀而下降，他们马上就会要求提高工资水平，以维持原来的实际工资水平。这样，实际工资水平没有变化，企业也不会增加雇用工人，失业问题没有丝毫改变。所以，如果货币主义认为凯恩斯主义政策短期有效而长期无效，则卢卡斯的理性预期理论指出凯恩斯主义政策短期也无效！

人们会根据可能的各种各样信息去准确预期政府政策的效应，从而采取行动抵消政策预期效应，使政府的经济政策完全失效！这就是卢卡斯理性预期理论的核心思想！

（2）元理性解读理性预期理论

下面，我们来看看元理性与理性预期理论有什么关系！在凯恩斯主义政策中，假设公众在看到增加货币发行后不会意识到实际工资会下降，不会立即要求涨工资，因而实际工资下降导致企业增加雇用工人，减少失业。在元理性中，假设人们只是根据感知来决定行动。政府增加货币发行，这个政策会成为公开信息，是可以感知的。但是，其可能导致的通货膨胀却是当时不能感知的，除非已经发生了通货膨胀。譬如，中国这些年超发货币超过了美国，但是通货膨胀并不严重，因为中国超发的货币流向了房地产。房价上涨了，但是房价上涨并不是通货膨胀。所以，即使在之前的元理性中，我已经证明人们通常会用一阶理性人有型去复制其他人，也就是说，政府官员即使知道公众是唯利是图的，也不一定认为公众知道增加货币发行会带来通货膨胀，因为，两者没有因果关系。所以，凯恩斯主义政策被政府采纳。但是，我已经证明，大多数人是二阶理性人，并不是政府官员想象的那样。他们知道政府官员是一阶理性人。也就是说，他们知道政府官员做什么事情一定是有利于他们自己的。正如诺贝尔经济学奖得主布坎南指出，政府也是追求效益最大化的个人组成的。当然，有利于政府官员的事情，也可能有利于公众，或者有利于部分公众。然而，如果一项政策在有利于政府官员自己的同时也有利于公众，那么，它早就该出台了。除非是技术、环境等发生了结构性变化，导致这种有利于所有人的政策刚刚出现。否则，如果没有看见这些个变化，一个新出台的政策，必定是有利于政府官员但不利于公众或者部分公众的。二阶理性人的公众就不得不审查政策会对自己造成什么样的伤害！在上面的例子中，公众会思考出可能产生通货膨胀伤害的结论。于是，公众通过工会要求提高工资。

事实上，理性预期理论不仅对货币政策的预期效果进行批判，而且认为任何政府干预都会被公众反方向行动抵消。譬如，现在中国经济疲软，地方政府下达文件要求银行给中小企业、民营企业增加贷款。事实上，因为经济下行风险增大，银行萎缩贷款是理性行为，政府干预只能增加银行风险。但是，在政府高压下，银行不得不做一些事情。也就是说，政府行为是让银行付出代价来维护社会稳定。但是，企业家是二阶理性人（甚至更高阶的理性人），他们知道银行家是一阶理性的。由此，他们知道银行会被迫贷款给他们。但是，这只是风头上的敷衍上峰，待过了一阵子，银行会在今后提高贷款条件，以至于未来融资成本会上升。企业家会权衡目前进行贷款投资实体经济的风险。在这种考量下，投资实体经济风险很大，因为实体经济投资运行中需要在过程中不断追加投资，至少需要流动资金维系运行。未来融资成本上升会导致风险增加。由此，即使企业目前贷款，也不会投资实体经济，而是用于周转快的虚拟经济，这种政策的预期目标显然不可能实现。因为目前政府要求银行贷款的目标是促进实体经济的发展。

元理性在政策分析方面存在巨大的应用空间。

5.7　基于不同的有型选择，产生了宏观经济学与微观经济学、宏观物理学与微观物理学

选择不同的有型，有可能复制出来的是完全不同的认知体系。

宏观经济学与微观经济学名称正是模仿宏观物理学与微观物理学得来的。我们知道，无论是宏观经济学与微观经济学，还是宏观物理学与微观物理学，它们都存在内在不可克服的矛盾，难以统一！描述宏观物质物理性质的宏观物理学，譬如相对论，就与描述微观物质物理性质的微观物理学，譬如量子力学之间存在内在的矛盾，至今难以统一。爱因斯坦晚年的精力全部投入这种统一，即统一场论，直到去世都没有完成。到今天，宏观物理学与微观物理学基本上被认为是不可能统一的了！再看看宏观经济学与微观经济学。卢卡斯提出的理性预期理论，从微观经济学理性预期角度击垮了凯恩斯宏观经济学克莱因版本的逻辑基础。20世纪80年代初，凯恩斯走下神坛。90年代的新凯恩斯主义，运用不对称信息博弈论重新论证纯粹市场经济存在非充分就业均衡，被视为凯恩斯主义的复活！但是，从理论体系的逻辑基础看，新凯恩斯主义是先天不足的，迄今已经没了气候。下面，我将用自己创立的有型复制理论来说明，为什么新凯恩斯主义不是科学理论，为什么宏观物理学与微观物理学之间不可能统一！人类大脑意识的工作是按照经济原则进行的。也就是说，对于感知的外部世界信息，用简单信息模块去复制复杂信息，即康德的先天综合判断，就会成为科学理论。微观物理学的简单信息模块是量子、波函数、电荷、自旋数，而宏观物理学的简单信息模块是速度、时空、质量、引力……

根据经济学的边际成本上升边际收益递减原理，用微观物理学基础信息模块的叠加一层层去复制出宏观物质的物理性质是不可能的。马歇尔当年为什么在其巨著《经济学》中没有系统谈及总量经济问题，正是因为这种困难。后来凯恩斯直接从总消费、总投资、总量经济角度建立模型，建立了宏观经济

学！在凯恩斯那里，有型选择是经济总量，而不再细分总量本身。所以，宏观经济学与微观经济学其实是两种不同基础信息模块构成的理论体系，不存在公约数，不可能从微观经济学导出宏观经济学！同样，宏观物理学也不可能从微观物理学推导出来。两种不同观测层次的理论体系，是不同的模块叠加，这好比用干打垒建造的房子与用砖块建造房子，是完全不同的建筑！

第6章 元理性作为行为经济学的基础

元理性可以作为行为经济学基础的一种认知心理学理论构架。

在科学发展史上，所有的问题都如俄罗斯套娃一样，一个问题的解决又牵扯出另一个更深层次的问题。行为经济学解决了许多标准经济学难以解释的问题，但是行为经济学的理论支撑基本上来自心理学实验的发现，这些心理学实验定律仅仅是经验定律，其更深层次的理论源还需挖掘。

行为经济学家发现了诸多人类行为并不符合标准经济学的预测，被称为"异象"。这些"异象"行为被进化心理学家和神经科学家成功解释。进化心理学家和神经科学家认为标准经济学假定人是理性的，并不符合人类进化的事实。人，应该是进化的产物。人类行为并不是标准经济学假定的那样是最大化个体效用的经济人、理性人，而是最大化适应性的行为人。然而，我的研究发现，如果将人类大脑的工作机制假设为经济效率导向的，则标准经济学的理性人假定与进化心理学和神经科学之间并不矛盾。其实，它们之间不仅不矛盾，而且在逻辑上是一致的。也就是说，我们可以将理性假定作为进化心理学和神经科学的更加基础性的假设，只要假设人类大脑的工作是按照经济效率最大化的理性原则进行的即可。或者说，如果将理性植入大脑本身的运行过程中，而不是人类行为层次上，就可以将缠绕在标准经济学与行为经济学之间的乱麻理清！

6.1 元理性：大脑工作运行机制基于经济效率导向的假设

《智能简史：谁会替代人类成为主导物种》（李大烈，2020）指出，人类基因与大脑之间的关系是一种委托代理关系。基因决定人类行为是有利于个体自身适应性的，而大脑负责在复杂的环境中做出围绕这种目标的正确决定。人类大脑是数百万年进化的结果，自然选择决定了大脑在存储和处理利用外部信息时，一定是按照最经济的方式进行的。尽管通过外科手术将大脑打开进行解剖，也难以找出按照这种方式运行的大脑物理结构，但是，做出这样的假设是人类乃进化的产物这一通识的逻辑推论，而无须依赖笛卡尔和洛克的二元论。这就是从标准经济学的人类理性行为到大脑工作理性导向的转移。近年来，采用经济学方法研究大脑内部工作方式的论文已经出现了几篇（Alonso R，Brocas I，Carrillo J D，2011），我们不妨预见未来会出现一个学科，即被称为"元理性"的学科。

如果我们将标准经济学关于人是理性的假设从人类行为转移到人类大脑的工作运行机制上，我们就可以做出如下的假设：

①大脑只存储占据大脑信息存储空间最少的外部信息；

②大脑运行会尽量最小化能量耗费。

这两个假设就是大脑运行服从经济规律的假定。

由于大脑无论在存储外部信息还是在工作运行耗费能量上，都存在有限的存储空间约束和能量存储约束。人类大脑是进化的结果，应该是按照经济效率原则进行工作的。赫伯特·西蒙曾经对标准经济学中关于理性人的假设提出经典的批评，认为理性人寻求的最优化决策事实上是不可能实现的，因为最优化决策需要个体具有的计算能力和掌握的信息数量超越了现实中人类的实际情况，因此现实中的个体只能是寻求"满意的"决策，而不是"最优的"决策。正如王立宏指出的那样，人类的推理、逻辑分析等心智活动是有成本的，这种成本就是心智成本。人类行为的多样性是由人类多样化的心智所决定的。人类的心智活动包括有意识和无意识活动，完全理性和有限理性都属于意识活动，都是有意识的推理行为。这种有意识的推理行为就是充分地运用大脑所储存的知识和信息进行逻辑分析，使人类的心智和情境相匹配。然而，这种有意识的推理活动是要付出成本的，这种成本就是心智成本，心智成本的大小决定了理性的运用程度。

主流经济学认为，在给定偏好和其他条件不变的条件下，个人总是始终如一地运用他的完全理性来追求最大化的效用和收益。然而，主流经济学忽视了有限理性的利用。西蒙、诺斯、哈耶克等人都分析了有限理性及其原因，他们的分析都是侧重外部环境的复杂性、不确定性以及信息的不完全性和知识的不完全性，他们所关注的都是信息成本，而没有考虑心智成本。现实中的人类理性思维是一种成本高昂的心智活动，它不仅包括理性计算的思维成本，还包括理解和处理决策信息的思维成本、改变心智使之与环境相适应的成本，以及与个人的情感、动机、价值观念、偏好等相关的心理成本。由于心智成本的存在，人们可能不愿意运用本来所具有的理性分析能力，或者只是部分地运用他们的理性分析能力使他们的决策是有限理性或者是非理性的，即理性的"无知"。心智成本理论把思维或者人类的心智作为一种稀缺的资源，一般情况下，人们在使用智力资源时总是将有限的智力资源用到最需要的用途上。人们在运用稀缺的脑力资源进行决策时，先要遵循的是经济性原则，也就是人类的策略选择总是在决策的逻辑准确性和所付出的心智成本之间进行比较分析，不可能为了追求"最优"的理性而不断地耗费心智成本。这就意味着个体在决策时，有时是经过严格深思熟虑做出的，有时是没有经过深思熟虑做出的，这取决于决策的收益和付出心智成本的比较。人们倾向于以一定的心智成本获得最大化的决策收益，或者是为了获得一定的决策收益而付出的心智成本最小。因此，在决策中，经济主体要对理性运用所支付的心智成本及其收益与非完全理性决策带来的简捷高效性进行比较，使运用心智资源的边际成本与运用心智资源的边际收益相等（王立宏，2010）。

在这里，其实西蒙的观点潜在地考虑了人类大脑的运行成本，并且暗示着大脑运行是沿着经济效率最优化的原则进行的。相关学者（Alonso R，Brocas I and Carrillo J D，2011）用博弈论中的委托代理方法研究了大脑能量分配的一种机制，这种机制就是假设大脑在分配注意力感知方面是按照经济原则（效率）进行的。

6.2 元理性假设的脑科学基础

科学家发现，大脑是个认知吝啬鬼。认知科学家认为，因为人类大脑认知资源有限，所以"能不用，则不用"。这一看法也在多学科研究中被证实：大脑网络能力非凡但"造价不菲"，它的形成正是对成本和效率两种因素进行经济上权衡取舍的结果。

2012年发表在*Nature Reviews Neuroscience*上的经典综述文章《大脑网络组织中的经济学》（*The economy of brain network organization*），揭开了大脑网络"经济适用"的真面目。这篇文章广泛影响了从复杂网络、标度律视角展开的大脑研究。

这篇文章指出，大脑的体积有限，其新陈代谢的维持需要消耗资源，是一个"昂贵的"复杂系统。许多大脑解剖学的研究表明，大脑网络组织的形成可以用"成本驱动"来解释，即大脑网络组织的形成总是趋向于使其成本最小。

这篇文章还指出，大脑功能网络是不断变化的。大脑在执行工作记忆任务期间，脑磁图下的大脑功能网络表现出全局高效率，有更多比例的长距离链接。当认知性的需求减少，大脑功能网络立即重构（几十毫秒），变得高度聚集、高度模块化，长距离链接更少。大脑功能网络可以很快地进行权衡和重新配置。

也有关于大脑网络解剖结构变化的研究表明，青少年随着年龄的增长，有更多的长链接。老年人相比于健康的成年人有更多的模块化结构。

所以，大脑网络在整个生命周期都在不断地进行经济上的权衡取舍。

6.3 元理性的哲学和心理学基础

基于上述假设，我们有如下推论：在认知几何图形上，大脑倾向于存储最具对称性的几何图形，譬如圆形、正方形、矩形、正三角形、球体、正方体等。对于对称图形，大脑只需要存储图形的某个局部就可以复制其全部。譬如对圆形来说，从圆的任何一个局部就可以复制出整个圆。在节省大脑存储空间的情况下，大脑意识就能很容易复制出一个圆的图像。

在我们心目中的一个标准圆形，是完美的圆。但是在现实世界中并不存在标准的完美的圆形，即使用最好的圆规画出来的圆形，其实都存在误差。即使用电脑画出来的圆，也不会是百分之百完美的圆形，也是有误差的。在现实世界，没有任何事物是完美无缺的。因此，柏拉图说现实世界是不完美的世界，而我们心目中的完美理念只存在于一个理念世界中。

柏拉图的"理念"，在某种意义上就是大脑意识对外部世界的完美抽象。只不过柏拉图把这种完美抽象说成是一种存在。

在哲学家洛克那里，我们心目中的关于外部世界事物的抽象被称为"观念"。要注意的是，现代心理学认为，"观念"并不是外部世界事物本身在我们心目中的投射，而是人类意识自己制造出来的一个符号。譬如，当我们瞥一眼一棵树的时候，我们心目中立刻就有一棵树的形象。心理学家认为，此时在我们心目中的那棵树并不是我们瞥见的外部世界的那棵树的投射，而是因为瞥见那棵树时启动了我们心目中关于树的"观念"。我们仅仅是一瞥，并不能将外部世界的那棵树的所有细节信息都植入我们的大脑，原因有二：一是大脑存储信息的空间有限，二是简单的一瞥还来不及在大脑中输入足够多的关于那棵树的细节信息。事实上，如果在简单的一瞥之后，再去仔细观察那棵树，你会发现之前在你心目中呈现的那棵树的形象与真实的树的形象存在很多差别。

洛克的"观念"与柏拉图的"理念"，其实是类似的概念。只不过在柏拉图那里，"理念"是真正的"存在"，是存在于某个理念世界中的。而在洛克那里，"观念"是一种心理产物。

在一般情况下，大脑出于节省信息存储空间的需要，会将观察到的外部世界事物抽象成为一些更加简单的构成要素的叠加组合，而把这些更加简单的构成要素在舍去不必要细节后的"简单观念"加以记忆存储。几何学中的圆形、正方形等简单的几何图形构成要素就是"简单观念"。除此之外，如数学中的简单函数如正弦函数、余弦函数、幂函数，物理学模型中将物体视为没有体积但有质量的"质点"等都是"简单观念"。

其他的一些"简单观念"包括空间、尺寸、能量、连续、坚硬、柔软、苦涩、热、冷、白色、快感和痛苦等等。它们之所以"简单",是因为它们极其原始,没法再被拆分成其他观念。它们像是拼图游戏中的碎块,拼合出人类大脑中的观念或知识。

大脑意识中需要一个关于外部世界的"模型",这种"模型"是引导人类行动的指南,或者说是人类的世界观。基于大脑存储信息和处理信息的能力并不是无限的,不可能将外部世界的所有信息全部存储在大脑中,这种"模型"就是人类在需要关注外部世界时,在大脑中复制出一个外部世界(复制是不完全的,因为受大脑有限的信息存储和处理能力约束)。在哈耶克看来,正是心智才使世界以一种有组织和可感的方式"呈现"在我们面前,而不是随机的意象和图景,也不是一片混乱和模糊。对于世界的有序知觉就是心智发挥作用的结果,很显然,这种对世界观察的结果并不是客观世界自身的特性,这就必然涉及经济学研究的本体论问题(王立宏,2010)。由于观察者心智的复杂性,把心智看作现实世界的完全反映的一元本体论是错误的。经济学理论必须包含人类自身的心智,心智是关于世界的一种镜像,这种镜像指导着包括理论分析在内的人类行为。而主流经济学则完全忽视了心智的作用,把人的心智设想为完全同一的,并认为心智完全是对现实的正确反映,心智是无意义的范畴,因此主流经济学是缺乏心智的科学。以理性预期学派为例,按照理性预期假说,追求效用最大化和利润最大化的经济行为主体,总是充分而有效地利用获得的信息来预测相关变量的数值,这种基于理性预期得出的数学期望值将等于给定的经济模型所得出的均衡值,只要物价和工资是可变的,宏观经济模型将经常处于连续的"市场出清"的充分就业均衡。在理性预期的模型中,理性预期是唯一的预期,所有的个体都坚持理性预期,并把他们的预期完全延伸到决策过程中,至于哪种预期将流行、如何形成预期分析都被忽视了。经济过程尽管存在随机扰动,但由于假定经济行为者的心智模型是对现实的完全反映,即将二重本体论变成了单一本体论,这就意味着经济信息对经济行为者所起的反应是一样的,根本不存在个体之间的行为差异。事实上，由于不同的人有不同的心智模式，存在着不同的理性运用方式，因此对同一信息的反应是不同的，不可能具有相同的反应模式。二重本体论认为，理论分析和客观现实并不是完全同一的，心智分析更重要。这种思想是现代演化经济学和行为经济学最基本的本体论假定。这意味着经济学在心智与现实世界之间确立了一种依存关系，而且心智是经济过程中一种自主因素，心智与现实世界共同构成了二重本体论。

二重本体论和心智分析的理论意义主要在于：单一的和无所不包的理论体系是不存在的，因为这样的理论体系具有较大的复杂性，一种理论不可能适用于不同心智的反应模式，心智是实在的一部分，是不断演化的，而且是一个独立的要素（王立宏，2010）。

在伯顿的《神经科学是什么》（罗伯特·伯顿，2017）一书中明确写道，我们拥有指示未来行为的大脑"地图"，这应该不足为奇。如果在做出行为之前没有引导性的神经活动，便不可能有复杂的行动。

一个问题是大脑既需要在其中复制一个外部世界的模型，又因经济效率原则而只存储最简单的外部信息，尽管复制外部世界并不需要复制所有的细节，但是仍然会占据大量的大脑空间，那么大脑是如何做到的呢？

我们从微积分中的黎曼积分定义可以得到启发。对于复杂曲线下面围成的图形的面积，我们直觉会有一个面积的感知。但是，当涉及面积的计量测度的时候，黎曼积分就是用大量的矩形面积的叠加去复制复杂曲线下面围成的图形的面积。这里，矩形其实就是关于"面积"的"简单观念"，因为"面积"就是用矩形定义的：面积就是长度与宽度的乘积。只有矩形才有"长度"和"宽度"的概念（正方形是矩形的特例）。

也就是说，大脑在复制外部世界时，其实采用了一种"加法"或者"叠加"的法则：用大脑存储的关于外部事物的"简单观念"，通过"加法"或者"叠加"的方法去复制外部世界。这样既可以减少大脑存储信息的空间使用，又可以复制外部世界的复杂事物，在大脑中建立起关于外部世界的模型。这种模型就是人类关于外部世界的"知识"。大脑不可能将复杂曲线下面围成的异形图形的面积全部存储在大脑空间中，那样需要无限多的大脑信息存储空间，这与大脑空间的有限性是不相容的。

但是，进化出来的大脑巧妙地用"加法"规则将"简单观念"加以叠加，去复制外部世界，譬如，微积分中的泰勒级数是用简单的幂函数作为"简单观念"进行叠加去复制一般性函数的，傅里叶级数是用简单的三角函数（正弦函数或者余弦函数）作为"简单观念"进行叠加去复制一般性函数的。物理学用质点作为星球的"简单观念"进行叠加去复制太阳系力学系统。

正如康德在《纯粹理性批判》中指出的那样，外部世界（物自体）是不可知的。因为人类感觉器官搜集处理外部世界物理刺激的能力是有限的，人类大脑的信息存储空间是有限的，处理信息的能力也是有限的，因此，复制出来的外部世界与外部世界本身并不是完全一样的。复制出来的关于外部世界的模型只是省却了许多细节之后的某种抽象。譬如，并不是所有的函数都能够展开为泰勒级数，并不是所有的函数都能够展开为傅里叶级数，并不是所有的函数都是可以黎曼积分的。

意识用已经熟悉的感知去复制新的外部世界物理刺激。这种认知方式是基于节省大脑工作成本的需要。侯世达和桑德尔写道："观察者都是通过熟悉的事物去了解不熟悉的事物。"（侯世达和桑德尔，2018）他们还写道："'作类比'这一普遍存在的心理过程背后是什么？为了生存，人类需要将现在发生的事和过去发生的事进行类比，时刻把握已有经历和当前情况的相似之处，并以此帮助他们理解新事物。对比时产生的一连串粗线条类比，就是形成我们思维的关键。"（侯世达和桑德尔，2018）

在认知心理学领域，最近也有人提出类似于"简单观念"的概念。心理学家侯世达和桑德尔在《表象与本质：类比，思考之源和思维之火》中，用"范畴"或者"模拟器"来表达类似的思想。他们写道，在遇到新的刺激时，"模拟器"将会激活人脑中某些特定的区域，这些区域在遇到与新刺激最接近的经历时曾被激活过。

因此，基于元理性，大脑只是存储记忆最简单的外部世界事物构成（或者说构成外部世界事物的基本砖块）的"简单观念"，而这种"简单观念"也仅仅是大脑自己生成的抽象符号。对于更加复杂的外部世界事物，大脑不进行存储记忆，而是用"简单观念"通过加法规则进行复制。考虑到康德所说的原因（物自体是不可知的"彼岸"），这种复制是不完全的。物自体不能被复制的部分远大于能够被复制的部分，根本原因是大脑工作能力的有限性与外部世界信息的无限性之间的矛盾。我在后面的分析中将运用这种差别去解释行为经济学中的预期收益或者成本的"虚化"现象。

休谟的经验主义哲学认为我们的知识仅来源于经验。这种观点事实上已经成为哲学家的共识。只有被经验到的存在才是存在的存在。在这个问题上，我们可以进一步推知，不仅是知识来源，而且人类的本性也应该是按照经验到的事物去确认事物的存在性的。经验无非是我们感觉器官的感知。感知到的事物才是人们确认存在的事物，因此仅仅对感知到的事物做出明确的反应。这也是元理性的一个基本假设。

按照这样的逻辑，如果人们并没有感知到某事件的发生，而是预期可能会发生的事件，则这种预期图景也会导致个体的反应，只不过由于预期的图景并不是真实的感知，它对个体的刺激来自想象，而非真实的物理刺激。同时，由于想象不过是部分而非完全复制事件本身，其对个体的刺激与真实感知带来的刺激相比要微弱一些，因为真实感知较之复制和想象对个体的物理刺激要强一些。由于个体的反应主要是建立在感觉和经验基础上的，因此这种假设是顺理成章的。这种微弱效应我称之为对真实事件的"虚化"。

按照元理性的假设逻辑，如果是预期但不是当前发生的事件，就只能在大脑中通过"简单观念"进行复制。因为复制是不完全的，相对于真实发生的事件来说，预期事件的复制是小于事件本身的。这就是预期事件在当前大脑中的"虚化"。我们假设，这种虚化在数学模型中就是乘以一个小于1大于0的数（虚化因子）。

作为元理性的一种方法论，就是以上假设基础上的经济学分析框架。作为一种牛刀小试，元理性对可观察到的人类行为具有相当的解释力，其中就包括对前面的猜数字实验结果的解释。

在实验中，一个志愿者在思考怎么写整数的时候，需要在自己的大脑中思考别人会写什么样的数。这就意味着需要建立一个别人在他大脑中是怎么进行决策的模型，就是"别人模型"，即复制其他人。如果把别人复制为非理性的或者无规律可循的，则这个人就无法预测别人的行为，这种模型是无效的，因为它没有预测功能。大脑复制外部世界建立外部世界的模型，就是为了进行预测。如果把别人复制为二阶理性以上的人，则预测别人的行为涉及太复杂的脑力分析计算，这不符合大脑的经济效率原则。也就是说，把"别人"这种外部世界事物设定的"简单观念"选择为非理性是无效的，没有预测功能，而设定的"简单观念"选择为二阶理性以上又违背了"简单观念"是最简单意象的经济原则。因此，"简单观念"设定只能是一阶理性人。当把别人设定的"简单观念"选择为一阶理性人时，这个人当然就是二阶理性的。因此，按照这种推理，大多数人都是二阶理性人。当然，当大多数人是二阶理性人时，某个三阶理性人就会赢钱。

6.4   行为经济学的元理性解读

6.4.1   用元理性解读行为经济学中的卡尼曼—特维尔斯基"前景理论"

（1）卡尼曼—特维尔斯基的经典实验

行为经济学的最重要发现就是卡尼曼—特维尔斯基的"前景理论"。卡尼曼因为该发现而获得了2002年的诺贝尔经济学奖（特维尔斯基那时已经不在世了）。该发现是卡尼曼和特维尔斯基两人多年合作的结晶。行为经济学家用下面这个著名的实验来说明什么是"前景理论"：

随便找一个志愿者，给他两个选择：

A：以100%的概率获得100元收入；

B：以50%的概率获得200元收入，50%的概率没有收入。

你会发现，几乎每一个志愿者都会选择A。尽管A与B给志愿者带来的期望（平均）收入是一样的。按照标准经济学的术语，此时志愿者是风险厌恶的。

现在，我们继续做另外一个实验，志愿者面临的两个选择如下：

A：以50%的概率失去200元，50%的概率没有失去一分钱；

B：以100%的概率失去100元。

你会发现，几乎所有志愿者都会选择A。也就是说，此时志愿者是风险偏好的。"前景理论"认为，人们在获得东西的时候是风险厌恶的，但是在面临失去东西的时候却是风险偏好的。

这与主流经济学关于理性人存在稳定一致的偏好假设显然是矛盾的。"前景理论"是行为经济学中最重要的发现，已经成为经济学中的著名定律。但是，心理学至今没有解释为什么人们存在这样的心理特征。

在上述第一个实验中，志愿者如何感知第二个选择B的效用呢？50%的概率获得200元收入。在主流经济学中，人们会把获得平均值100元的收入的风险视为50%。也就是说，主流经济学假设个人的效用函数中存在两个变量，一个是收入，另外一个是风险。这两个变量共同决定了效用。当然，主流经济学不得不对个人效用函数假定存在风险厌恶与风险偏好的不同可能性。但是，主流经济学不能解释"前景理论"发现的规律，即人们在获得东西时是风险厌恶的，而在面临损失时是风险偏好的。

（2）元理性视角的解读

休谟认为，我们仅仅凭经验去经验存在。也就是说，只有经验到的事实才能被认为是一种存在。这种观点不仅是哲学家不得不接受的逻辑，而且应该是人类普遍存在的习性。眼见为实，人类决策依赖感知，意识用感知到的外部世界事物的"简单观念"去复制外部世界。"简单观念"是来自感知刺激的一种抽象。

人们对于获得100元收入的价值评价，应该基于对100元的感知，因为人类对外部世界的一切反应都是对感知到的外部世界刺激的反应。元理性假设：大脑在接收到外部世界物理刺激带来的感知时，是通过大脑意识中的"简单观念"复制出外部世界的感知图像，然后做出反应的。因为外部世界本身并不能完完全全被大脑意识刻印出来，所以复制出来的图像只是外部世界的一种模型。这里，"简单观念"是1元钱，通过加法规则，在意识中复制出100元钱的感知。

我们再来看50%的概率获得200元的情形。这里存在两种场景：50%的可能性获得200元，另50%的可能性没有收入。显然，大脑是不可能将两种场景通过某种"简单观念"完全复制出来的，因为人类难以想象两种不同的场景是如何被同时体验或者感知到的。这就是人类思维中最基本的逻辑公理，即排中律：获得200元与没有收入这两种情形是难以想象同时发生的。这种不能想象出来的场景或者说感知体验就是康德所说的物自体！物自体是不能完全被人类认知的。

也就是说，此时的人类认知是不完全的。显然，50%的概率获得200元，50%的概率没有收入，先会被复制为100元。但是，这种存在不确定情形的100元收入与方案A中确定性的100元收入相比，会令人感到仍然存在某些不快，那就是风险。在标准经济学中，人们对风险的态度被划分为三种不同的情形：风险厌恶、风险中性和风险偏好。其中风险偏好被看成是赌徒的偏好。然而，标准经济学提出的所有被验证有意义的理论基本都是建立在风险厌恶基础上的。其实，另外两种情形在现实中基本是不存在的。我将在下面予以说明，赌徒行为并不需要用风险偏好来解释，就行为经济学本身或者说元理性就可以解释。也就是说，元理性是建立在进化论基础上的，而风险偏好甚至风险中性是被进化过程淘汰了的可能性。现实中只存在风险厌恶的人类，是自然选择的结果。因此，存在风险的100元收入，其价值评价显然低于确定性收入的100元钱。因此，大脑复制出来的方案B是小于100元钱的感知图像。

有了这样的分析，我们立刻就可以解释卡尼曼—特维尔斯基"前景理论"的发现：

在第一个实验中，人们显然会选择方案A，因为A带来100元确定性收入，而方案B的大脑复制是小于100元的收入。

在第二个实验中，人们显然会选择方案A，因为失去A方案中的小于100元的复制感知与失去100元确定性感知收入相比是较少的收入。

事实上，基于上述物自体的不完全复制考量，方案A的价值复制会进一步减小，从而进一步强化了我们的分析结果。

我们看到，这种基于元理性的解释力是相当强大的。令人困惑的"前景理论"在元理性中显得是理所当然的，而非什么"异象"！

进一步地，在卡尼曼—特维尔斯基的实验中，我们发现人们通常对已经拥有的东西的价值评价高于预期拥有的东西的价值评价。行为经济学中著名的咖啡杯实验也证明了这个结论。或者说，这个所谓的"禀赋效应"，说的是如果失去已经拥有的1元钱带给你的痛苦为2，则你预期会得到的年终奖的1元钱因老板食言没有发下来带给你的痛苦就是1。实验发现，已经拥有的东西失去带给人们的痛苦是没有获得预期的东西带来的痛苦的2倍。

显然，同样是1元钱，如果是已经拥有的、被感知到的，失去了，存在一个痛苦2。现在，预期获得的1元钱，是目前并不存在的感知，因此大脑需要去复制出预期的1元钱的感知。因为复制物自体是不完全的，假设复制出来的预期1元钱感知仅仅是2δ（$0<\delta<1$）。卡尼曼—特维尔斯基的实验发现，已经拥有的东西失去带给人们的痛苦是没有获得预期的东西带来的痛苦的2倍。这种结果一般是统计结果。如果假定不同实验对象存在不同的δ，并且是正态分布的，则均值就是E（δ）=0.5。这就是卡尼曼—特维尔斯基的发现：失去1元钱带来的痛苦是预期失去1元钱带来的痛苦（2E（δ）=1）的2倍。当然，假设是平均分布也有这样的结果。但是平均分布假设不合理，因为就大脑复制存在运行成本来说，很小与很大的概率都是很小的，正态分布是合理的假设。

因此，元理性显而易见地解读了卡尼曼—特维尔斯基"前景理论"，同时还对"禀赋效应"做出了解释。

6.4.2 用元理性解读行为经济学：双曲贴现

（1）双曲贴现现象

应用元理性可以对行为经济学的一系列发现进行解读。标准经济学面临的许许多多困难可以被行为经济学解决。但是，行为经济学的诸多定律也需要给予解释。也就是说，尽管行为经济学有来自心理学实验的支持，但是，没有理论解读的实验是没有价值的。元理性还可以解读行为经济学借以建立其分析框架的心理学实验。

现在，我们来解读行为经济学中的另外一个定律——双曲贴现。

如果有下面两个选择：

A：你现在立马获得100元；

B：你1个月之后获得110元。

二选一，你会选择哪一个呢？

许多行为经济学实验发现，大多数志愿者会选择A。也就是说，人们存在"现在"偏好，即使是10%的月利率，也难以让你忍耐1个月。但是，下面的第二个实验是这样的：

A：12个月后，你获得100元收入；

B：13个月后，你获得110元收入。

二选一，你会选择哪一个？

大多数志愿者会选择B！也就是说，在从现在开始的未来1个月，你的时间价值难以被10%的月利率抵消。但是，在12个月之后1个月的时间价值，就会被10%的月利率抵消。但是，问题是，如果过了12个月，那时候你又会改变主意。因为，那时候你又会选择A了。这就是说，人们没有时间贴现的动态一致性。这就是双曲贴现。

（2）元理性的解读

双曲贴现让经济学家感到迷惑。但是，在现实生活中，人类社会存在广泛的双曲贴现现象。譬如男人总是把戒烟推迟到明天，女人总是把减肥推迟到明天。

我现在就用元理性解读为什么会存在双曲贴现。

设某人的时间贴现因子为$\delta \in （0，1）$，在未来的两个时刻$T_1 < T_2$，他分别获得收入R_1，R_2，$R_1 < R_2$，满足$\delta^{T_2 < T_1} R_2 < R_1$；

如果在时刻T_1让他二选一：

A：在时刻T_1，他获得收入R_1；

B：在时刻T_2，他获得收入R_2。

他显然会选择A。但是，如果是在现在$T=0$，而不是未来时刻T_1，让他二选一：

A：在时刻T_1，他获得收入R_1；

B：在时刻T_2，他获得收入$R_2 > R_1$。

他会怎么选择呢？

按照元理性，未来事物在现在并没有被感知，大脑要进行复制。因为不能完全复制，复制未来预期的收入只能是部分复制的。我们将两个时刻的收入都乘一个"复制系数" $\eta \in (0, 1)$，同时，未来的时间间隔也是不确定的，也需要进行复制（按照哲学家柏格森的时间理论，时间仅仅是心理体验，未来时间还没有进行心理体验，现在只能进行复制），并且也是不完全复制。因此，未来两个时刻的收入分别被复制为 ηR_1，ηR_2。

如果将时刻 T_2 的收入复制后贴现到时刻 T_1（注意时间间隔也被复制了）：$\delta^{\eta (T_2-T_1)} \eta R_2$，因此，在 $\delta^{T_2-T_1} R_2 < R_1$ 条件下，$\delta^{\eta (T_2-T_1)} \eta R_2 > R_1$ 等价于

$$\eta < \frac{\ln \dfrac{R_2}{R_1}}{(T_1-T_2) \ln \delta} \ (0 < \delta < 1, \ R_1 < R_2)。$$

因为 $\delta^{T_2 < T_1} R_2 < R_1$ 等价于 $1 > \dfrac{\ln \dfrac{R_2}{R_1}}{(T_1-T_2) \ln \delta} \ (>0)$，只要 η 足够小，上面的不等式就成立。也就是说，只要复制系数足够小，就存在双曲贴现。

我们在这里提出的双曲贴现模型，不同于现有的行为经济学文献中的几种模型（陈贵，蔡太生，肖水源，2014；贺京同，那艺，2015），是元理性模型。

Rabin（叶德珠，王聪，李东辉，2010）在工作中，也采用了类似于复制系数的方法，但是，他没有对时间变量进行复制。尽管我们的方法与 Rabin 的模型都能解释双曲贴现现象，但是我们认为元理性对时间变量进行了不完全复制处理，是更加符合人类直觉的。因为，我们想象遥远的未来的相邻两个时期的时间间隔，会短于近期同样时间间隔的两个相邻时期的时间间隔（这种直觉类似于我们站在一个城市附近的高山上眺望城市时，近处两栋建筑之间的间隔会大于远处两栋建筑之间的间隔的那种感觉）。这是人类普遍的感知。因此，对时间变量进行不完全复制，不仅有来自元理性的依据，而且存在直觉背景。

6.4.3　沉没成本，关注小概率事件——元理性的解读

（1）沉没成本并没有沉没

沉没成本是主流经济学中十分著名的概念。也就是说，过去已经发生了的成本，对现在的决策来说，是没有影响的。譬如，你现在需要决定是否与你追求了多年的女友结婚。你只需要考虑与她结婚是否合适，而无须顾及过去多年来你为她的付出。因为，那些过去的付出是沉没成本。譬如，你过去在她身上

花了很多钱，为她买衣服、首饰，带她出国旅游，去高档饭馆吃饭。但是，你现在感觉她并不是你理想的太太，是否就告诉她，我们分手吧！

在主流经济学中，答案是立即分手。但是，在现实中，你很可能非常犹豫！因为，你在她身上花了那么多精力和金钱，怎么能够说分手就分手呢！

行为经济学认为，沉没成本并没有沉没，它仍然会对你的当前决策产生影响。

在哈佛大学的一次 MBA 学生聚会中，每一个参与者都被要求预交价格不菲的会员费。所以，在聚会时，即使从来不喝酒的学员，也要大饮几杯名酒，弄得一个个头昏脑涨，甚至一些学生还呕吐不已。

显然，这种现象是主流经济学的沉没成本不能够解释的。不仅是不能够解释的，还是与沉没成本概念相矛盾的。当然，行为经济学就能够解释。行为经济学认为过去发生的成本与目前的决策存在一定的联系。但是，行为经济学没有说明为什么存在联系。这个问题，就只有留给元理性来说明了。

根据元理性，意识只对被感知到的事物进行确认，并且在此基础上进行决策。只有被感知到的事实，才是决策的基础。

在意识中，过去的成本投入，是为了获得某个特定的收获。譬如，你过去花了不菲的成本去追求女友，是存有目的的。其目的就是要女友成为你的太太。至于现在你又觉得女友作为太太并不合适了，这是一个想象中的东西，并不是被感知到的事实。也就是说，你还没有与她结婚，与女友结婚这个事情并没有发生，没有被感知，怎么就说明她作为你的太太是不合适的呢！当然，你可以凭借一系列尽管并不是结婚但是是相处中的感知来推理出这个结论：她不适合成为你的太太。但是，这仅仅是推理，是想象中的，并不是被感知的事实。因为，你们还没有结婚。结婚这个事实都不存在，没有被你感知，怎么就说女友不适合成为你的太太呢？不适合，只是你想象中的而已，不是被感知到的事实。

所以，你的行为会是，尽管恋爱多年感觉对方有一些不尽如人意的地方，鉴于过去你付出了很多，就将就吧——还是要与她结婚的。

当然，婚后如果的确感觉不合适，你也可能会后悔甚至离婚。这时已经可以感知到结婚，并感知到结婚不合适，然后离婚就不会顾及之前的付出了。

元理性的解读是：之前与女友谈恋爱时，未来的婚姻生活是预期的，因此在男方大脑中复制的未来图景是不完全的。在恋爱过程中，男方花费的成本在一点点积累，从而逐步感知成本的发生，但是未来的婚姻生活仍然处于预期的复制图景中。即使恋爱过程中男方渐渐感知到女友存在越来越多的不尽如人意的地方，甚至复制的未来婚姻幸福感开始小于追求成本了，男方也知道由于复制图景是不完全的，有可能结婚后真实感知到的婚姻幸福感仍然大于成本，结婚仍然是值得的，所以，男方不会中途放弃。

当然，当结婚后感知的幸福感仍然小于成本，结婚后再离婚也是一个可以选择的策略。这就是我们看到的许多"闪离"发生的原因，即使恋爱多年的情侣，一旦结婚后不如意也会"闪离"。

所以，元理性很容易解释为什么沉没成本并没有沉没，沉没成本对当前的决策仍然会产生影响。这是因为，只有之前投入成本的预期收获目标被感知之后，这种投入产出过程才完成。由此，仅仅是在投入成本完成而产出过程没有完成的时候，投入产出过程是不能够被人为分割开的。两者之间存在关联和影响。

（2）小概率事件偏好

与这个问题有关的一个著名例子是，人们既要买彩票又要买保险。标准经济学家说，买彩票是风险偏好的，而买保险是风险厌恶的。同一个人，怎么既是风险偏好的，又是风险厌恶的呢？这与主流经济学关于个人存在稳定的偏好假设是相矛盾的。而这个假设，是整个主流经济学的基础假定。如果这个基础假设都不牢靠，那么整个主流经济学大厦就如建立在沙土之上一般。

行为经济学认为，人们对彩票这种小概率赢得巨额收入的事件具有偏好，同时，对汽车被盗、房屋失火等蒙受巨大损失的小概率事件具有厌恶倾向，所以会花钱买保险。

其实，元理性可以解释这些现象。如果是一张彩票，中奖概率是一百万分之一，中奖奖金是100万元，则预期的（平均）收益是1元钱。如果一张彩票的价格就是1元钱，则预期的净收益为0。

在元理性中，对于不确定性的收入发生事件，大脑需要进行复制。因为大脑只能感知确定性刺激。支出1元钱购买一张彩票，是当前发生的、可以感知的事实，但是，是否中奖具有不确定性。预期收益是1元钱，但是存在不确定的风险。前面我们说明了不存在风险中性和风险偏好的人类，将在下面给出理由。预期收益乘以小于1的复制系数，结果就小于1。也就是说，投入大于收益，人们是不会购买这张彩票的。

因为彩票中奖的收益数额巨大——100万元，这给意识巨大的刺激，在意识中被清晰存储。但是，中奖的概率十分小，一百万分之一。所以，两者的乘积就是一个小小的收益——等于1。这是理性计算的结果。

但是，人类的心理计算模式是10万年前在东非大草原700万年的进化中形成的。在那700万年的采摘捕猎进化过程中，人类的心理计算模式形成了。这种心理计算模式按照元理性假设，是按照经济原则工作的。鉴于人类心智的经济原则，1万年前的人类计算数字的能力大概可以从目前的一些原始部落那里看到。一些原始部落，基本上只有1、2、3这几个有限的数字，超过3就是"许多"。也就是说，人类进化出来的心理计算模式，是人类的心理本能，大概就是1、2、3这样几个有限的数字。在最近的1万年，人类，无论是身体还是心智，都不存在任何的进化。因为，对进化来说，1万年太短了。这些观点是进化心理学中众所周知的。当然，人类现在高超的计算能力，并不是来自本能，而是来自理性。本能与理性计算的区别是什么呢？是计算的心智成本。本能计算不存在成本，是直觉。而理性计算并不是直觉的，需要花费心智成本。譬如，小到1、2、3之间的计算，基本上不动脑筋就可以脱口而出，但是对于几百万数字的计算，是需要费脑子的。

一个人购买了彩票，他可以知道中奖的奖金是100万元，因为这个数字是被明确公布了的，可以被感知。但是，中奖率是一百万分之一，这个数字是不能够被感知的，因为有多少人购买了同样的彩票，你是不能感知的。别人可以告诉你，彩票公司也可以告诉你，彩票发行了100万张。但是，从别人那里获取的信息仅供参考。因为，你没有眼见为实地感知到100万人与你购买了相同的彩票。也就是说，这里存在一种不对称：奖金是100万元，这是可以被感知的，是看得见、摸得着的。但是，是否有100万个投资者在与你竞争奖金，你是不能够感知的。不能够感知的事情，就存在不确定性。这种不能够感知的不确定性，当然就不能够赋予准确的发生概率。在人类目前与1万年前的原始人具有相同计算本能的心理计算模式中，本能计算（非理性计算）是不可能得出复杂数字赋予事件概率的。按照心智工作的经济原则，心智只能区分事情是发生还是未发生，这就是计算机专家用0、1这种二进制的原因。

对数学家来说，他们知道，二进制、十进制，或者说六进制，无论什么样的进制，都是等价的。但是，为什么计算机要用二进制呢？因为，二进制在人类心智工作中是最节省存储空间的。

（3）感知或没有感知，意味着概率只能是0.5

人类的感知本能，只能够感知什么是被感知到的、什么是没有被感知到的这两种情形。心智或意识，是不能够感知"一百万分之一概率发生"的存在。

对感知来说，事物是存在的（被感知），或不存在的（不被感知），不能说一个事物有某个概率被感知或者说没有被感知。

所以，统计学用概率加权事件，对感知来说是荒谬的。你把左脚放入零下50 ℃的冰水中，右脚放入100 ℃的开水中，统计学告诉你，你的平均感知温度是25 ℃，春天般的温暖！但是，实际上你是受不了的。所以，统计学对实实在在的人类感知来说很多时候是荒谬的。

但是，人类感知的两种结果：感知与无感知，却是可以想象的。对于不确定性的概率，意识的本能概率赋值只能是0.5。

也就是说，买彩票的人的本能计算给中奖概率赋值0.5，显然高估了小概率事件。于是，预期收益是50万元，即使乘以复制系数，譬如再乘以0.5（恰如之前提到的正态分布复制系数），也是25万元，远远大于投资成本1元钱。当然，现实中的投资者不可能如此高估中奖概率。但是，这种本能计算潜在地影响着投资者。投资者的一部分理性与这种非理性的本能计算模式相互作用，最终决定了投资者的行为。对许多购买彩票的普通老百姓来说，因为投资彩票的数额并不大，而理性计算存在心智成本，所以往往以凭直觉的本能计算为主。这样就高估了本来是小概率事件的中奖概率，购买彩票就成为常态。

同样，这还可以说明高估灾难发生的概率，加上灾难损失的巨大数额，高估预期损失也导致购买保险成为常态。

在现实世界中，赌徒行为被标准经济学视为风险偏好行为。事实上，我可以用元理性解释赌徒的冒险行为，因为他们高估了赢的概率，正如上述分析说明的那样。也就是说，现实世界中并没有风险偏好的人，自然选择选择出来的是风险厌恶的人。表面上看起来是风险偏好的赌徒，其实不过是人类大脑意识中既有的元理性高估了赢的概率而已。即在人们的大脑意识中，小概率事件其实并不是小概率事件。

6.4.4　心理账户

（1）心理账户的概念与例子

心理账户是行为经济学非常独特的发现。当你觉得花100元买一张电影票去看电影是值得的，但是不值得花200元去看那个电影，说明预期的看电影的边际效用大于付出100元的代价，但是小于付出200元的代价。但是，如果正当你打算出发去电影院时，你发现电影票丢了。你不会再花100元买一张电影票去看电影吧，否则就是花200元代价去看预期效用小于200元代价的电影了。然而，如果并不是丢了电影票，而是丢了100元现金，你仍然会去看电影的。同样是丢了100元，不同的丢法却决定了不同的行为选择。这说明在人们心目中是将看电影的花费与其他花费放在不同的账户中计算的，这就是行为经济学中的心理账户概念。

（2）元理性解读

心理账户很容易用元理性加以解释。不仅如此，我们可以认为心理账户正是元理性关于大脑是按照经济方式运行假设的证据。事实上，正如企业财务收支是分为不同的账户计算的一样，心理账户存在的原因是微观经济学理论中著名的最大化过程：消费者效用最大化或者厂商利润最大化！

在消费者效用最大化均衡条件中，消费者在购买不同商品之间进行权衡，力图在花费的最后一个单位支出上，无论购买哪一种商品都带来相同的边际效用。这是效用最大化的必要条件。类似地，厂商支出的最后1元钱无论用于购买哪种投入要素，带来的边际产出都是相等的。这是利润最大化的必要条件。以上就是微观经济学中著名的等边际法则。

心理账户将不同活动的开支视为不同的投入，而心理上通过大脑建立起不同开支活动与不同的边际效用收益之间的因果关系（按照休谟哲学，因果关系纯粹是大脑意识为了方便记忆不同记忆元素之间的搜索联系而人为建立起来的，这种方便其实也是经济效率的需要，即元理性的推论）。这些不同开支活动与其通过因果关系建立起来的对应，就是效用函数中不同投入（购买）与其边际效用之间的对应。

也就是说，通过建立分门别类的心理账户，大脑决策最后1元钱在不同的开支上带来边际相等的效用收益。

因此，心理账户成为元理性基本假设的一个有力证据：大脑的确是按照经济效率原则运行的！

6.4.5 过度自信

在金融市场上，许多投资者倾向于自认为掌握了股市运行的规律，于是按照自己认为会成功的方式进行投资，结果往往导致投资失败。这就是过度自信。按照休谟哲学，因果关系纯粹是大脑意识为了便于大脑中存储的信息之间建立联系，方便根据某个记忆信息去寻找另外的相关信息，而建立起来的一种机制。因果关系并不是离开大脑意识而存在的实在。然而，元理性的基本假设就是，大脑倾向于在繁杂浩瀚的记忆信息中建立起明晰的"规律"，规律就是某种因果关系。规律的建立就是为了便于大脑存储的信息之间形成勾连，而这种勾连是为了便于大脑搜寻信息。这就是大脑活动符合经济效率原则的结果。因此，大脑意识倾向于在输入的外部世界信息之间建立起某种规律，而这种规律的建立来自归纳法。如果某种事件接连发生，就意味着大脑倾向于认为它还会发生。我们看见太阳每天都从东方升起，就认为太阳明天也会从东方升起。这种归纳法就是统计学中的贝叶斯推断。大脑按照贝叶斯推断进行预测，是源于人类进化。自然选择选择了贝叶斯推断。我曾经提出正是自然选择选择出的大脑贝叶斯推断，才使需求曲线是向下倾斜的（蒲勇健，2014）。

由于大脑的规律偏好（这种偏好来自大脑倾向于节省信息搜寻成本），人们总是倾向于选择有利于支持规律形成的证据，而对相反的证据视而不见。并且，人们会按照自认为是规律的方式行事，譬如投资决策。这就是过度自信的形成原因。

6.4.6　锚定效应

（1）概念与例子

行为经济学中有一个基本概念——锚定效应，它是指人们在对某人某事做出判断时，非常容易受到第一印象或第一信息支配。这些印象或信息就像锚一样把人们的思想固定在某处，成为人们进一步思考和判断的参照点。该效应是一种常见的认知偏差。一般情况下，我们将锚定值简称为参照点。

锚定效应于1974年由诺贝尔经济学奖得主丹尼尔·卡尼曼提出，是指当人们需要对某个事件做定量估测时，会将某些特定数值作为起始值，起始值像锚一样制约着估测值。

通常来讲，人们在做决策时，思维往往会被获取的第一信息左右，就像沉入海底的锚一样，把你的思维固定在某处。我们在购物时经常会发现这些现象：某商品建议零售价为9元，实际却仅售7元；商家经常划掉原标价，然后再写一个优惠价；实体小商铺喜欢定一个高价等我们还价。每年的"520"大促、"618"狂欢节、"双十一"大促，满屏的跨店满减、购物津贴，看似优惠满满，实际在平时我们就能以所谓的"打折"价购买这些商品。可为了凑优惠，我们却花了比以往多出几倍的金额！

（2）元理性解释

由于效用是序数的，人们在做决策的时候，把效用某个参照点作为基准，而感知到的参照点才是那个被认可的参照点，因此存在锚定效应。由于大脑存储信息的空间有限性约束，新输入的感知信息会替代过去输入的信息，这是有限的大脑信息存储空间经济地利用大脑信息存储空间的有效方式，所以，锚定的参照是近期的感知。

第 7 章　元理性与艺术哲学

7.1　从哲学视角体验风景画艺术

（1）风景画源自工业革命

去画廊欣赏作品，俗话说外行看热闹、内行看门道，这是说内行人看看绘画技法等，而外行人只能感受视觉刺激。其实，真正的内行人并不是看绘画技法什么的，而是体会作品的哲学意蕴。当然，达到这种境界的观众鲜有！风景画，源自 18 世纪欧洲工业革命产生的城市化，过去世世代代住在乡村的人们开始进入城市工作居住。乡村的生态由此好转！但是，随着城市出现污染、交通拥挤等"城市病"，节假日城市人口又重新返回乡村休闲，发现了乡村的宁静和美丽，于是就出现了乡村旅游。正是这种需要，艺术家开始把画笔从人物转向美丽乡村！在欧洲早期的油画中，包括文艺复兴时期的西画，风景只是衬托人物的背景，并没有专门画风景的油画作品。看看达·芬奇那幅著名的《蒙娜丽莎》，美女身后的风景只是背景而已。文艺复兴时期，哲学上人作为宇宙中最重要的存在，被艺术家看作最重要的对象描绘，风景只是围绕中心人物的环境背景。但是，在 18 世纪，风景画成为专门的美术领域。这与18 世纪的哲学思想有关。康德，作为人类有史以来最伟大的哲学家之一，调和了之前的大陆演绎论与英伦经验论，建构了把物自体即外部世界划分为感知的理性世界和感觉到的非理性世界。笛卡尔的"我思故我在",奠定了意识作为一切存在审视坐标的地位。康德把意识的审视对象(包括意识本身)定义为物自体。物自体发出的各种各样刺激信号,被人类感觉器官接收,包括视觉、听觉、触觉、味觉等!意识在接收物自体发出的刺激信号时,并不是一股脑儿照单全收,因为大脑储存空间是有限的,大脑搜索记忆信息也需要消耗能量。由此,意识是先通过对输入刺激信号进行编辑,形成节省大脑储存空间和记忆信息搜索能量消耗最小化的特殊方式。编辑物自体刺激的软件就是康德所谓的先天综合判断,即因果关系、时间空间、前后左右上下、包含与被包含等架构。这些东西被称为哲学范畴,是意识感知物自体刺激的背景框架,是意识建立知识体系的脚手架!在康德的基础上,我又增加了一些哲学范畴,如透视法、有型、加法规则!结合前面的介绍已经知道,通过这种添加,我可以导出有理数、泰勒级数、傅里叶级数,可以解读量子力学的哲学背景、相对论的哲学基础……

图7.1 蒙娜丽莎,油画 作者:达·芬奇

(2)欣赏风景画的哲学意蕴

现在,我们来看看风景画。因为外部世界(物自体)区分为意识感知到的理性世界和不能感知的(包括不能感觉到的)非理性世界两部分,所以,存在

一个问题，哪个世界更重要呢？所谓重要，是指对人类社会生活的影响而言的！在文艺复兴时期，理性是人类精神的主导思想，法国的百科全书派，如狄德罗等人，鼓吹理性是人类社会和自然界的灵魂！所以，文艺复兴时期的油画就是以人为本的，人物处于作品的中心位置，风景是陪衬！那时候没有风景画！但是，到了18、19世纪，工业化和城市化带来的人类社会问题，如贫富差距、环境破坏、为了争夺市场和自然资源带来的战争、社会道德沦丧等，使艺术家对人类社会的前途感到困惑！同时，现代社会是以科技进步为根本精神引导的。现代社会，无论是无限制的经济增长、战争，还是犯罪，都与科技有着千丝万缕的联系。艺术家们认为，作为现代科技哲学基础的理性，并没有让人感到幸福和宁静。相反，科技进步带来的是破坏性创新产生的失业、大规模杀伤性武器的扩散、非人性化的竞争等等！特别是叔本华的生命意志哲学，认为物自体中的非理性世界主导人类行为、主导人类文明走向！画家们开始重新审视文艺复兴时期以人为本的理性主义，而把注意力转向外部世界的非理性部分！显然，外部世界的非理性部分应该去大自然中去寻找！风景画，让人感受到了自然界的丰富多彩，那些湖光山色、森林绿野、山谷溪流等是理性与非理性神秘交融的地方！举个例子，长期的天气预报是不可能的，因为，洛伦兹发现长期的大气动力学是混沌，而混沌是不可预测的！事实上，大气动力学的数学方程是确定性的，但是方程解却是随机性的。确定性随机就是混沌的定义！之所以在确定性数学方程中出现随机性，数学家搞不懂是怎么回事！其实，元理性或意识创造哲学很容易理解！因为数学不过是从1开始，通过加法规则复制感知世界的模型。这种复制是不完备的，受到人类感知或者说感觉器官尺度的限制。也就是说，总是存在不能复制的外部世界刺激！混沌，就是其中之一！怎么样，很容易理解吧！另外，量子力学中的测不准原理也是人类尺度局限导致的复制不完备！这个问题，我在以后还会专门讨论。我们看到，在基于理性的现代科学、空气动力学中，居然出现了理性不能复制的混沌现象！随机就意味着不能准确预测，或者说不能复制出某些外部世界刺激。在自然界，天上的卷积云、水中的湍流、海螺壳外形、宏观经济波动，都是因为存在混沌现象。所以，大自然展示给我们的不仅是可以通过科学复制理解预测的科学定律，还有不能复制预测的非理性部分。因此，我们说大自然是两个世界——理性世界和非理性世界的交融！通过风景画，艺术家在充满理解和秩序的理性世界外，找到了一个非理性世界！于是艺术家可以通过物自体中的野蛮非理性的东西，去理解人类社会的野蛮和没有人性的根源，同时也对大自然的暴烈，如火山爆发、海啸、地震等自然灾害有所理解！通过风景画，包括艺术家在内的人类，对人在宇宙中的位置有了更加适当的把控，人类因为风景画变得更加成熟和随遇而安，也由此更加有了天人合一的心态。

7.2 元理性与西方美术

西画的历史，就是哲学展开的历史。美术是视觉器官感知的有型复制。史前的原始人在洞穴中开始描绘各种各样的动物，他们用的有型是线条，线条可以复制感知到的外部世界刺激。在原始人那里，开始具备初步的前后、左右、上下、大小、包含关系等先天综合判断的哲学范畴。

在文艺复兴时期，佛罗伦萨的天才们开始以线条以外的块面及三原色为有型，复制色彩缤纷的大千世界。他们发现的透视规律，是一个革命性的哲学范畴拓展。透视，仅仅在人类感知过程中才存在。透视效果的震撼力，说明了感知的主观性！远小近大，其实并不是客观的，是纯粹主观的感受！远观埃菲尔铁塔，比你的手指头还小！其实客观现实并非如此！通过红黄蓝，艺术家可以复制出所有的其他颜色！在素描中，通过点的加法复制出线条，通过线条的加法叠加复制出块面，这种复制过程是在有型基础上应用加法规则和其他诸如前后、左右、上下、包含关系等哲学范畴完成的。令人惊讶的是，原始人在洞穴中已经将时间、空间这样的哲学范畴用上了，牛奔跑的时间感觉出来了，现代艺术中的未来派也不过如此。所以毕加索说，人类在艺术上1万年都没有进步。文艺复兴时期的艺术家完善了复制现实世界的工作，西画可以惟妙惟肖地复制我们感知的外部世界！18世纪，人类发明了照相机，艺术家们沮丧了，怎么画也比不上照相机逼真，并且照相机能瞬间复制外部世界，这让艺术家们崩溃！于是，印象派开始了现代艺术历程！印象派不在乎复制外部世界的形状，而是力图复制色彩，因为18世纪的照相机是黑白的，没有色彩。20世纪发明了彩色胶卷，照相机也有了色彩。艺术家们又崩溃了。于是，抽象艺术出现了。俄罗斯的康定斯基认为，抽象的纯粹线条和色彩，没有任何现实形体背景，也是审美对象。也就是说，抽象画放弃任何有型，直接自己制造感觉刺激。从哲学角度看，抽象画其实是离开通过哲学范畴编辑的理性世界，直接进入物自体的非理性世界！超现实主义画家达利也放弃了哲学范畴的时空关系、因果关系、前后左右上下这些约束，直接展示物自体本身！康定斯基与达利的不同点是，前者放弃感知的有型，直接制造感觉刺激，而达利还是用了感知有型，但是放弃了哲学范畴！所以，康定斯基抽象画通过感觉刺激（感觉不是感知，感知是通过哲学范畴编辑整理了的感觉）情感，而达利是通过放弃哲学范畴但是用了感知有型，所以达利的画中还有人、马、钟表等。康定斯基的抽象画里只有凌乱无序的线条和色彩，这些线条和色彩之间没有任何逻辑关系，也就是说没有任何哲学范畴！直接是刺激！这下，艺术家终于逃过了照相机的紧逼！现在，人工智能也能够画抽象画了，艺术家该怎么办？To be or not to be! This is a problem!（生存还是毁灭？这是一个问题！）哈姆雷特之问，是艺术家的永恒主题！现代艺术，有一些无意识绘画！艺术家喝醉酒，拿起画笔胡乱画，或者处于催眠状态绘画。画家在完全没有意识的状态下绘画，这样绘制作品，机器人不行吧！人工智能是通过计算进行工作的，计算是典型的理性行为！非理性，哈哈，机器人傻了，不会！你可以把机器人搞疯狂！但是，其结果是停机啊！科学和艺术，一个位于理性世界，一个去了物自体的非理性世界。它们共同反映人类意识对外部世界的感受！所以，一个完整的人，应该是科学和艺术都有所涉猎，否则人活一世，半个世界不知道，浪费生命！在毕加索时代，爱因斯坦的广义相对论颠覆了人类长期熟悉的欧几里得空间感知，说明空

图7.2　梦，油画　作者：毕加索

间有型存在除欧几里得空间之外的选择。所以，毕加索创造了立体主义。在毕加索的作品中，几何块面不同于人类意识熟悉的欧几里得几何，怪模怪样的。但是，你发现，在毕加索的作品《梦》中画的是他的小情人，尽管是非欧几何，但还是非常美丽的！

7.3 从元理性的角度看中国画

文艺复兴时期的意大利画家发现了透视规律，之前的尼德兰人发明了油画，西画由此变得可以逼真地复制现实世界。但是，中国画传统基本没有透视。有人说中国画是散点透视，或者说是多个消失点。其实，所谓散点透视是违背直观的。那么，为什么中国画没有运用科学的透视法呢？难道是中国人天生不会透视法吗？透视，是感知外部世界的框架，属于哲学范畴，或者说是先天综合判断。哲学范畴是人类意识中固有的感知外部世界的坐标系，应该说是人类意识固有的。无论是东方人还是西方人，感觉器官没有什么不同，应该拥有同样的先天综合判断。西画的透视法传入中国后，中国人也会透视法了，说明中国人的大脑意识中具有透视法的哲学范畴。那么，为什么中国画不用透视法呢？这个问题的关键并不是东方人与西方人在感觉器官上有什么不同，而是有其他原因。那么，是什么原因使中国画不用透视法呢？这个问题该在东西方的文化中去寻找答案！西画是写实主义，尽量画得逼真，把现实中的人和风景进行惟妙惟肖的描绘，发生在文艺复兴时期。也就是说，文艺复兴时期西方文明开始把现实的人类生活、人本身作为最值得欣赏的重要存在去感知。大写的人，在文艺复兴时期已经冲破中世纪基督教的约束，人性得到弘扬，这是文艺复兴时期西方文明的特征。复制一个可爱、幸福的现实世界，是意识中萌生的冲动和期望。所以，文艺复兴时期的西画追求的是惟妙惟肖地复制现实世界，因为现实生活是值得品味的。在古代东方的专制社会，文人墨客通常具有宏大的社会和个人理想，但是皇权专制的压抑，使文人墨客的理想没有实现的机会。受到压抑的文人墨客，对现实生活感到绝望了！在他们的意识里，现实世界是丑恶凶险的。你想，这样感知到的外部世界值得去复制吗？于是，对于逼真复制外部世界失去兴趣的中国文人墨客，就直接进入物自体中的非理性世界，试图在那里寻求解脱！中国画无视透视和其他写实技巧，而在经过哲学范畴框定过的理性世界之外的物自体的非理性世界中寻求世外桃源，反映了古代专制社会中的中国士大夫在艺术上的解脱方法，应该说这比在西方19世纪工业化带来的人性异化情况下出现的现代艺术早很多年。当然，中国古代的文人墨客逃避的是专制社会、专制文化，西方现代抽象画、超现实主义作品逃避的是现代文明的物质压抑和科学主义专制！中国画深远的哲学意蕴，是中国文化早熟的特征之一。2013年，我陪同2012年诺贝尔经济学奖得主埃尔文·罗斯访问中国。我送给他一幅中国水墨画（图7.3），并且给他解释了中国画的哲学意境。他深以为然！

图7.3　我于2013年在斯坦福大学教授、诺贝尔经济学奖得主埃尔文·罗斯访问中国时将一幅中国水墨画赠送给他（左二为埃尔文·罗斯，右一为本书作者，左一为香港大学赵耀华教授，右二是我的太太何涛）

也就是说，由于中国古代的文人墨客在现实世界没有感到理想与幸福的获得，所以对通过有型复制感知世界缺乏兴趣，反而下意识地反对理性的感知世界，试图在非理性的物自体部分去寻找出路！按照国际上大多数美术史专家的意见，最具价值的中国画是文人画。古代中国画的循世主义与文艺复兴时期的西画形成对比。一个是绝望的现世生活，一个是充满希望的现世生活。艺术，真实且深刻地告诉你不同的人类历史。

如前文所说，艺术反映了一个时代艺术家对外部世界刺激的反应。这种反应存在两个极端。一个是意识感知到生活的美好，因此感知到一个美好的外部世界刺激，他们会用幸福的有型去复制感知世界。反之，一些人感知到痛苦、绝望的外部世界，他们就会用丑恶、痛苦、绝望的有型去复制外部世界。所以，从一个时代的艺术作品中，我们可以了解那个时代人们的生活。18世纪荷兰画家约翰尼斯·维米尔有一幅油画《厨娘》，那里面幸福感十足的丰仪厨娘，反映了工业化时期荷兰人民的幸福生活。

图7.4　厨娘，油画 作者：约翰尼斯·维米尔

因为，有型是意识感知的东西，不同人群的生活状况不一样，意识感知到的外部世界也不一样。苏联早期，由于计划经济的巨大成功，赢得第二次世界大战时卫国战争的伟大胜利，工业化突飞猛进，苏联人民感知到幸福生活，于是，在苏联掀起了一阵现实主义艺术浪潮！那些鲜活的苏联普通人民形象，让人想起500年前西欧文艺复兴时期的艺术。因此，艺术品也是记录人类历史的证据。通过观察过去时代的艺术作品，我们仿佛可以感受到那个时代人们的心情，借此可以判断历史记载的真伪！也正是如此，苏联晚期经济困难，日薄西山，当局为了粉饰太平，不惜官方资助一些粉饰太平的作品。

7.4　为什么画家喜欢画老房子

（1）心灵的住所

为什么画家喜欢画破败的老房子、老巷子？有几位朋友访问我的蒲公英工作室（我也是画家，有自己的艺术工作室），我提出这个问题请他们回答。一个朋友是这样回答的：因为老房子具有历史价值！是的！历史是文化！但是，这个答案并不是哲学答案！在哲学上，答案是什么呢？当目睹一座老房子时，你会明显感觉到它的老旧破败！那么，这有什么值得我们去欣赏呢？你到重庆著名古镇磁器口，呈现在你眼前的古旧房子一定是几十年前留下来的。这几十年的风风雨雨让它破旧不堪（当然是指磁器口古镇升级改造之前）！图7.5是我在2018年的写生油画作品。我于2018年应邀在磁器口举办了家庭画展（我们一家人都喜欢绘画），磁器口古镇管理委员会收藏了这幅作品。

那么，用康德哲学术语来说，你能感知到时间的流逝吗？不能，因为在康德哲学那里，时间并不是一种存在，或者说时间并不存在。时间只是一个先天综合判断或哲学范畴，是编辑外部世界刺激的一种"软件"而已。所以，你感知到的并不是时间，说感知到时间流逝是错觉！"子在川上曰，逝者如斯夫！不舍昼夜。"其实是孔夫子的错觉！既没有什么时间，也没有什么逝者！即使现代物理学，也告诉我们没有什么东西会消失！存在的永远都会存在！那么，是什么让房子呈现出老旧破败的样子呢？如果不是时间的话，那么应该这样回答，我之前已经指出，康德哲学把外部世界分为意识感知到的理性世界和不能感知的非理性世界。一座房子，在那里居然会变得老旧破败，但又不是时间的作用（撇开康德哲学时间不存在的理论，即使存在时间，在逻辑上也不能说明为什么时间会使房子变得老旧破败！因为感知时间是通过感觉到事物的变化，而感觉事物的变化是因为感觉到时间，这是逻辑上的自我循环），这就是哲学范畴不能解释的刺激！哲学范畴不能解释的刺激属于物自体中的非理性世界！我们大多数人大多数时候都生活在理性世界里，譬如有条理的工作节奏、生活方式、思维逻辑！但是，理性世界并不能让我们感觉到幸福满意！我们有许多挫败感，生活中存在许多不公平、不合理的现象！生活甚至人生都是很荒谬的，以至于加缪说，哲学问题就是：你为什么还活着或你为什么不自杀？显然，这些问题不能在理性世界中找到答案！既然还有一个非理性世界，那么就去那里寻找答案吧！因此，尽管意识只能感知到理性世界，但是对于感觉非理性世界也是充满好奇心的！观赏一座老房子，从它的老旧破败景象，你体验到神秘的非理性力量的存在。或许，在那些非理性力量中，你的心灵可以获得拯救和解脱！因为，意识和心灵本身就是物自体，按照黑格尔哲学，意识是宇宙中唯一且最重要的物自体，所以，仅仅是理性世界，是不能给予横跨物自体两个世界的心灵以慰藉的！人们在严谨、有条理、有秩序的理性世界工作之余，节假日会去大自然中旅游观光，看看世界各地的神奇景观，猎奇，喝酒高歌，像尼采欣赏的那种古希腊酒神那样嗨起来，就感觉理性世界带给你的疲惫和压力得到了释放与疏解！在非理性世界，我们的意识和心灵仍然可以获得浸润的营养！现在许多地方正在拆迁古建筑，使人类心灵的住所也被拆掉！尽管复建了仿古建筑，但是人造仿古建筑是人类理性的作品，并不是物自体中非理性世界的存在！我们感到现代社会尽管物质生活充裕，但是人们的心灵失落了！因为，我们心灵的住所正在被拆掉！

图7.5　重庆磁器口老街，油画　作者：蒲勇健

因此，老街即使垮塌也不应该修建，因为垮塌本身是物自体非理性世界力量的展示，一旦修建，即使是修旧如旧，也是理性世界力量的介入，失去了哲学价值！你看看，罗马斗兽场跨了一千年没有修旧如旧，反而更有价值。你看看，现在有许多人去欣赏垮塌的旧长城，感觉比人工修建的八达岭长城更有味道，就是这个意思 。20 世纪 80 年代有一部老电影《超人》，说超人被坏人控制去把比萨斜塔扶正了，导致意大利旅游产业崩溃，意大利人诅咒超人，就是这个道理。

（2）统一场论与时间变量

我一直说时间不存在。这也是康德名著《纯粹理性批判》的基本出发点。读者可能不明白，时间明明白白存在啊。每时每刻都在流逝的时间，让孔夫子都感到郁闷，难道我们的感觉是错的吗？呵呵，感觉有时候就是错的！在哥白尼日心说出来之前，我们都感觉地球是不动的！在伽利略相对性原理出来之前，我们都以为可以感觉到自己坐在船上不用看其他地方也知道船是开动的还是不动的！你可能说，我们感觉到每个人都在慢慢变老，这是时间存在的证据吧！哈哈！10 多年前，有一则报道，一个英国物理学家，召集全世界研究统一场论的物理学家去英国一个乡村（英国物理学家的老家）开会。统一场论是什么？那可是现代科学最尖端的领域！爱因斯坦在二十几岁就提出了狭义相对论和广义相对论，然后就不干其他事情了，一心扑在统一场论研究上，直到去世都没有完成，成为他人生乃至科学界的一大遗憾！所谓统一场论，就是打算把我们知道的四种力（电磁力、万有引力、导致放射性的弱相互作用力、导致带正电荷的质子相互之间的排斥力被抵消掉然后被束缚在原子核里面的强相互作用力）统一成一种力的理论，也就是所谓的大统一理论、万物理论、自然科学的终结！有了这个理论，宇宙中任何现象都可以用一个模型加以解读（复制宇宙）！呵呵，秦始皇统一中国，爱因斯坦要统一宇宙，哪个更厉害！这个理论，不仅耗费了爱因斯坦的余生，而且到现在也是物理学家难以登上的高峰！20 世纪 60 年代，格拉肖、温柏格与萨拉姆解决了弱相互作用力与电磁力的统一，只剩下三种力需要统一了。1979 年，他们获得了诺贝尔物理学奖。

（3）从形式逻辑推出决定论

到现在为止，统一场论研究没有进一步的发展。10多年前报道的那个英国物理学家发现大统一理论的问题出在量子力学与广义相对论难以统一，这两个东西是矛盾的。但是，如果在方程式中消除时间变量，或者说不存在时间，那么统一就可以实现了。因此，他提出，时间也许是错觉！根本不存在时间！他在英国乡村物理学会议上向来自全世界的科学家说，你们看看，那些乡村教堂，我小时候看见的样子，就是现在的样子，没有变化。小时候我爷爷告诉我，他小时候看见的样子，就是那样子！我爷爷告诉我，我爷爷的爷爷告诉我爷爷，我爷爷的爷爷小时候看见的样子，就是这个样子！也就是说，教堂没有变化，时间不存在！其实，如果存在时间，在逻辑上会带来灾难！什么灾难呢？就是，人活着没意思！因为，所谓时间，就是事物在变化，并且，事物变化不以人的意志为转移！也就是说，未来宇宙的一切都是前定的，你我现在做的任何事情都是白干！未来宇宙中任何事物该怎么样就怎么样，与你现在的努力没有任何关系。你未来是富翁还是乞丐，一切都是前定的，如果你未来是乞丐，那么现在怎么努力都避免不了！也就是说，时间存在会导致宿命论！人生一切都是天定的！富贵在天！这样的话，活在今天吧，读什么大学，考什么试，上什么班！显然，我们不喜欢宿命论。那么，怎么才能逃离宿命论呢？我们来看看这个逻辑分析。现在，我给出一个陈述：太阳在10亿年后会熄灭！你看看这句话是真的还是假的！你不知道吧！因为，这是10亿年后才知道的事情！但是，你知道形式逻辑吧！在形式逻辑里，任何一个有意义的（不是废话的）陈述，都存在一个真值。也就是说，它要么是正确的，要么是错误的，二者必居其一。太阳在10亿年后会熄灭！这句话有意义，不是废话。所以，这句话要么是正确的，要么是错误的，二者必居其一。当然，我们现在，包括10亿年前的任何时候，都不知道结果是哪一个！但是，你不知道结果是哪一个，与陈述本身的真值是哪一个是两码事！因为陈述的真值其实现在就是确定的，也就是说，太阳在10亿年后到底会不会熄灭，这件事是现在就是确定的，只不过我们不知道结果是哪一个而已！其实，宇宙未来，不用10亿年后，1秒钟后宇宙中的任何事情，都是一个陈述表达的。譬如，1秒钟后你是否会中彩票，也是现在就确定的，无论你怎么求菩萨都没有用！宇宙的未来是现在就确定的，你未来的一切与你现在的所作所为没有关系！呵呵，这个逻辑实在是太荒谬了！是的，非常荒谬！但是，在柏格森之前，没有人能够反驳它！因为，它来自严格的逻辑！而逻辑，是人类思维最后的防线，不能够退缩了，否则，人类理性全无！呵呵，柏格森看出了漏洞！柏格森是一个文科生，我们来看看这个文科生的思维！

（4）文科生破解时间谜题

理科生都知道牛顿力学怎么预测物体运动。在牛顿第二运动定律里，作用力使物体产生加速度，给定初始位置和速度，物体未来在任何时间的位置和速度都可以决定。也就是说，在牛顿力学定律导出的积分曲线里，物体的未来完全由牛顿方程式的时间变量决定。所以拉普拉斯说，给我现在宇宙中所有物体的初始位置和速度，就可以完全预知未来！好了，文科生柏格森问道：既然牛顿方程式中的时间变量完全决定了未来，那么，什么决定时间呢？其实，这个问题在牛顿提出他的力学理论时就有人提出了。当时牛顿是这样回答的：绝对的时间是自然流逝的，这就是牛顿的绝对时间观！也就是说，牛顿绝对时间是一个独立存在的东西，且均匀地流逝。爱因斯坦相对论反驳了牛顿，因为相对论导出的时间流逝并不是绝对均匀流逝的。但是，物理学要求所有变量都是可以测量的。那么，时间既然是一种独立存在，怎么测量呢？显然，你想当然的答案是时钟测量，分针转一圈，就是 1 小时，这就是时间。地球绕太阳转一圈，就是 1 年。冥王星绕太阳转一圈，是 248 年。因为手表指针转一圈、地球绕太阳转一圈、冥王星绕太阳转一圈，都是物体的变化，即我们感知到物体的变化或事物的变化，才感觉到时间的存在！时间，就是感知到的变化，而感知是主观的，所以时间是主观的。那么，文科生再问：事物为什么存在变化呢？根据牛顿方程式，物体变化是因为时间的变化。因为，牛顿方程式中时间变量决定了物体的变化。也就是说，因为存在时间，所以事物有变化，因为事物有变化，所以感知到时间。这是同义反复啊！目前，最精确的时间测量是铯原子振动的测量。铯原子在时间中振动，因为铯原子在振动，所以存在时间！呵呵，文科生指出，时间观念不过是事物变化的同义词。问题是，为什么事物会变化，这是一个不能后推的命题！事物存在变化（古希腊的芝诺，以及他老师认为事物没有变化，变化是错觉，斯宾诺莎也认为变化不会发生），如果是这样的，也只能是物自体中的非理性世界，理性不可能解答为什么事物存在变化（在黑格尔那里，辩证法假设事物是变化的，提出事物是变化的第一位哲学家是古希腊的赫拉克里特）。文科生柏格森指出，时间并不存在。未来的一切完全由事物的具体变化路径决定，而这种路径又完全由我们当下的努力决定！所以，亲爱的读者们，我们的明天完全由我们的今天决定！从来就没有什么救世主，全靠我们自己努力！我们今天的行动决定了未来，但是我们今天的行动取决于我们今天的意识。是意识决定未来吗？柏格森找出了牛顿机械决定论的漏洞，从时间不存在出发，灭掉了宿命论（机械决定论的发展结局就是宿命论），使人类对未来充满希冀，激励当下努力，多么正能量啊！哲学家柏格森因此获得了诺贝尔奖！诺贝尔奖中没有哲学项目，呵呵，给他文学奖，诺贝尔文学奖！呵呵，哲学家可以获得诺贝尔文学奖！罗素也是诺贝尔文学奖得主！

这样，当我们在欣赏画家画的破旧建筑作品时，表面上似乎是在感受时间的流逝，其实下意识也感受到了神秘的物自体的朦胧存在！因为时间不存在，是物自体以神秘莫测的方式带给了我们那种沧桑感！

7.5 毕加索艺术作品欣赏的哲学解读

欣赏艺术作品所需要的哲学背景称为美学，是哲学的一个分支，在康德三大批判中，第三大批判即判断力批判，说的就是审美！我曾经在博弈论课程中提出了基于博弈论的审美理论。我现在要说的是，那个理论是我们地球人的审美理论，并不是宇宙中放之四海而皆准的理论！我现在基于自己提出的意识模块复制认识论哲学，来解读毕加索作品的欣赏背景。对于毕加索，想必大家都会联想到他的立体派作品，那些丑陋无比的人物、扭曲错位的狰狞面目！怎么理解毕加索呢？要理解毕加索，需要理解他创作的那个年代是爱因斯坦广义相对论发表的年代！广义相对论预言星光经过太阳会发生弯曲，因为爱丁顿观察日食而得到证实，广义相对论因此轰动全球！广义相对论模型认为宇宙空间因为质量存在而弯曲，宇宙空间并不是欧几里得平直空间！而

19世纪数学家黎曼提出的黎曼几何，认为各种各样的弯曲空间都是可能存在的。爱因斯坦想为他的广义相对论寻找数学工具，于是去请教他的同学格罗斯曼，格罗斯曼给他推荐了黎曼几何。欧几里得几何只是一般性黎曼几何的一种特例。为什么人类之前会以欧几里得几何作为宇宙空间的描述呢？因为，地球人被自己身体尺度大小局限，意识同一化的简单模块是欧几里得几何形状，而宇宙弯曲出现在巨大的宇宙尺度大小上，过去的人类活动未涉及，所以人类意识用平直几何模块复制叠加整个宇宙就出现了偏差！如果另外一种智慧生物的简单模块不同于我们的几何，那么他们复制的规律也不同于我们地球人。毕加索受到广义相对论和由此引发的黎曼几何热的影响，试图画出其他可能是智慧生物的意识制造，或者说它们不同于地球人的先天综合判断或哲学范畴。有意思的是，毕加索的作品《梦》画的是他的一个小情人，这个金发美女，似乎从地球人的角度看也很美丽，说明在毕加索那里，美有超越宇宙、超越灵界的共识，这是毕加索美学思想的表达。

7.6　元理性解读美术是什么

　　我们来应用前面提出的哲学思想破解两幅油画的秘密！第一幅是印象派大师马奈的《草地上的午餐》（图7.6），这幅画不仅有裸体美女与绅士待在一起的视觉刺激，还有透视错误！你看看，前面三人背后远处有一位摘花的少女，摘花少女与前面三人的距离被人为拉近了，不是正确的透

图7.6　草地上的午餐，油画 作者：
爱德华·马奈

视关系。这幅画的作者是印象派大师马奈，他不可能不懂透视法！显然，马奈是故意破坏透视的。也就是说，作者是有意不遵守透视法的！那么，马奈大师在这里是要干什么呢？

　　在解读这幅画之前，我们先来看看另外一幅画。这是另外一个印象派大

师高更于1888年创作的作品《布道后的幻想》，这幅油画又称为《雅各与天使搏斗》（图7.7），是《圣经·创世纪》中的故事。

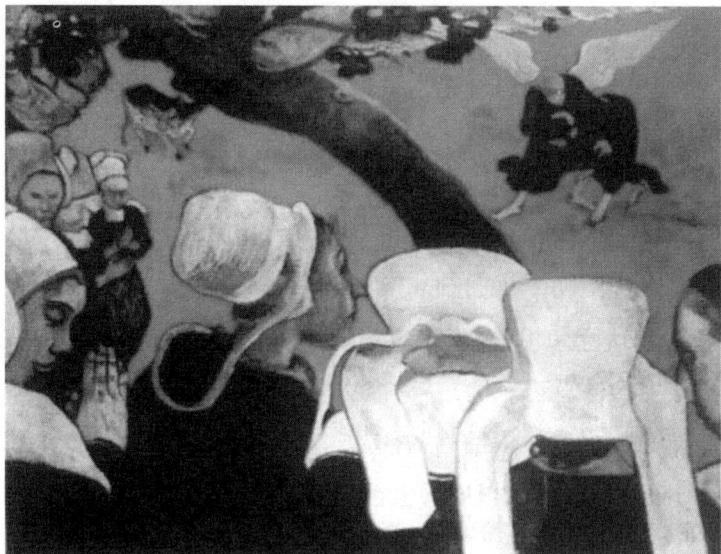

图7.7 雅各与天使搏斗，油画 作者：高更

画中一群布列塔尼农妇在听完布道后，眼前出现了《圣经》中"雅各与天使搏斗"的幻象。实际上，高更是要借这种宗教传说与现实生活的结合，来表现他自己的幻想。高更以一根斜伸的树干将画面分为两部分。农妇们的形象被画在左下方：她们戴着白色宽帽，在黑色衣裙衬托下，显得尤为夺目。画家有意夸张了前、后景人物在透视关系上的大小比例，使前排人物占据大半幅画面，而与后景的形象形成强烈反差。画的右上角，则描绘的是农妇们所产生的幻觉：带翅膀的天使与雅各扭在一起，显得难分难解。画中所有形象都被大块的红色背景所衬托，既可代表田野，也可代表天空。画中强烈的色彩都是非自然主义的，完全由画家的主观感情决定。现在，我们感兴趣的是，高更为什么把绿色的草地画成红色呢？《艺术与物理学》一书是这样解释的：因为，如果你坐在一辆接近光速行驶的火车上，你看见火车侧面的远处风景都被拉近了，并且所有颜色，当然包括草地的绿色和天空的蓝色，都变为红色。前者是相对论的尺缩效应，后者是相对论的红移效应！这是爱因斯坦的

相对论效应在作怪！也就是说，马奈和高更早于爱因斯坦提出相对论前几十年就悟出了相对论！那本书的作者还由此煞有其事地断言，艺术家可以通过直觉悟出科学定律，因为，人类是通过两种渠道认识世界的，一是科学，二是意识直觉！呵呵，我认为这个说法过于勉强，不靠谱！现在，瞧瞧元理性理论是怎么解读马奈和高更的作品的！两个印象派大师画这两幅画都是在相对论提出之前多年，即这两幅画与相对论没有任何关系！艺术家并不能通过直觉悟出科学定律。因为，科学定律是建立在哲学范畴框定了的感知世界之上的，是形而下的。艺术家才没有那么低档去悟出形而下的东西！相反，艺术家通常追求的是形而上的东西，形而上、高大上就是哲学！透视法，也是一种哲学范畴，是意识整理外部世界刺激的一种架构或眼镜！当你戴上有色眼镜观察外部世界时，外部世界在你眼中就被框定了，你看见的并不是外部世界本身！所以，艺术家讨厌这些有色眼镜！他们尝试扔掉有色眼镜看世界。马奈、高更，抛弃透视法，直接感受物自体本身！他们画了这两幅伟大但是谜一样的作品，留给后人去理解。

按照元理性或意识创造哲学，人类理性来自感知世界通过先天综合判断编辑整理后的感觉组合。艺术家追寻感知世界背后的非理性物自体，因此抛弃透视和草地是绿色等感知，回到其他的物自体可能性。所以，草地可以不是绿色的，透视也可以不是教科书上说的那样。

7.7 元理性解读音乐是什么

我们来看看音乐是什么！康德哲学把外部世界区分为经过哲学范畴编辑过的感知世界，即所谓的理性世界，以及余下的非理性世界或彼岸！黑格尔提出，物自体其实是意识本身，宇宙中没有什么东西比意识更重要、更加可以被感觉到的存在（这是笛卡尔的"我思故我在"）！意识中总是存在正题与反题的矛盾冲突，结果是形成合题。意识在合题中得到矛盾冲突的正解！但是合题本身也存在自己的反题，于是又来一轮矛盾冲突，又来一次合题，更高层次的合题出现，这种过程循环往复，直到最高最后的合题，所谓的绝对精神！在绝对精神中，所有的矛盾冲突达成平衡，进化终止。叔本华认为黑格尔曲解了康德，大骂黑格尔是骗子！他认为，物自体中的非理性部分是生命意志。生命中的权力欲望、繁殖欲望、占领欲望等，一切的欲望都是物自体的非理性世界。并且，叔本华认为，非理性世界比理性世界强大得多，是生命意志主导着人类文明的演化。人们以为人类文明的推动力是理性，其实并不是。譬如，资本家追逐利润的无穷欲望、政客追逐权力的欲望，都是非理性的生命意志主导的。后来，弗洛伊德受到叔本华哲学的启发，提出了基于性欲这种生命意志推动人类文明的理论。叔本华指出，非理性的生命意志最终是人类无休止战争的根源！野蛮的生命意志，来自物自体中的非理性世界，导致文明世界居然也发生了两次世界大战，导致核武器战争、环境破坏！其实，即使来自物自体中理性世界的现代科学，也被生命意志把控，把现代科学成果应用于杀人武器的研制，形成破坏自然平衡的生产力，甚至力图改变自然界。今天的转基因农产品、人工智能等，就是新的例子！因此，叔本华指出，生命意志的非理性和野蛮，最终导致人类自身的痛苦和毁灭！他开出的药方是，摆脱一切欲望，放弃物质欲望追求，在艺术生活中宁静地过一辈子！这才是幸福的定义！显然，叔本华走到释迦牟尼那里去了。叔本华被认为是西方哲学与东方哲学交流的第一人。他年轻时读过《奥义书》，桌子上放置着佛像。他的确认可释迦牟尼的哲学。因此，叔本华身边围着一大圈艺术家，许多著名艺术家都是他的好朋友！在各种艺术里，叔本华偏爱音乐。因为，绘画还是用世俗的有型，如人物、颜色、风景等与欲望藕断丝连的东西，而音乐却是摆脱了感官刺激的纯粹艺术！所以，他的朋友圈里的艺术家中，音乐家最多，而且音乐家也特别崇拜他！但是，其实，叔本华可能是个性使然。因为，绘画是视觉刺激，音乐不过是听觉冲击，是平等的外部世界刺激，是不分伯仲的。音乐的节奏感，就是哲学范畴中的周期有型而已！音乐是通过简单的音符加上节奏这种有型去复制感知世界的。毕达哥拉斯把音符还原成有理数，而我们知道，有理数是数字1通过加法规则形成的复制模型。所以，数字1这个有型、加法规则、周期性，三者合成了音乐这种复制外部世界的模型——听觉模型，成为人类通过听觉游弋外部世界的指南！

第 8 章　元理性的其他应用

8.1　正当防卫法律定义困难的哲学解释

　　为什么在中国法律里正当防卫定义是如此狭窄，以至于现实中几乎无法满足条件，所以几乎在中国一些被普罗大众直觉认为是天经地义的正当防卫案件结果被法律判决为防卫过度？而在美国，如辱母案件和昆山事件都会被判决为正当防卫！中美之间的法律差别背后存在着哲学原因。一场冲突，一个人攻击另外一个人，被攻击者打死了先攻击他的人！这首先是一个事实！用哲学语言说，这是一个外部世界的刺激。因为人类感知到许多攻击无辜的事件，所以这些被归纳为因果关系。洛克和培根认为，人类感知归纳出来的因果关系是成立的，加上洛克认为人有保护人权和私有财产的权利，所以，正当防卫成立。美国是按照洛克哲学思想建立起来的国家，《独立宣言》里面有很多洛克的经典名言，如人生而平等、人有追求幸福的权利等，这些都是照抄洛克著作的！所以凯恩斯说，政治家不过是某些三流经济学家的思想傀儡罢了！所以，建立在洛克哲学思想基础上的美国，正当防卫非常正当，并且每个人都可以申请持枪！防卫别人侵犯自己，包括防卫美国政府！所以，美国政府要是不为人民服务，小心我的子弹！中国法律可以用康德哲学来解释。事实上，只有杀死人是可以观测到的事实，是自在之物，至于冲突事件背后有没有谁先有杀死对方的动机，那是观测不到的，只是推测！大卫·休谟指出，人类的推测是不成立的！即使是千千万万杀人案件归纳出的因果关系其实也是意识制造的规律，是哲学范畴干出的假象。所以，以谁把谁杀死为事实，判决有罪！不存在什么正当防卫！在哲学层面上，根本就不存在正当防卫的东西，杀人偿命，回到《汉谟拉比法典》去了！当然，这些都是理论，国家政策存在法律基础。

当然，按照黑格尔哲学，一切个人必须服从社会绝对精神，也就是说，个人自由以绝对精神马首是瞻！为了社会稳定、政府少麻烦，就以杀人偿命简单法则处理！在黑格尔那里，绝对精神就是国家意志。

8.2 亚当·斯密、叔本华与马克思在哲学上的交集

（1）马克思的供给侧结构性改革

本来，亚当·斯密是经济学家，是西方经济学的创始人，怎么把他扯入哲学圈子呢？呵呵，斯密本来就是哲学家，是苏格兰文艺复兴时期著名哲学家哈奇森的学生。亚当·斯密创作了著名的哲学著作《道德情操论》。因为他读了朋友休谟的著作《人性论》，该书改变了他对于老师哈奇森认为人性善的理论的信仰，加入人是自私自利动物的休谟假定，由此创作了《国民财富的性质和原因的研究》。叔本华的哲学理论，假设康德的物自体其实是印度哲学著作《奥义书》中的梵天，叔本华定义为一种叫作生命意志的怪物！因为生命意志属于物自体，所以是野蛮的、冲动的、充满无休止欲望的非理性存在。叔本华认为这种野蛮的、充满破坏力的原始欲望生命意志，绑架人类为满足生命意志的无休止欲望去火中取栗，是人类社会战争与商业欲望的本源，是人类痛苦的源头。在马克思那里，存在一种无休止扩张的人类动态，叫作生产力。人类社会中的制度构架乃至文化习俗都应该随着生产力水平的提高而调整，调整的目的是不断适应变化的生产力水平，否则这些制度和社会习俗都会被生产力抛弃。马克思把适应或者不适应生产力发展水平的制度构架和社会习俗称为生产关系。好了，我们来看看马克思的生产力、叔本华的生命意志，以及亚当·斯密的经济学，它们之间是否存在某种关联？首先，生产力也

好，生命意志也罢，都是离开人类本性之外的存在，用康德框架说，属于物自体。在叔本华那里，生命意志主宰人类、控制人类，但是它本身并不是人类本性，是人类本性之外的外在力量。在马克思那里，生产关系需要不断改变以适应生产力的发展水平，而生产关系是人类社会制度构架和社会习俗的总和，当然更加靠近人类本性。马克思认为，当生产力发展水平与生产关系不匹配时，人类本性就会扭曲。其实，在马克思那里，更加明确的是这样一种观点：分工导致人类本性的异化，扭曲了本来应该是全面发展的人性。也就是说，当前流行的跨界，其实是马克思向往的全面发展人性的目标！但是，分工是生产力发展需要的基础条件，在亚当·斯密那里也很明确！生产力发展要求生产关系适应其发展水平，要求社会分工，但是这样也异化了人性，因为人类的全面发展被分工所遏制！由此，我们说，马克思的生产力发展，也有点类似于叔本华的生命意志那种物自体，是左右人性的野蛮存在。马克思指出，资本主义生产的基本模式：资本—生产—资本。这种循环中的第二步：从生产到资本是"惊险的一跳"！为什么惊险呢？因为，产品需要符合市场需求，否则卖不出去，循环就会被截断！这就是关键！亚当·斯密指出，市场是配置资源的有效方式，通过市场机制，即市场供求关系调整，生产与需求匹配，可以解决供求平衡问题。在亚当·斯密那里，市场是引导生产资源配置方向的路标。显然，市场需求来自人性满足的需要。所以，在亚当·斯密那里，人性控制着生产力或叔本华的野蛮生命意志发泄的方向和能量。这样就可以调和人类与野蛮生命意志之间的关系。但是，在马克思那里，问题没有这么简单。生产力这种野蛮力量，或者说叔本华的生命意志，是不可阻挡的冲动，仅仅靠市场需求是难以协调人类本性与生产力发展的，还需要协调生产关系，而生产关系是指人们在生产资料所有制基础上形成的，并在社会生产过程中发生的生产、分配、交换、消费等关系的总和。也就是说，如果说亚当·斯密仅仅从市场角度说事，则马克思已经有了供给侧结构性改革的思维。

（2）不同的药方

在叔本华那里，生命意志是不可驯服的野蛮冲动，人类只有想办法逃避而不能驾驭！在马克思那里，事情要复杂一些。一方面，在生产力水平还不是很高的情况下，生产关系适应生产力发展水平的要求，迫使人类本性被扭曲，分工导致人类异化。但是，未来生产力高度发展后，譬如，人工智能的应用，人类就可以从分工中脱离出来，成为跨界全面发展的人！在亚当·斯密那里，一直存在乐观的心态，因为人性造就的市场需求驾驭着生产，配置资源，不和谐只是偶然的、暂时的。凯恩斯说亚当·斯密的理论需要修正，因为暂时的、短期的不和谐也很重要，因为如果是长期的话，人类都死了！凯恩斯提供了政府干预经济，包括市场需求和市场两方面的政策设计，促使匹配！可以说，凯恩斯开出的药方是立竿见影的实操短期策略，马克思开出的药方是制度变化的长期策略（革命），叔本华没有凯恩斯、马克思那样的改造世界的雄心壮志，他开出的药方是逃避现实，去艺术世界陶冶心灵。而亚当·斯密呢，他相信市场经济的力量是万能药！在萨特的存在主义那里，存在先于本质，人类本性是不存在的，一切都取决于人自己的选择！所以，生产力发展其实是人类选择的结果，当然人类需要为自己的选择负责。生产力发展导致的人类社会不平衡需要人类自己调整社会制度与习俗去协调，这就是马克思的生产关系适应生产力的观点。因此，萨特声称自己是马克思主义者！

第 9 章　旅游哲学

为什么人们要去旅游？有人说，世界那么大，我要去看看！这是前几年一位老师的辞职信中一段话，现在居然成了旅游宣传语。那么，为什么要看看世界呢？康德把外部世界区分为感知世界和感觉世界。前者是经过哲学范畴过滤了的物自体刺激，被意识感知。譬如，外部世界的光线、声波，这些物自体刺激你的感觉器官，经过时空、前后左右上下、五彩缤纷的颜色、几何形状，以及光照热量刺激你的肌肤，空气中的芳香刺激你的嗅觉，让你感受鸟语花香的、温暖如春的美景！你的先天综合判断，为你打造一个理性的、可理解的世界。这就是感知到的理性世界。后者是物自体除感知世界之外的非理性世界，是可以感觉、感受但不可感知的世界。譬如，《圣经》说，圣母玛利亚未婚怀上了耶稣小宝贝，是违背常理的。所谓常理，就是理性，而理性是人类意识中的哲学范畴架构出来的，并不是外部世界本质性的东西。所以，如果耶稣是上帝的儿子，是神，就不受人类理性约束。也就是说，玛利亚未婚有了孩子这件事，并不是发生在理性世界的事件，不受理性常理约束！因此，玛利亚未婚有了耶稣小宝贝，在感知世界里是荒谬的！但是，在非理性的感觉世界，物自体的另一部分，这是完全可能的！所以，中世纪的德尔图良说，正是荒谬，我才相信！我们大家，平时的生活基本都是置身于理性世界之中的。单位里的规矩、社会伦理道德约束、工作中的科技规律约束，乃至政府的思想引导，都是浸润在哲学范畴框定了的理性世界、感知世界之中的！其实，外部世界的另一部分，物自体的另外一个领域，野蛮无理但是神秘充满野性和魅力的世界，却引起了我们的好奇心！

当我们在理性世界中遭遇不顺，甚至苦难的时候，我们也会去那个非理性世界寻求慰藉！古代的人们，在老天不下雨时，会祭天！春秋时代，有一个国君问孔子，他的国家很久没有下雨，老百姓快饿死了，他要孔子出点主意。孔子就叫他去拜鬼神！我们这个理性世界存在许多不如人意的地方，所以出现了许多寺庙，善男信女如过江之鲫！旅游，就是对理性世界的繁文缛节烦透了的人们，去大自然、历史文物中寻找另外一个非理性世界体验的活动！我在这里给旅游下了一个哲学定义。所以，磁器口的老石板路、埃及金字塔、梁思成林徽因喜欢的中国古建筑，充满了非理性世界的东西！千年石板路，记载着我们感觉不到的历史；金字塔，是现代科学出现之前的完美工程；中国古建筑，采用了与现代文明不一样的技术思维。这些东西都是物自体中属于理性世界之外的。我们还对现代文明（理性世界）之前的东西感兴趣，所以有大量描写史前文明的书籍出版。好奇心总是让我们试图超越严酷的现实理性世界，去想象另外的更加浪漫的世界！于是，人类创造了美术、文学、音乐、舞蹈等虚拟现实的领域，叫作文化！

然而，目前存在严重违背旅游哲学的败家子行为，有些地方把古镇古迹拆掉，再人造一个古镇古迹！这些东西，因为是人造物，没有一丁点儿非理性世界的物自体。也就是说，把原本属于非理性世界的物自体毁掉，再造一个理性世界的物自体，这种狸猫换太子的把戏彻底毁灭了旅游吸引物，毁灭了旅游的哲学因素！重庆偏岩古镇把300年前的明代老石板路换成现代人造新石板路，导致游人减少，当地茶楼饭馆生意凋零，老板们含血喷天、怨声载道！纯粹人造物的重庆长寿古镇，尽管做工精湛，但是近年来门可罗雀，房子卖不出去了！幸运的是，梁思成当年疾呼留下了北京城墙。最近一些年，大拆大建，毁掉了多少物自体，让我们被束缚在这个严酷的理性世界，越来越没有神奇的非理性物自体，没有人类心灵的慰藉。

第10章 宇宙的统一是"一"，多样化是"多"

10.1 古典哲学与近现代哲学的一个分野

元理性是建立在认知哲学基础上的。到了这里，我们的哲学讨论终于到达破题的地方了。也就是说，宇宙的统一是"一"，而宇宙的多样化是"多"。我们之前对哲学史的回顾表明，古往今来的哲学家基本上纠结于这样一个问题：宇宙到底是我们看到的那样繁复多样的、变动不居的"多"，还是本真亘古不变、统一的"一"，我们感知的多样化并不是宇宙的本真而只是表象。大多数古典哲学家基本上都有一种固定思维：我们感知到的宇宙表象并不是宇宙的本真。这种思维最早可以追溯到前苏格拉底哲学家那里，譬如泰勒斯。巴门尼德及他的学生芝诺，就是把宇宙是"一"作为他们学派的主要思想。柏拉图的理念世界，似乎并不在宇宙的"多"与"一"之间兜圈子，但是他把世俗世界看成是理念世界的投射，并且是扭曲性的投射，这种说法显然也接近宇宙是"一"的观点。即使是唯物主义哲学祖师的原子论哲学，也用一些基本的不可细分的"原子"的碰撞组合去解释看起来是"多"的世界。其实，在他们那里，原子就是"一"。

这种普遍性将观察到的世界视为不可信的直觉，而深信表象背后存在着看不见的恒定统一的存在，是古典哲学的统一特征。无论不同哲学家之间在具体的"一"到底是什么这个问题上存在什么样的不同争论，这种特征助推了古典哲学家倾向于建构本体论的形而上学哲学体系。而正是这种倾向性，使古典哲学与宗教信仰之间存在着说不清道不明的关系。

到了近现代，一些哲学家终于跳出了这种在表象背后去寻找"一"的坑，而是直接认定表象本身的实在性，其代表性人物是胡塞尔，他提出了"现象学"。现象学主张表象本身就是宇宙本真，而我们只有在抛弃所有的主观意识之后，原汁原味地去感知表象，才可能体验到宇宙的本真状态。胡塞尔似乎又回到了康德之前，并且与宗教体验走得比较近。胡塞尔的哲学有一种奇怪的特征：一方面，它把表象视为本真，这与古典哲学不同；另一方面，他主张抛弃主观意识去审视表象，又有一种主观意识掺杂着的观察是真正的表象，而抛弃了主观意识去审视的表象是纯粹的表象，进一步是本真，是"一"的意思。当然，最后一步推理并不成立。因为，抛弃了主观意识去审视的表象，不一定是"一"，也可以是"多"。在这个问题上存在的不确定性，是胡塞尔区别于古典哲学家的地方。

后现代主义，纯粹是解构主义，其潜在意味就是宇宙是"多"而不是"一"。

10.2   奥卡姆的唯名论

哲学从古典哲学崇尚"一"走到后现代解构主义的"多"，其实是因为人类个性解放的趋势潮流。古典哲学的"一"，往往被集权专制政治利用。即使是柏拉图哲学，也成为基督教教会的理论基础。后现代解构主义完全放弃了那种虚无缥缈地在表象后面寻找恒定不变的"一"的企图，以表象中的实在现象作为本真。这也是近代科学主义潮流的影响所致。

然而，后现代解构主义其实只是一种哲学主张，并没有真正改变人类思维中的"一"情结。

也许，人类思维中固有的寻求宇宙是"一"的倾向性是人类意识固有的，是不可改变的。这就是对真理或规律的追求。所谓真理或规律，就是企图用简单划一的、放之四海而皆准的准则去把控宇宙表象的努力。大多数古典哲学都是宏大叙事，哲学家试图构筑宇宙本真的实体，并且用某种方式去解释纷繁复杂的感觉表象。这种宏大叙事即使在古典时期也有人提出反对意见。譬如奥卡姆的威廉，他认为根本不存在共相，只存在一个一个的事物，如"人"这个概念。在亚里士多德逻辑学中，人是共相。亚里士多德逻辑学中著名的三段论例子——大前提：人都是要死的；小前提：苏格拉底是人；结论：苏格拉底要死。

在这里，大前提里有一个表达实在的概念：人。说"人"都是要死的，这句话要有意义，就意味着"人"是一种实体。但是奥卡姆反驳说，根本就没有"人"这种实体。我们只能感知到一个一个的人，苏格拉底这个人，亚里士多德这个人，奥卡姆这个人，但是我们不能感知到还有一个包括了苏格拉底、亚里士多德、奥卡姆在内的所有人的"人"的存在。他指出，所谓一般意义上抽象的"人"，只是一个概念、一种符号。我们用它来统领所有的个人，也就是说，人这个概念，仅仅是人类意识的创造，其实并不是一个存在。哲学史上把奥卡姆的这种思想称为"唯名论"。现代存在主义哲学的创始人克尔凯郭尔也有类似的思想，即个体才是真正的存在。

当然，后现代主义哲学在某种意义上就是这种个体主张的滥觞。

事实上，宇宙是"一"的哲学永远都只能是一种信仰，因为是不可能得到证实的。自哥白尼革命以降，即使是自然科学理论都经历了多次革命，一个个看似无懈可击的科学理论，被后来者颠覆且由新的理论取而代之。科学理论中的"规律"，还真是建立在一些公理基础上通过逻辑推演出来的，或者是通过归纳法归纳出来的。休谟已经证明了这些都是不可靠的。规律是不存在的。就如爱因斯坦在回答波普尔的提问时所说的，科学理论只是一些等待后人去推翻的假设。

也就是说，即使是现代科学，也没有支持宇宙是"一"的证据！

但是，尽管如此，人类仍在不停地寻找各种各样的"规律"，譬如科学研究活动。这是怎么回事呢？从奥卡姆这里开始，我们可以找到解开这个谜的钥匙。

10.3 宇宙原本是"多"，因为人类大脑活动的经济原则被意识创造为"一"

现在，我开始启动自己在哲学领域的创造。这个创造，其实并不是完全从零到一的。因为，即使在古典哲学家那里，我也可以溯源到一些先驱者的片言只语，他们已经有类似的想法。不过，我的贡献是基于今天对脑科学的认识而更加系统化和深入而已。我可以把思想溯源到古典哲学家那里的第一人就是奥卡姆。提起奥卡姆，也许最为人所知的是著名的"奥卡姆剃刀"：如无必要，勿增实体。

从柏拉图到亚里士多德，以及后世许多哲学家，他们建构的体系总是假定在表象背后有一个看不见摸不着的实体。其实，在奥卡姆看来，这种行为是画蛇添足的。如果有足够的理由说明问题，就没有必要去添加一些无额外价值的东西，这就是奥卡姆剃刀原理。用奥卡姆剃刀剔除多余无用的理论附加，是如今科学理论建构中的通用法则。

我们来看看，从奥卡姆剃刀原理中还可以引申出什么进一步的东西。

事实上，在我看来，奥卡姆剃刀原理打开了哲学思辨的一扇窗户，将哲学从晦暗地带引向广阔的天空！这就是人类知识建构其实是遵循经济原则的。

为什么理论需要奥卡姆剃刀剔除多余的东西呢？为什么哲学思辨需要简洁呢？这是因为，人类知识框架要求经济性。这种经济性是由于人类大脑存储信息和搜寻记忆信息都会产生能量消耗，并占据有限的信息存储空间。进化的结果就是要求这种信息存储和搜寻要满足最优的经济效率，即最大化节省存储空间和能量消耗。多余无用的东西，应该剔除，以减少大脑存储空间占用和信息搜寻的能量消耗。因为，知识是存储在大脑中的，知识是人类用于指导人类行动的智力资源，是行动中的人类在大脑中经常搜寻的。

在此，我们看到，从奥卡姆剃刀原理，我们很自然地就可以走向意识创造哲学或元理性！

那么，我们如何用意识创造哲学或元理性去说明宇宙是"多"还是"一"？

基于休谟哲学，我们只能肯定经验或感知的事物，至于这些经验表象背后有什么东西，那是永远也无法证实的，因为那是无法经验感知的。按照奥卡姆剃刀原理，这样对于经验表现背后的推定，是应该剔除的。

好了，我们来看看进一步能得到什么样的结论？

根据经验，我们感知到的宇宙是"多"，因为呈现在我们面前的宇宙中的万事万物是纷繁复杂、变化无常、丰富多彩的。宇宙显然是"多"。世界上没有完全一样的两片树叶。人不能踏进同一条河流。宇宙，就是"多"。但是，为什么人类（哲学家）总是倾向于把经验的"多"说成是"一"呢？为什么柏拉图要去构造一个看不见摸不着的理念世界、亚里士多德要去给万事万物附加一个"形式"（毕达哥拉斯也是如此）呢？甚至，前苏格拉底哲学家们也都不遗余力去构建宇宙的本真呢？这是因为，哲学家作为人类中特别纠结于认知宇宙的一群人，他们的大脑特别致力于最大化地存储知识信息，特别致力于最小化大脑存储空间占据和能量消耗，所以，大脑中存在一种倾向：构建某种"一"去勾连不同经验信息，有助于大脑运行中的信息搜寻！

也就是说，我们永远也不能证实宇宙是"一"，但是，在大脑中存在一种联系外部世界经验信息的单一机制，它就是哲学家误以为存在于宇宙本身之中的实体的东西。

换句话说，我这里要提出的是，古往今来，哲学家、思想家们臆测中的宇宙本真其实只是一种大脑意识创造出来的概念，它的功能是高效率勾连大脑中存在的不同经验信息，有助于提高大脑思维的效率。

下面，我将对这种理论给出论证。

10.4 因果关系是大脑节省信息搜索能量的记忆勾连

人类感知外部世界丰富的表象，大脑会存储这些表象元素，并在这些表象元素之间建立一定的关系，这就是知识。其中，因果关系是最重要的勾连关系。因果关系就是某些表象由另外的表象引起。这样，大脑就能把两种不同的表象勾连起来，通过某个表象，就可以推出另外一个表象。大脑通过把一系列表象元素勾连起来，形成一种因果关系链条，就可以顺藤摸瓜，从一个表象推出一系列其他的表象。这样，不同表象通过因果关系链条，就记忆在大脑中。这种记忆只需要存储最初的表象，也就是可以从它推出其他一系列表象的表象，以及存储这些表象自己的因果关系，就可以在需要复制因果关系链条中所有其他表象时，通过因果关系推出。这样，大脑就无须存储这个因果关系链条中所有的表象。因此，因果关系就记忆了因果关系链条中所有的表象，并且这种记忆无须存储因果关系链条中所有的表象。这就是经济原则！譬如，我们听见雄鸡一唱，就可以推出天下白（天亮了）。这是因果关系。而雄鸡唱是因为生物钟，生物钟是进化而来的。因为地球自转的规律性使雄鸡进化出了凌晨打鸣的生物钟，所以，地球自转是雄鸡打鸣生物钟的原因。这样就形成地球自转、生物钟、打鸣、天亮四层因果关系。最初的表象是地球自转，由它可以推出生物钟，由生物钟推出打鸣，由打鸣推出天亮。然而，地球自转是由于太阳系的结构，尽管太阳系可以存在很长时间，但是在宇宙尺度上，仍然是有限的时间。因为，宇宙本身的寿命是有限的。约137亿年以前大爆炸形成了我们这个宇宙。目前宇宙处于中年，宇宙还有约137亿年的活头。其实，不用等到137亿年以后，科学家认为，10多亿年后太阳系就会毁灭。因此，地球自转这种表象在10多亿年后就不存在了。所以，上述四层因果链条存在的时间是有限的。

　　休谟早已指出，因果关系并不是一种客观存在，而是人类心理上形成的方便记忆的机制，即节省大脑存储空间和大脑搜索记忆中的表象元素的高效率机制。因果关系只是意识创造的，而非外部世界本身具有的存在关系。因为，10多亿年后，从地球自转到天亮的上述四层因果关系链条就不存在了，因为最初的表象——地球自转不存在了，那时地球本身就不存在了。当然，你可以说在未来10多亿年后，这种因果关系是存在的，是客观存在。当然，就心理机制来说，是这样的。但是，逻辑上我们不能说地球自转导致生物钟，生物钟导致打鸣，更不能说雄鸡打鸣导致天亮。因此，因果关系是纯粹的意识创造，并非外部世界的客观存在。

　　亚里士多德把宇宙的万事万物按照因果关系回推，他认为万事万物之间的因果关系链条最初的表象是一个特殊的存在，就是上帝。当然，这只是他纯粹的想象。

考虑到宇宙尺度，我们看到，即使是上述四层因果关系链条，也只是在有限的时间里成立。当然，10多亿年对人类来说也是足够长的时间了，我们可以不考虑这种限制，生活中完全不必考虑这种极限。这就是人类时空尺度效应。也就是说，人类知识本身只存在于一个有限的时空尺度上，超出这个尺度，人类知识就没有意义了。

10.5　人类理性的局限性与平行世界

我们看到，人类知识或者说理性，不过是通过因果关系等哲学范畴（先天综合判断）对感觉经验或者说表象进行的编辑。在对人类感觉经验的编辑中，存在两种主要的整合方式：一是因果关系；二是结构关系。这种意识中对感觉经验的编辑整理就形成感知，就是理性知识。意识通过有型复制各种各样的感知元素来复制外部世界，形成意识中关于外部世界的模型，成为指导人类行动的指南。

显然，这种感知受到人类感觉器官生理功能有限性的约束。我们的眼睛存在有限的分辨率，并且我们的眼睛是不能感觉某些电磁波频谱（红外线、紫外线）的，我们的听觉甚至皮肤感觉功能、嗅觉功能都是有限的。我们的眼睛只能远望有限的距离，我们的身高或者说身体尺度限制着我们对空间的观察范围（所以，广义相对论证明宇宙空间是弯曲的黎曼空间，但是我们的直觉却是平直的欧几里得空间）。

人类感觉器官生理功能的有限性，必定限制了人类感知宇宙的尺度。当然，人类发明了科学仪器，如天文望远镜，甚至射电天文望远镜、电子显微镜，可以使人类突破生理感觉功能的有限性，使人类可以"看见"遥远的宇宙星系、"看见"微小的病毒细菌。似乎，科学仪器拓展了人类的感觉尺度。然而，天文望远镜也好，电子显微镜也罢，并没有"拓展"我们的感觉尺度。因为，我们在天文望远镜的镜头上看见一些光斑、在电子显微镜的镜头上看见一些黑点，是我们的理性让我们认为那些光斑是星系、那些黑点是病毒。我们并没有"看见"星系和病毒。也就是说，观察需要建立在特定的理性知识基础上才能形成观察判断，这是现代科学哲学的一个发现。然而，我们的理性知识本身受到人类尺度的限制，因此，这种把对超出人类尺度之外的观察（天文望远镜观察宇宙星系，电子显微镜观察病毒细菌），建立在之前用人类尺度基础上的有型复制产生的理性知识基础上的判断，就是用人类尺度的有型去复制人类尺度之外的物自体（外部世界），从而使这种对人类尺度之外的宇宙事物的认知存在局限性。

譬如，在超出人类尺度之外的微观物理世界，即电子、介子、夸克、超弦的基本粒子世界，我们的所有观察都不能用人类尺度的有限（模型）去复制这些基本粒子的行为机制，所以只有用量子力学去描述微观世界的物理。但是，量子力学是建立在统计基础上的认知。正如我之前谈到的，人类发现的自然规律其实只是统计意义上存在的概率。统计意义上，意味着只是在大量微观粒子行为的总体意义上形成的规律。对于单个的基本粒子，我们完全不能预言它们的行为。然而，一旦回归到"巨量"观察，就脱离了人类尺度之外的世界，回归到了人类的尺度世界。也就是说，人类对人类尺度之外的宇宙的认知，其实是用人类尺度基础上形成的认知方式去进行的。这种认知必然存在着局限性，以至于我们完全不能认知人类尺度之外的某些事物。譬如，宇宙尺度（超越了人类感知尺度）的爱因斯坦弯曲空间，是我们感知不了的。近年曾肆虐的新冠病毒，科学家一筹莫展。甚至，2003年猖獗一时的SARS冠状病毒，至今科学家也没有弄清楚其科学机理。事实上，包括所有的感冒病毒在内的病毒系列，人类完全没有弄清楚其科学机理。我们是通过免疫力对付感冒的。医生说，感冒了就多喝水、多排出病毒、多休息增强免疫力。感冒药只是消除症状，并不能杀灭病毒。

为什么在人类经历了几百年科技进步的今天，在我们能够制造核武器、能够登上月球的今天，连个小小的病毒都无可奈何呢？这是因为，病毒的尺度存在于人类直接观察尺度之外，超出了人类理性尺度。我们不可能用人类尺度的有型去复制病毒本身。

宇宙存在无穷无尽的不同尺度，人类只是在其中某个尺度存在着。在其他的尺度世界，是不同于我们尺度的世界。因此，这种尺度大小将宇宙切分为一系列不同的世界，我们只是处于其中的某个特定的尺度世界。我们没有任何理由可以基于一个特定的尺度去理解所有宇宙尺度世界的存在。在宏观尺度上，狭义相对论发现宇宙中物质运动速度最快的就是光速。

哈勃发现宇宙中的不同星系之间在相互分离，这种分离的运动速度与分离的空间距离成正比。这就是大爆炸宇宙或膨胀宇宙模型预言的现象。显然，按照这种逻辑可以推论，超出一定空间距离的两个星系之间相互分离的速度等于光速（不可能超过光速）。这样，两个星系之间永远都无法通信。也就是说，这样的两个星系之间完全是隔离的，各自发生的事情，对其他星系来说都是不能观测的。

在我们的宇宙之外还可能存在与我们所认知的宇宙类似的其他宇宙，物理学家称为"平行世界"。宇宙可能被光速上限切分为一系列不同的平行世界。每个平行世界都是独立发展的，各个平行世界之间不存在物质交流。

在尺度上，宇宙也被切分为不同的平行世界。病毒所在的微小尺度世界与我们存在的人类尺度世界是不同的平行世界。我们不能认知病毒，是因为我们身居另外一个不同于病毒尺度的平行世界。

10.6　费希特和黑格尔对康德哲学的误读与康德哲学的洞察力：以新冠病毒为证据

康德哲学的基本出发点是他的物自体概念。什么是物自体呢？物自体就是我们的感觉来源。我们的感觉器官接收到一些感觉片段，譬如眼睛看见的外部景象、耳朵听见的声音、嗅觉闻到的气味、舌头尝到的美味，以及皮肤触觉感觉到的外部冲击等。这些感觉片段存在一个来源，这个来源就是康德所说的物自体。然而，感觉并不是感知。感知是意识中的先天综合判断或者说一些诸如时空、因果关系等范畴整理编辑过的感觉片段。也就是说，在感知范围的感觉片段之间存在理性关系：谁是谁的原因，谁是谁的结果，这是因果关系；谁包含了谁，谁被包含在其中，这是包含与被包含关系；谁在什么地方，什么时候存在，这是时间空间关系。哲学范畴编辑整理过的感觉片段之间通过这些哲学范畴安排好的秩序，特别是通过因果关系链接起它们，构成一幅脉络清晰的经络图，就是我们对外部世界的感知。感知是理性感觉片段的集合，这是元素之间存在理性关联的集合，构成了我们对外部世界的理性复制图景。人类依靠这种图景或者关于外部世界的"模型"指引行动。

但是，哲学范畴整理过的关于外部世界的感觉片段构成的图景并不是外部世界本身的真实面目。因为，哲学范畴整理来源于外部世界的感觉片段，正如戴上有色眼镜看世界一样，它本身扭曲了外部世界发出的感觉片段。那么，未经哲学范畴整理过的外部世界是什么呢？它就是康德所说的物自体！

康德说，我们永远也不可能感知物自体本身。我们的感知来自经验，经验到的只能是哲学范畴整理过的感觉片段。物自体与我们之间永远都隔着一个理性屏障，这就是哲学范畴屏障。也就是说，我们的意识只是被束缚在感知或者理性世界中，这种局限范围之外的感觉片段（在哲学范畴整理过程中被抛弃的感觉片段）是不加考虑的。

费希特指出，康德的物自体概念存在逻辑矛盾。因为，他沿着休谟和洛克的经验主义哲学思路，指出存在必须是经验到的事物。既然康德认为物自体是不可能感知的，因此就是不可能经验的，那么，就没有理由说存在物自体！黑格尔沿着费希特的批评路子走下去，走到了唯心主义哲学的极致！他提出，我们可以经验我们自己的意识活动，因此如果说物自体存在，那么它一定就是意识本身。我们经验到的所有事物都是意识衍生出来的。

在这里，我认为费希特和黑格尔都把康德的物自体概念弄混了。在康德那里，物自体是可以感觉到的，但是不能够感知。物自体是哲学范畴整理感觉片段过程中抛弃到理性世界之外的感觉片段。在科学领域，有很多不能够用科学理论和科学方法解读的观察现象，它们通常被当作非理性的"反常"现象被科学家抛弃在理性世界（人类知识体系）之外。譬如，新冠病毒的存在是人类可以感觉到的，但是，我们不能用科学理论和科学方法去解读它。

你也许会说只是目前现有的科学理论不能够解读，未来科学一定能解读的。事实上，几乎所有的病毒，人类既往经历的所有病毒，迄今也没有被科学解读。感冒病毒，包含许多不同的病毒，人类迄今并没有科学解读，因此并没有研究出特效药杀死病毒。感冒了，基本上靠免疫力过关。过不了关的，当然就归西。我的医生朋友告诉我，他感冒了不会吃药，而是多喝水稀释病毒、排出病毒，多睡觉提高免疫力，吃药只能减轻症状，并不能杀死病毒。

我们的免疫力是如何杀灭病毒的呢？具体机制尚不清楚。我们知道免疫力这种机制，但是它与病毒之间的科学作用机制，人类知识体系（理性世界）并不能给出解读。因此，病毒，甚至免疫力，都是可以感觉但是不能感知的。

费希特和黑格尔都把感觉与感知混淆了。他们误读了康德哲学。

我在之前的讨论中已经指出，宇宙中不同的尺度世界不能通过某个特殊尺度世界的知识体系去把握。因此，微小尺度的病毒世界是我们人类感觉尺度的理解力难以把控的，我们这个尺度世界的有型不能复制微小尺度的病毒世界发出的感觉片段。

瘟疫，是人类难以摆脱的噩梦！在当今世界，人类科技水平如此发达的时代，之所以整个世界面对新冠病毒都一筹莫展，是因为我们这个尺度世界与另外一个尺度世界，这两大宇宙板块之间发生了"擦挂"！这种"擦挂"每隔一段时间总是会发生的，与人类社会的科技发达程度无关！

今天，面对新冠病毒，我们的知识体系不仅不能认识免疫力与病毒之间的具体作用机制，而且人类现有的免疫系统本身也不能识别新冠病毒。

物自体显然存在，是我们感觉到了它的存在。但是，我们不能感知它，我们的理性世界里还没有新冠病毒的位置。

为什么人类遭遇的所有病毒肆虐，都是它们自己消失了事，而不是人类通过科学解决的。因为，不同尺度的宇宙板块之间的摩擦过了，病毒就消失了。

第11章　弗洛伊德事件背后的哲学洞见

11.1　黑格尔辩证法的非视觉观感

几年前，在美国，由非洲裔美国人弗洛伊德被白人警察过度执法致死引发的街头暴乱似乎已渐渐平息下来。关于弗洛伊德事件的各种各样解读已经很多了，可谓汗牛充栋、莫衷一是。然而，绝大多数观察都是从种族歧视角度审视的。我从事件伊始，就从超越个人偏好抑或三观的层面思考这样一个问题：为什么一个因过度执法而死亡的非洲裔美国人，其遭遇会引发世界第一大国，甚至许多发达国家的社会动乱？

各种各样的评论，涉及非洲裔美国人的苦难史、社会不公、种族主义、后现代主义思潮、多民族国家的治理，不一而足。但是，我要说的、要思考的，将是哲学层面上的问题：公平和正义，既然在人的世界，乃至非人的动物界，从来都不是事实，为什么人类会被公平和正义这样一些抽象理念驱使，导致社会动乱乃至革命？

尤瓦尔·赫拉利（2018）在《人类简史：从动物到上帝》中声称，正是人类语言能够表达诸如上帝、国家、货币、法律、公平和正义这样一些抽象概念，人类大脑能够记忆和思考这样一些抽象理念，才使人类能够以远超其他物种合作规模的大规模合作，在进化比赛中最终胜出！

　　那么，为什么人类语言能够表达这些抽象概念，为什么人类大脑能够思考这些抽象概念？尤瓦尔·赫拉利没有进一步说明。我认为，回答这些问题并不是作为历史学家的他能够胜任的，当然，也不是历史学家的任务！

　　因为，这些其实是哲学问题，是认知哲学问题。

　　事实上，诸如公平和正义这样一些抽象概念，不仅不是宇宙事实，也不是宇宙的本质属性。它们只是与人相关的东西。也就是说，它们只是人造物而已！

　　进一步讲，公平和正义这些抽象理念，不仅在促进人类成功进化的过程中发挥着黏合合作者的作用，也正是这些理念在人类历史上起着破坏者的作用。在黑格尔哲学的语境中，如果说公平和正义理念在促进合作、提高人类进化适应性方面是正题，而在人类历史上形成破坏力是反题，那么，当我们穿越人类得失的利益层面，上升到宇宙本身的无我境界去审视，我们看到的是却是一个合题：公平和正义理念驱动着人类社会抑或历史的动态演化！这是黑格尔辩证法带给我们的非视觉观感！

11.2　公平和正义只是人类大脑运行服从节省能量消耗与信息存储空间的原则而出现的价值观

　　科学家开普勒曾经狂热地认为行星是沿着完美的圆形轨道周而复始运行的。但是，他的老师第谷详细的天文观测数据告诉他，其实行星运动的轨道并不是圆形，而是椭圆形。开普勒证实了行星运动轨道是椭圆形，而不是圆形。这让他感到遗憾。为什么遗憾呢？因为他觉得圆形才是最完美的轨道。为什么开普勒认为圆形是最完美的呢？开普勒认为圆形是宇宙中最完美的图形。开普勒有狂热的宗教情感，他认为上帝在制造宇宙的时候，一定会采用最完美的图形设计行星运动的轨道，因为上帝以最完美的方式做任何事情，上帝本身就是完美的，上帝就代表完美。

　　开普勒从宗教情感上认定行星运动轨道是完美的圆形，并且在天文观测事实否定了这一预想之后还感到遗憾，事实上，我提出的元理性或者意识创造哲学可以为开普勒的想法渊源提供解释。

在元理性或者意识创造哲学中，人类大脑意识中存在的先天综合判断（来自康德）将外部世界物理刺激转换为意识对外部世界的一个模型，而这个模型的构造其实是通过记忆存储一些关于外部世界物理刺激抽象的最简单的基础砖块，然后运用加法规则去复制外部世界图像。这些简单砖块被称为"有型"，复制出来的外部世界图像就是人类的理性知识体系。大脑之所以只是记忆存储一些最简单的有型，是因为这样可以节省信息记忆存储空间。

完美圆形就是对称性最强的几何图形，当然是最简单的几何图形，就是有型。

人类大脑倾向于记忆存储有型，就是开普勒狂热地认为行星运动轨道是圆形的真正原因，尽管他本人认为这种想法是基于对上帝的信仰。

上帝按照圆形铺设行星运动轨道，以此构建整个宇宙体系，这是开普勒在接触第谷的观测数据之前的信念。

事实上，用简单性去预判物理规律，在开普勒之前是哥白尼。哥白尼关于太阳系的日心说与托勒密的地心说之间的差别就是：哥白尼认为地球绕太阳运转，比托勒密认为太阳绕地球转动在模型上要简单很多。因为运动是相对的，以太阳为中心，说地球绕太阳转动，或者反过来，以地球为中心，说太阳绕地球转动，都是可以的。然而，正如彭加勒在《科学与假设》中指出，不同的科学理论是基于不同的假设，而一个科学理论之所以可取，多半是因为它简单、可操作。日心说之所以取代地心说，是因为前者比起后者在模型上要简单许多。

这种用简单、可操作作为科学家选择科学理论体系的准则，其实在元理性或者意识创造哲学看来，正是大脑运行服从节省能量消耗和信息存储空间这种经济原则的体现。

类似于开普勒的大脑意识用最简单的、最具对称性的圆形作为有型，普罗大众其实也是用对称性最强、最具简单性的"公平和正义"理念作为人类社会人与人关系的有型。正如哥白尼以降的物理学家都认为宇宙并没有中心（爱因斯坦称为"宇宙民主"假设），人们自然会认为人类社会也是没有中心的，这就是"公平"的来源。公平和正义，其实就是说正义来自公平。

这种源于大脑工作经济原则的机制，产生了人类公平和正义的价值观。事实上，无论是穷人，还是富人，抑或上流社会人士，皆有公平和正义的价值追求。

所以，公平和正义并非弱势人群的诉求，并非弱势群体为了改变自身命运的策略！这与尼采的断言有所不同。

11.3　公平和正义价值观与革命的驱动力

自古以来，人类历史上真正的公平和正义其实并不存在。但是这并不妨碍人类大脑意识中因为经济原则的驱使而产生这种价值追求，并引发大量的动乱乃至战争。这种来自大脑意识的动能可以改变人类社会的形态与结构，但是结果不过是以一种不公平代替另外一种不公平而已！资产阶级革命，是以资本带来的财富不公平取代中世纪封建社会的等级制度不公平，权贵社会以权力不公平取代财富不公平。

因此，尽管人们都清楚，真正的公平和正义是不存在的，但这种认知并不妨碍人们总是存在对这种价值的追求，同时导致社会动荡甚至革命。这是因为人类大脑意识中的经济原则总是存在并且支配着人类的行为，然后书写着人类的历史。

公平和正义，并非宇宙固有的，而是人类纯粹的价值观，来自大脑运行机制的经济原则。这种源自大脑寻求节省信息记忆存储空间和能量消耗的机制，使人类社会在宇宙中制造出一个并不是宇宙固有的秩序。从这种意义上说，大脑运行的经济原则机制决定着人类社会自身的形态、结构，乃至人类社会对宇宙、自然界的影响方式，譬如经济社会发展中的环境问题。

人类社会发展中的不平等、不公平、非正义积累到了一定的程度，一些人揭竿而起，会得到许多人的追随，其中包括相当多的富人和上流社会人士。这些人本来是不平等的获利者。这是因为，弱势人群有通过改变不公平状况来改善自身处境的诉求，这种诉求也会获得其他一些没有这种诉求的人群的追捧。社会不公已经让人类大脑中的经济原则机制倾向于难以承受了。扭曲的不平等、非对称的社会结构，破坏了大脑中因为节省信息存储空间而存在的理性审美，让人恶心！这种效应并不因为贫富差别而不同。

按照这种逻辑，统治者即使弹压弱势人群，也可能难以奏效，革命终将发生。因为革命者不一定仅仅来自弱势人群，还有相当多的革命者来自上流社会。事实上，古今中外的革命者有许多都出身权贵阶层，他们甚至还是革命的领导者！

这意味着不公平、非正义本身就会导致社会变革。

由此，基于元理性，我们可以给出对于伦理学的基本认知。贯穿人类历史的公平和正义是伦理学的基本问题。几乎所有的伦理学著作中皆存在对公平和正义的各种各样意义相近的不同表述。譬如孔夫子的"己所不欲，勿施于人"，其实就是一种对称性。罗尔斯（2001）在《正义论》中提出的"模糊面纱"原则，也是一种对称性。对称性正是大脑运行机制中的基本有型特征。

这种对于伦理学的认知，是与斯宾诺莎基于宗教、康德基于实践理性不同的伦理学认知。我提出的公平和正义伦理理念来自人类大脑中的经济原则机制，无须宗教设定。

大脑的工作原理提供了公平和正义价值观的来源，也是公平伦理的起源。两者其实存在着关联。人们对社会公平的关注，可以分解为多个个人公平的集合，而后者是伦理学命题。

行为经济学认为人类具有公平偏好，也就是说，决定个人效用函数的自变量不仅是消费物品的数量，而且有一个变量，就是他自己的消费水平与其他人的消费水平之间的差额。行为经济学的公平偏好理论可以解释富人的施舍行为，因为富人施舍财富给予穷人、寺庙或者艺术家团体，可以通过降低这种差额提升效用水平，即使自己的财富水平因为施舍而降低导致效用水平降低，但如果这种降低被因自己的消费水平与其他人的消费水平之间的差额的减少而提升的效用水平抵消，从而使净效用水平有提升的话，施舍也是值得的。

我曾发表文章提出公平偏好来自人类进化(蒲勇健，2003)。原始人在狩猎中需要多人合作，能够公平分配猎物的团队是能够保证团队具有基本的可持续体力的，因此能够可持续狩猎。而相反，不能够进行公平分配猎物的团队就难以持续，仅仅是个别人具有较多的食物，整个团队就会因为缺乏基本的体力而难以持续狩猎，从而走向解散。自然选择的结果是具有公平分配猎物基因的原始人会成功进化到今天。

这样看来，对于公平偏好我提出了两种理论，即基于进化论的自然选择和元理性。当然，这两种理论之间并不矛盾，而是强化了对公平偏好的理论支持！

11.4   人类大脑运行的经济效率最优化机制是人类进化的结果与原因

人类大脑运行的经济效率最优化机制，使人类社会在公正和正义主流价值观支配下发展。这是人类得以进化成功的一个重要原因。公正和正义价值观使人类社会能够与其他物种相比以更大规模的合作成就更大的成功。人类大脑用有型复制外部世界，是人类大脑进化的结果，而这种进化是其他物种并不具备的。即只有人类才具有理性思维，而理性思维是通过有型复制过程进行的。其他物种仅仅有情感反应。大脑容量既是进化的结果，也是进一步进化的原因。

这个理论可以解释为什么行为经济学发现人类普遍具有公平偏好，以及为什么西方国家存在"白左"！

在西方国家存在一些本身并不是穷人的"白左"，他们极力倡导对穷人乃至其他落后国家难民的援助，包括支持他们移民到自己所在的发达国家来，还鼓励政府给予他们教育和就业等方面的优惠政策。

显然，"白左"并不是出于自身利益考虑才有这样的行为，而是来自他们大脑里面的公平价值观。公平价值观其实来源于元理性理论，因为公平是对称性的，是大脑中认知社会关系中最简单的有型！

　　由此，我们就走到了元理性或者意识创造哲学思考的终点：正是由于人类大脑基于经济原则运行的机制，促使人类能够成功进化到今天！

　　大脑运行是基于经济性的原则，是追求效率的过程，这种机理本身应该是源于进化的，但是同时它又是人类进化的结果，因为偏离这种机制的大脑是难以在严酷的生存进化环境中幸免于灭绝的。

　　因此，进化衍生出人类特有的大脑认知机制，而这种机制又是推动人类进化的源泉，形成人类内在的进化动力，加速了人类进化的过程，是人类爆发式进化的原因！

第 12 章　宇宙归一，分隔是人类意识的创造

12.1　人之初的认识世界就是切分世界

每个人刚刚来到这个世界的时候，眼睛还没有睁开，就先有了意识，自我意识，意识到自我。这种自我是还没有看见、感知到外部世界时就有的。因为，眼睛还没有睁开，可能对于触碰感觉也才刚刚形成，但是已经有了自我意识。也就是说，我是我，我似乎来到了一个陌生的世界。这样的经历，每一人都有，只不过很多人忘记了而已。反正我是记得的。我甚至还记得刚刚出生时听见有人说话的情形，甚至那些话是与我有关的。我就是记性好。

然后，我们睁开眼睛，看见有一些事物，比如妈妈的笑脸、奶瓶，还有别的什么。当然，慢慢地，我们还看见了自己的身体，比如手和脚。最后，我们还通过触觉、听觉、味觉、嗅觉感知到外部世界的其他事物。

这里，我们明显有一个感知的不同对象：最初感知的自我意识，并不需要感觉器官，眼睛还没有睁开，其他味觉、嗅觉、触觉、听觉都还没有发挥作用，我们就可以感知自己的存在了。这是人类最为初步也是最为牢靠地感知到的存在。它就是笛卡尔说的"我思故我在"。其实，把笛卡尔这句名言翻译成"我思故我在"并不准确，应该是我意识到自我故自我存在！当然，这样的

翻译尽管准确一些，但是拗口，不利于传播。

好了，到了这一步，哲学问题就要出现了。首先，自我存在是毋庸置疑的。然而，在明确了自我之后，那些通过感觉器官感知的事物是否存在，却是一个问题！另外，即使它们存在，它们是不是如我们看见的样子存在，也是一个问题。事实上，在笛卡尔那个年代，人类感到已经被感觉器官欺骗很多次了，并且有一些欺骗简直是之前难以想象的。比如，在哥白尼提出日心说之前，感觉器官明明白白告诉我们脚下的大地是不动的，而太阳每天都在升起和落下，但是后来哥白尼证明我们的感觉是错误的。事实上，在哲学史上，从肯定自我的存在到肯定外部世界的存在，并不是小小的一步。不过，较之我们看见的事物是不是事物本身的样子这个问题，那个第一步的确只是小小的一步。亚里士多德提出了这样的问题：事物在我们没有观察它的时候，是否与我们看见它的时候是一样的？今天的量子力学理论，所谓波函数坍缩，给出了答案：不一样！薛定谔的那只猫，在我们打开盒子后，看见的要么是死猫，要么是活猫！但是，在没有打开盒子的时候，猫没有死和活的概念，只能说盒子里有一只猫，但是不能说它是死的或是活的。

注意，我们对猫有"死猫"和"活猫"这两种状态的区分，是基于我们人类的活动"打开盒子，并且去观察猫的状态"，也就是说，是在人类干预了存在物时才有的概念。这种概念来自人类干预存在物之后。或者，我们可以说，人类自身的活动创造区分了存在物或者说把存在物进行了切分，使存在物在人类面前以多种不同的状态呈现。

那么，如果没有人类的干预，存在物本身是同一的，还是多样化的？这个问题就成为哲学史上把哲学本身一分为二的利刃。

12.2 认识世界的切分来自量子力学的波函数坍缩

当我们来到这个世界，当我们睁开双眼，我们看见了许多形形色色的事物。大千世界，飞鸟长虫，无奇不有。目前，天文学家不断发现新的宇宙星系。宇宙中被发现的星系数量已经如海滩上的沙子一般多，并且，这种发现似乎还不见尽头。一个问题是，究竟我们看见的多种多样的事物是真实存在的，还是某种单一存在物的不同呈现而已。这个问题就是哲学史上关于宇宙存在是"一"还是"多"的争论。古希腊前苏格拉底哲学家泰勒斯认为存在是单一的"水"，他知道水能够呈现出水、水蒸气、冰这些不同的状态。所以，他推论出，水是万事万物的本真。显然，水是人们耳濡目染的事物。因此，泰勒斯认为物自体（这里借用康德的术语）其实是可知的，这与康德有所不同。

泰勒斯创立了米利都学派，他的学生阿那克西美尼认为，既然存在的本真是隐藏在各种各样表象之后的，本真就应该是看不见摸不着的物质，而水是看得见摸得着的物质，因此水是表象。他认为宇宙的本真应该是"气"。那个时候的人们，肉眼其实是不能看见空气的；气是看不见摸不着的，气可以变成水、水蒸气这样一些表象的事物。所以，阿那克西美尼主张气才是宇宙的本真。

因为在古希腊，气是不能够感知到的，因此可以说阿那克西美尼的思想属于不可知论。

泰勒斯与阿那克西美尼对物自体的认知其实皆为"一"。也就是说，宇宙或者物自体是一个统一的整体。

除了泰勒斯和阿那克西美尼，认为宇宙是"一"的前苏格拉底哲学家还有埃利亚学派创始人巴门尼德。巴门尼德认为宇宙本真就是"一"，而我们感知到的各种各样的事物以及这些事物的变化其实都是假象。既然宇宙本真是"一"，我们看见的事物多样性就不是真正的存在，换句话说，不存在多样性。既然不存在多样性，也就没有事物的变化了，事物的变化必然是以多样性为前提的。巴门尼德的学生芝诺用几个有名的逻辑悖论来佐证他老师的理论。譬如著名的"阿喀琉斯追不上乌龟""飞矢不动"。到了近代，斯宾诺莎也认为宇宙本真是"一"。

现在，我们可以利用量子力学来支持宇宙是"一"的观点。还以前面提到的"薛定谔的猫"为例，当关着猫的盒子没有打开时，猫的状态是波函数决定的。按照通常的哥本哈根学派解释，猫有一定的概率是死的，也有一定的概率是活的。这是什么意思呢？按照概率解释，就是说一旦打开盒子，我们看见死猫的概率和活猫的概率。显然，这种解释是人类中心主义的，因为盒子里的猫的状态居然由人类观察者在观察到猫时决定。如果地球上没有人类观察者，甚至没有人类（地球存在很多年后才出现人类），难道自然界就没有量子力学规律了吗！

所以，我们认为这种解释是人类中心主义的，是缺乏逻辑依据的。事实上，对于波函数，我们只能说，打开盒子之前，盒子里的猫根本就没有"死"与"活"这两种状态的概念。猫的状态是量子力学所说的"叠加态"，但是这种叠加态并没有"死"或者"活"两种状态之分。只有当观察者打开盒子，波函数出现坍缩，猫的状态就瞬间成为死的或活的状态之一。

推而广之，人类看见事物的不同状态，是因为人类观察干预宇宙存在物导致的波函数坍缩。或者说，宇宙存在物本身在人类进行观察之前，是不能用人类感知到的不同状态去指称的。也就是说，宇宙存在物本身是"一"，因为不能区分宇宙存在物的不同状态，只能说是叠加态。而人类看见的大千世界中形形色色的不同存在物，其实是人类观察本身制造出来的（波函数坍缩）。

12.3   量子力学的测不准原理来自宇宙尺度效应

海森堡提出的测不准原理，本质上是说，在极小尺度下的微观世界里，不同状态是不能区分的。上升到哲学层面，测不准原理具有比物理学中共轭物理量之间测不准更加广泛和一般性的意义。因为，我们面临这样的选择：如果量子力学原理仅仅适用于极小尺度的微观世界，在宏观尺度没有意义，那么，量子力学就不是宇宙规律。因为，所谓极小是以人类观察尺度为标准来判断的。大与小，是纯粹相对的概念。也就是说，量子力学的哥本哈根解释，纯粹是人类中心主义的。显然，除非认为宇宙是人类中心主义的，量子力学的哥本哈根解释就不能作为自然规律。自然规律并不是按照人类尺度设定的，除非接受人类中心主义。另外一种选择就是放弃人类中心主义，并且接受量子力学的测不准原理是自然规律。显然，这种设定的直接后果就是：存在物或康德所说的物自体就是不可分的"一"。也就是说，未被人类观察的存在物并不能按照人类指称去切分为不同的事物，其本真状态即波函数表达的叠加态，不能用人类智识去区分为相互隔离的不同事物。

测不准原理，不仅是基于人类尺度标准意义下的极小尺度微观世界的原理，也是适用于宇宙中任何尺度的原理。未来，随着人工智能技术的发展，我们有可能将人类感知或者意识植入宇宙中的某个星球，一个比地球尺度大得多的星球。那时候，那个星球就成为一个有意识能够观察我们地球上人类的智慧生物。对她来说，我们人类，就如今天我们观察一个个电子一样微小。如果量子力学是宇宙自然规律，对那个星球来说，测不准原理也是成立的。我们不能说人类特有的几何尺度具有特别的宇宙意义，否则又回到了人类中心主义。换句话说，人类特有的尺度，仅仅是偶然。因此，宇宙自然规律应该对任意尺度的观察者都是成立的，否则就不是自然规律。你可以说，量子力学是仅仅对人类尺度成立的。如果这样说，仍然是人类中心主义的，因为在人类生活中如此广泛应用的，在最基本层面上决定人类科技和文明的科学原理居然仅仅是相对于人类特有尺度成立的。

这样，我们放弃了人类中心主义后，不可避免地会得出结论：测不准原理使我们不能切分存在物，宇宙是"一"。我们看见的万事万物，我们观察到的事物多样性，是因为我们的观察使波函数坍缩的结果，存在物的本真是不可分的叠加态。

由于存在物的不可分，时空也就不存在，因为，时空就是我们对外部世界的切分。我们把存在物切分为不同的几何拼接板块，这就是空间。我们把存在物的变化，我们感知到的变化，或者说波函数叠加态的变化，切分为不同的时间碎片，这就是时间。

康德在《纯粹理性批判》中指出，时间空间并不存在，并不是宇宙存在物，而仅仅是人类意识中的理性架构。这在量子力学推论中得到了进一步证实。

12.4　斯宾诺莎的宇宙归一似乎可以解释量子纠缠效应

由此，我们根据量子力学，并且假定量子力学是宇宙自然规律，就不得不得出这样一个结论：我们看见的万事万物，尽管千姿百态，但是其本真只有一个，即我们自己制造出来的相互隔离的不同事物。现在，我们来看看如何理解量子纠缠。爱因斯坦为了反驳量子力学，构想了一个思想实验：两个基本粒子开始紧挨在一起，因此根据波函数，它们之间存在关联性。按照泡利不相容原理，它们各自的自旋方向相反。现在在它们之间制造一次爆炸，使它们各自以光速向着相反的方向飞去。过了一段时间后，它们之间的距离已经十分遥远了。现在，做一个物理操作，让其中一个粒子的自旋方向改变为相反方向，量子力学波函数可以导出这样的结果：在相同时刻，另外一个位于遥远位置的基本粒子的自旋方向会同时向着相反方向改变，使两个基本粒子的自旋方向保持不同。这是泡利不相容原理给出的结论。

爱因斯坦当年本来打算通过这个思想实验证明量子力学的荒谬。这就是量子纠缠。量子纠缠显然违背了物理学关于物理作用不能是超距的基本公理。狭义相对论给出了光速是自然界物质运动速度上限的规定。当我们改变一个基本粒子自旋方向时，为什么远在天边的另外一个基本粒子瞬间就知道了？然而，直到今天，物理学家做了大量的实验，证明量子纠缠其实是存在的。这种实验还在不断增加距离的情况下继续做。今天，基本上可以肯定量子纠缠是存在的。也就是说，爱因斯坦提出的量子纠缠不仅没有证伪量子力学，反而给量子力学提供了证据。事实上，2022年几位证实量子纠缠存在的实验物理学家获得了诺贝尔物理学奖。

现在，我们来看量子纠缠是怎么回事！很简单，如果空间不存在，正如我之前谈到的那样，量子纠缠就是理所当然的了，一点也不奇怪。空间不存在，存在物为"一"，宇宙其实是一个浑然一体没有部分只有总体的存在物，相互作用或者说量子纠缠，其实是宇宙存在物内在一体化的证据。因为存在物是"一"，不能切分成为部分，因此人类观察导致的波函数坍缩似乎看见事物是由多个不同的部分构成的，其实这是幻觉，事实上，它们都是同一的。我们看见的不同事物之间的相互作用，其实就是同一个存在物本身的不同呈现而已，存在物本身是同一的。

斯宾诺莎的哲学思想就认为宇宙是一个整体，切分是人类意识的创造而已。

第 13 章　再论量子纠缠的哲学意蕴

13.1　数学家康托尔的集合论

爱因斯坦一辈子都在反对量子力学的哥本哈根解释，尽管他本人是因为量子力学的贡献而获得诺贝尔奖的。为了给量子力学的主流理论找碴儿，爱因斯坦绞尽脑汁，终于想出一个思想实验，用于击败量子力学。这个思想实验就是量子纠缠实验。

如前所述，在古典物理学那里是不允许超距作用的。法拉第为了解释磁力作用，还发明了磁力线或磁场概念来解释。况且，电磁波传播也存在有限的速度，并不是瞬间超距作用的。量子纠缠违反了物理学基本信条——不允许超距作用，因此，量子力学存在致命的逻辑错误！况且，爱因斯坦的狭义相对论本身就要求物质运动速度不能超过光速，否则会出现时光倒流，而时光倒流会产生逻辑矛盾：你回到过去杀死你爷爷，怎么会有你！这就是宇宙的物质运动的光速上限禁令！在这种禁令下，量子纠缠的瞬间转移信号是不可能的。

但是，爱因斯坦以为可以击败量子力学的思想实验，现在居然被实验证明是成立的。尽管比不上做了无穷远的距离之间的光子之间存在纠缠，不过，这种实验其实并不需要无穷远的距离。

事实上，现在的科学家正在利用这种量子纠缠进行远距离通信。

物理学家贝尔甚至设计了判决性实验，结果是爱因斯坦输了。量子纠缠就是存在！

那么，现在存在一个问题：到底超距作用是否存在？现在看来是存在的。那么，如果超距作用存在，空间就不应该存在。你想，瞬间跨越空间，就是说空间实际上并不存在。好了，哲学家康德早就指出，时间和空间是不存在的。时空，仅仅是人们大脑意识中预设的用于感知外部世界的构架，是先验的，叫作"先天综合判断"！譬如，你需要联想某个事物时，你先需要一个时间和空间的坐标，否则，没有时间和空间概念，你连起码的事物何时何地存在都无法联想。所以，康德说时空是意识坐标，并不是离开意识独立存在的物自体（外部世界）！

如果按照康德哲学，时空并不存在，那么，量子纠缠这个怪物就是见怪不怪的了。因为，空间并不存在，时间也不存在，超距作用就是可以发生的了。因为，超距作用带来的逻辑矛盾，仅仅是在时空中才有的。

在图13.1中，长短两条线段上每个点之间存在一个一一对应，就是带箭头的短线把两条线段上的每个点一对一连接起来。也就是说，如果我们可以把线段视为点构成的，如欧几里得的《几何原本》中说的那样，那么，两条线段上的点的数量就是相同的。

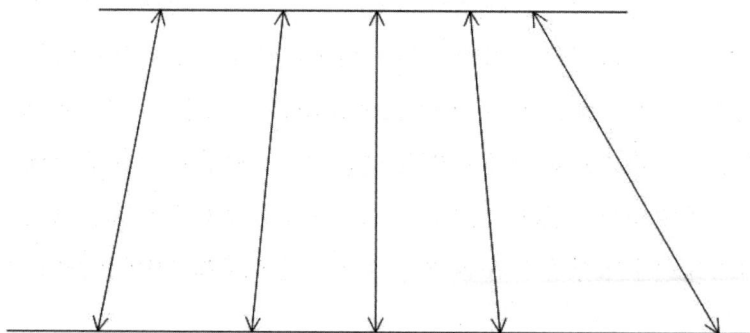

图13.1　两条线段上的点之间的一一对应

为什么看起来明显长度不同的两条线段上面居然有着同样数量的点呢？这是因为，线段上具有无限多个点。数学家康托尔发明了比较无限集合中元素个数的方法，就是这种一一对应的方法。如果两个无限集合中的元素之间可以建立起这种一对一的联系，那么，按照康托尔的意见，两个集合中的元素个数就是一样的。也就是说，所有的不同线段上的点实际上是一样多的！

　　显然，这种一一对应方式确立的集合元素多少的比较方法是明显与直观不一致的：下面的线段较上面的长，应该含有更多的点，但是，这种方法却说上下两条线段上的点是同样多的！

　　古希腊哲学家毕达哥拉斯发现，把自然数通过加减乘除运算，得到的所谓有理数集合，可以在线段上找到对应的点。毕达哥拉斯发现，在竖琴的琴弦上不同比例的位置，可以弹奏出不同的音阶。

　　如果把琴弦视为一条线段，毕达哥拉斯认为，线段上每个点都是某个有理数。显然，他在这里犯了逻辑错误：每个有理数都可以在线段上对应一个点，但是，逻辑上并不是可以反过来说的，线段上每个点都对应一个有理数。事实上，他的学生希帕索斯就发现线段上有一个点不可能对应任何有理数，这就是我们熟知的 $\sqrt{2}$！

13.2　再一次回到康德的时空观

　　19世纪的英国数学家戴德金，把线段上那些不能用有理数填上的点定义为无理数，并且构造出可以在有理数和无理数构成的集合中进行的加减乘除方法，这就是我们现在熟悉的实数集合，称为实数域。

　　所以，线段上的所有点都是某一个实数。实数集合把线段填满了。

　　哲学家笛卡尔在其著作《方法论》中发明了解析几何，也就是说，图13.2中横着和竖着的两个坐标轴线段上的点的不同组合，可以将一个平面填满。在图13.3中，尽管两个正方形的大小不同，但是填满两个正方形的点是一样多的，因为两个正方形的边是线段，而所有不同线段上的点的数量是一样多的，所以所有的不同正方形里的点的数量是一样多的。

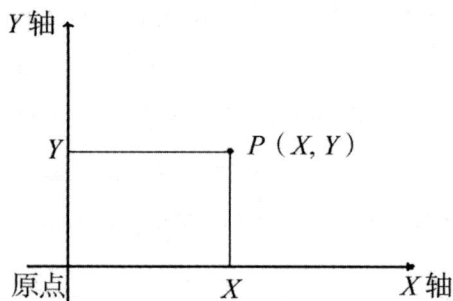

图13.2　笛卡尔坐标系　　　　图13.3　两个大小不同的正方形

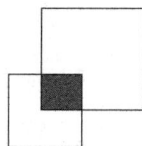

　　这样，如果按照康托尔的一一对应方法，我们将发现直觉与理性的矛盾：不同长短线段上居然有相同数量的点，不同大小的图形上居然有相同数量的点。

　　按照休谟哲学，我们对外部世界的一切感知来自经验，而一切经验显然是基于我们的感觉器官感觉到的外部世界刺激。视觉是人类感觉器官感觉外部世界的感觉之一，它让我们看见长的线段比较短的线段更长一些，让我们看见大的正方形比小的正方形更大一些。但是，我们用康托尔的一一对应方法，却获得长短不一的线段上具有相同数量的点、大小不一的正方形里具有相同数量的点。

　　也就是说，我们的视觉与一一对应的理性方法获得的结果是不同的。

　　康德指出，感知世界不同于外部世界本身，外部世界是物自体，而物自体是不可能完全被感知到的。也就是说，人类感知到的世界并不是物自体本身。

　　在这里，线段的长短不一、正方形的大小不一，是我们看见的，是感知世界的东西。但是，线段上的点，其实是我们想象中的，正方形里的点，也是想象出来的。我们并没有看见线段上的点和正方形里的点。

　　长与短、图形的大小，是我们看见的，看见就是感知。感知，是人类感知的。人类，只不过是宇宙中某个特定尺度的生物，我们感知到的尺度大小、长与短，其实是人类特有的感知尺度（感觉器官感觉功能尺度）决定的。但是，宇宙并不因人类的特定尺度而存在。因此，人类尺度感知到的很长、很大或很短、很小的事物（线段、图形），离开人类之后，本身无所谓长与短、大与小！然而，线段上的点，实数填满线段，实数填满正方形，这样的性质却不依人类感知尺度而存在。这就是线段上的点的数量或者正方形里的点的数量与线段长度或者正方形大小的不同之处。

线段上的点的分布，其实并不依赖我们的感知（事实上，我们感知不到线段上的点，我们只是感知或者看见了线段本身，而不是看见了线段上的点）。然而，线段尺度、正方形面积尺度，纯粹是我们的感知。

宇宙本身并不依赖人类，它是物自体。因此，感知世界并不是物自体本身。线段尺度、正方形面积尺度，其实仅仅是感知，并不是物自体本身，并不是宇宙的本来面目。空间，就是长短尺度或者面积尺度又或者体积尺度，纯粹是感知世界的东西，本身并不存在。空间，并不是物自体本身。而时间，来自我们对空间变化的感知，譬如钟表指针的运动、日月星辰的运行，都是感知到的空间变化。因为空间是纯粹的感知，所以时间也是纯粹的感知，并不是宇宙物自体本身。

所以，空间不存在，时间也不存在！

因此康德说，时空不存在！

显然，由于不存在时空，量子纠缠当然就没有什么奇怪的了。因为所谓超距作用，其实并没有空间距离，超距这个概念本身就不存在。

13.3 还是“阿喀琉斯追不上乌龟”的芝诺悖论

最后，我可以用芝诺的“阿喀琉斯追不上乌龟”这个悖论来说明以上关于存在物是不可分的总体的哲学思想。古希腊哲学家巴门尼德提出宇宙是不可分的“一”，他的学生芝诺就利用一些有趣的悖论来证明老师的理论。“阿喀琉斯追不上乌龟”就是其中最著名的一个悖论。阿喀琉斯是希腊神话中的英雄，英勇善战、百战百胜，以勇气、俊美和体力好著称。乌龟先爬 10 米远，然后阿喀琉斯开始起跑。直觉告诉我们，阿喀琉斯几秒就会追上乌龟，并且瞬间超过乌龟，这是直觉。但是，让我们展开逻辑分析，逻辑分析会得出阿喀琉斯永远也追不上乌龟的结论！为什么呢？因为我们可以把乌龟现在的位置作为参考点b，当阿喀琉斯从a跑到参考点b时，乌龟已经从b处前进了一些，把乌龟现在位置作为参考点c，则当阿喀琉斯到达参考点c时，乌龟又爬到参考点c之前的某个地方，把乌龟现在的地方记为参考点d，当阿喀琉斯到达参考点d时，乌龟又爬到了参考点d之前的某个地方了。显然，如此类推，阿喀琉斯永远也追不上乌龟（图13.4）。因为当阿喀琉斯到达乌龟之前的位置时，乌龟已经不在那个地方了，并且已经前进了一段距离。

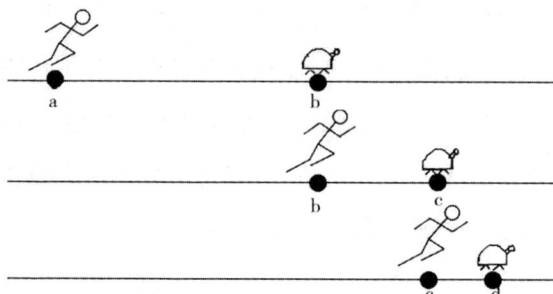

图13.4 芝诺悖论：阿喀琉斯追不上乌龟

这个著名的芝诺悖论，其实到现在也没有得到解决。数学家号称用微积分的极限方法解决了，其实是自欺欺人。因为微积分或极限，隐藏了无限假设，而无限本质上就是芝诺悖论的概念偷换，或者说用另一个不能解决的问题去替换一个问题。

无限，是人类不能感知的，只存在于想象之中。因为人类生理感知总是有限的（物理学的能量传递是按照量子力学一个个单位进行的。而人类活动无论是时间还是空间都是有限的）。

阿喀琉斯追不上乌龟的问题在于，逻辑分析把阿喀琉斯与乌龟之间的空间距离切分成为无限个组成部分，这违反了存在物是总体，是不可切分为部分的哲学思想。现代数学存在许多类似的悖论，甚至让现代数学的哲学基础打一个问号，就是因为现代数学纳入了无限，是这个问题导致了数学基础的危机。

我们看到，经验主义哲学的代表人物大卫·休谟提出的观点，只有可以经验到（可感知）的事物才是可信的，这一论断是何等有力量！越过这个雷池一步，我们就会遭遇逻辑困难。现代数学正处于这种逻辑沼泽中。

第 14 章　为什么宇宙是有限的

14.1　有限的感知决定了有限的世界

我们每个人都曾经想象宇宙的大小问题。至少在童年时代，我有一天晚上睡觉时就想过这个问题。如果宇宙是一个有限的空间，就像一个很大的房间一样，那么，房间的外面是什么呢？当然，按照宇宙本身的意思，如果房间还有外面，也应该是宇宙啊！我当时一下子就觉得恐怖！因为，一旦想象宇宙是什么，就立马感到毛骨悚然——宇宙，不能是有限的房间。因为有限大的房间还有外面，而外面也是宇宙。于是，只能想象宇宙是无限大的房间。然而，什么是无限大？无限，就是房间的外面也是房间，这个难以想象！

所以，无限，其实就是超越了想象的领域！

人类的想象力其实是建立在人类感知能力基础上的。超越人类感知的领域，是超验世界，是人类无法想象的。所谓想象，就是用人类熟悉的事物去复制某个还未直接感知到的事物。按照元理性或者意识创造哲学，就是用有型去复制外部世界。有型，是某种简单的感知，所谓简单的，一般是对称性强的事物，因为对称性强的事物，大脑易于存储。

由于人类大脑的生物学构造，大脑感知外部世界是按照经济原则进行的。这种经济原则要求大脑存储外部世界信息是以离散方式进行的。因为离散方式是人类感知外部世界的物理过程。根据量子力学理论，物理过程中的一切相互作用都是以离散方式进行的。能量转移的最小单位是一个量子，用普朗克常数测度。

不仅人类大脑感知外部世界是按照离散方式进行的，而且，因为人类感知外部世界是通过感觉器官进行的，口、眼、耳、鼻、舌、皮肤等一切身体器官的感知物理过程，都是以离散方式进行的。这是因为人类感知过程也是一个能量耗费的过程。能量耗费受到能量有限的预算约束。也就是说，人类只能耗费有限的能量进行感知工作，所以，有限的能量参与感知过程，必然是以离散方式进行的。如果感知过程是无限的，则会消耗无限的能量，这是不可能的。

换言之，之所以人类感知是离散的，是因为能量有限的限制。

为什么宇宙是按照量子力学原理运行的？为什么能量转移是按照有限的量子单元进行的？为什么物理世界存在最小的单元即量子或普朗克常数呢？这是因为，人类有限的感知尺度！人类感知存在最小的感知尺度，这个尺度就是量子，即普朗克常数！也就是说，量子的存在、量子力学的成立，并不是物理世界或者用康德的话来说，是物自体本身的规律，而是因为人类本身的感知局限：我们只能感知有限的事物，无限是超越了感知能力的。所以，在无限的世界，我们没有想象力！

然而，数学家会进入无限世界去探索。因为无限世界超越了感知，所以逻辑在无限世界不成立。为什么呢？因为逻辑本身是建立在一些基本的公理之上的。譬如排中律，你不可能同时在地球上和月球上，你不可能同时是男人又是女人！为什么排中律是公理呢？因为它来自我们熟悉的感知！我们从来没有感知到一个人同时在地球上和月球上，也从来没有看见一个人同时是女人和男人！也就是说，排中律其实是我们熟悉的存在，因此是有型！通过有型复制外部世界，就是亚里士多德建立形式逻辑的过程。

数学的基础是逻辑，罗素和怀特海在100年前发起了一项宏大的工作，就是通过逻辑复制出所有的数学，因此，他们合作写出了宏伟巨著《数学原理》。然而，在创作过程中，罗素发现他们失败了，出现了罗素悖论！罗素悖论导致他们的目标不可能实现。罗素悖论的本质是因为他们进入了无限的领域，而无限领域逻辑不成立！当然，通过逻辑去构造数学大厦这个梦想也就破灭了！

他们的工作需要构造一个集合：由所有的集合作为元素形成的集合，这是最大的集合。然而，所有的集合涉及无限，因为所有的集合，是无限多个集合。如果这个最大的集合存在，那么它自己就是自己的一个元素！也就是说，它自己包含了自己。这个集合的余集，就是不包含自己的集合作为元素构成的集合。这个集合是否是自己的元素，或者说这个集合是否在自己里面？

如果它不包含自己，因此按照定义，它包含了自己。如果它包含了自己，那么它本身不是包含自己的集合，所以它不包含自己！显然，逻辑在这里出现了麻烦！

在数学中，存在诸多逻辑矛盾的地方，譬如选择公理：在无限多个非空的集合中，每一个集合选择一个元素作为代表来构成一个集合，是否可以做到。数学家发现，假设可以做到，即选择公理成立，就会导致数学某些领域出现逻辑矛盾。如果选择公理不成立，也会在另外一些领域出现矛盾。

是也不是，不是也不是！这是因为，选择公理出现逻辑矛盾的地方涉及了无限。无限是超越感知的超验世界，逻辑不成立。

14.2　哥德尔定理与爱因斯坦—霍金的有限无边界宇宙模型

奥地利数学家哥德尔，年纪轻轻就成为爱因斯坦的偶像。爱因斯坦只崇拜一个人，一个在世的人，就是哥德尔。因为，哥德尔证明（哥德尔定理）：一个公理体系，只有在它存在逻辑矛盾（不一致性）的时候，它才是完备的，也就是说，只有存在逻辑矛盾的时候，才能保证所有的定理能够成立或者不成立。否则，为了保证逻辑不矛盾，公理体系中存在无限多个定理，既不能证明它们成立，也不能证明它们不成立。

感知局限，把人类局限在一个有限的世界中，在这个世界，逻辑自洽，这就是康德所说的"理性世界"。

接下来，我可以用这样一个框架去解释为什么古希腊哲学家巴门尼德认为宇宙是有限的，为什么爱因斯坦和霍金提出了有限无边界宇宙模型。

古希腊哲学家、前苏格拉底哲学家之一的巴门尼德认为呈现在我们面前的丰富多彩的世界，其实是某种不变的存在的呈现而已，而哲学家应该寻找的目标就是这个隐藏在变动不居事物背后的不变的存在。他认为，这个不变的存在应该在体积上是有限的，因为，只有有限的，才是不变的！在这里，其实巴门尼德已经具有了后来休谟的视角：我们感知到的世界才是世界，世界仅仅是我们感知到的世界！因为感知的世界是有限的，所以这个存在是有限的，它是宇宙的本质，而宇宙是感知到的宇宙，是有限的。巴门尼德甚至进一步提出这个宇宙不变的存在是球形的，似乎提前几千年把爱因斯坦—霍金的有限无边界宇宙模型说了出来。

卢克莱修显然缺乏巴门尼德那样的逻辑思维能力。他提出了一个反论：如果宇宙是有限的，那么，当你站在有限的宇宙边缘向宇宙外面抛出一支箭，那支箭会飞出宇宙吗？显然，卢克莱修没有想到，有限的与有边界的其实是不同的概念。有限的宇宙可以是无边界的。譬如，一只蚂蚁在一个篮球上爬行，它并不会爬出球面。如果蚂蚁的宇宙就是那个篮球，篮球体积是有限的，但是没有边界，那么蚂蚁永远也爬不出球面。

当然，爱因斯坦和霍金都是通过数学模型获得有限无边界宇宙模型的。然而，数学是建立在逻辑基础上的，而逻辑仅仅在有限的感知世界才是自洽的。因此，有限的人类感知尺度和范围，决定了人类理性逻辑的构成。通过数学模型得到有限的宇宙模型，当然是顺理成章的事情。

第 15 章　逻辑的基础是感知

15.1　最基础的逻辑是排中律，但它来源于感知

人类不同于其他物种的一个关键区别是人类具有好奇心，这种好奇心的极致就是哲学思维。哲学是对一切事物的好奇心。所以，哲学这个词在希腊人那里就是"爱智慧"的意思。

人类追求知识，知识的极致是真理。笛卡尔开始追求确定性真理。因为笛卡尔认为之前的哲学理论都存在寓意上面的不确定性，最终导致了无休止的争论。确定性真理是笛卡尔探索的目标。尽管笛卡尔本人并没有实现他的确定性真理目标，他对宇宙的探索终结在二元论上面，而二元论本身也导致了不确定性，但是有一点是人们的共识：确定性建立在逻辑基础上。也就是说，人们发现，逻辑，也只有逻辑，才是唯一具有确定性的鉴别真理的标准。如果违反了逻辑，就是荒谬的，就是被排除在真理以外的。

基于逻辑的这种重要性，人们认为数学是最具确定性的真理，欧几里得的《几何原本》是印刷数量仅次于《圣经》的著作，而罗素和怀特海试图通过逻辑建立起所有的数学（但是失败了）。

换言之，人类知识唯一靠谱的东西就是不违反逻辑的东西。

那么，逻辑是什么？在逻辑规定中，存在基本的公理，譬如形式逻辑的三

段论、排中律、不矛盾律等。

在康德哲学中，先天综合判断将感觉到的物理刺激编辑成为逻辑自洽的感知，而感知到的东西是一个逻辑自洽的体系。也就是说，我们感知到的不同事物之间不存在逻辑矛盾。你看看你周围的事物，一切都是符合逻辑的。你面前的树木，挡住了你的视线，以至于你看不见树木背后的花朵。这是符合逻辑的。因为一堵墙挡住了你的去路，所以你不得不绕道走。这是符合逻辑的。在你看风景的时候，远处的摩天大楼居然没有你面前的小树高，这是因为透视作用。透视是符合逻辑的。

相反，如果你能穿墙过去，不绕道走，这不可能，因为这是不符合逻辑的。

为什么存在这样的逻辑呢？因为按照康德哲学，先天综合判断使人类感知局限在这样的逻辑中。康德说，时空关系（透视，前面的树木挡住视线，墙挡住去路）是先天综合判断。

也就是说，按照康德哲学，逻辑本身就是先验的。因此，康德把感知世界称为"理性世界"。在理性世界中，一切事物之间的关系都是符合逻辑的。因为理性世界就是感知世界，感知世界是经过先天综合判断编辑之后的外部世界刺激，而逻辑就是先天综合判断行使编辑功能的框架。

但是，同样根据康德哲学，外部世界是物自体，是独立于感知之外的存在。感知世界是不同于物自体的，它只是先天综合判断运用逻辑"软件"编辑处理之后的物自体刺激而已。譬如，你看见面前楚楚动人的美女，其实并没有什么美女，她不过是一堆骨架被包着一张皮肉而已！也就是说，蒲松龄的小说《画皮》，其实是一部哲学小说！是你的先天综合判断把骨架和皮肉发出的物理刺激（光线）编辑成为你的感知：美女！

那么，既然感知世界是理性的、符合逻辑的，物自体本身并不是理性世界，它们之间存在差别，那么，有没有证据说明存在理性世界之外的物自体呢？也就是说，有没有与理性世界存在逻辑矛盾的存在呢？

这种证据或许是有的。这就是宇宙物理学中的暗物质和暗能量。天文学家发现，我们观察到的宇宙星系的形状，是目前人类观察到的宇宙物质产生的引力不能解释的。也就是说，目前观察到的所有宇宙物质和能量，它们产生的引力不足以形成星系结构。换言之，目前观察到的宇宙星系结构，是不符合逻辑的。宇宙本身是不符合逻辑的，是非理性世界。因为，现有的科学模型是建立在逻辑基础上的。当然，物理学家自然假设宇宙中存在观察不到的大量物质，他们称为暗物质。暗物质是人类通过电磁波不可能观察到的物质。另外，宇宙正在膨胀，并且膨胀速度越来越快。这是美国天文学家哈勃首先观察到的。这种膨胀来自什么样的能量呢？物理学家称为暗能量。科学家通过计算发现，宇宙中绝大多数物质是暗物质，绝大多数能量是暗能量。也就是说，物自体的绝大多数是不能感知到的。

当然，如果科学家哪一天找到了暗物质和暗能量存在的证据，并且它们也服从物理定律，它们就可以被归入理性世界。但是，尽管科学界经过几十年上天入地的探测，花了不少钱，目前看来，找到暗物质和暗能量的可能性仍然渺小。

暗物质和暗能量只能以假说方式存在，说明宇宙本身是物自体，并且并不是完全能够被人类感知的。

康德哲学，正是挡住人类理性进步的一堵墙。

其实，元理性或者意识创造哲学能够说明为什么是这样的？因为宇宙尺度超越了人类感知尺度，人类逻辑在人类感知尺度之外并不成立。

15.2　如果进入无限就面临逻辑崩溃的境地

我之前说过，人类理性思维的基础是逻辑，而逻辑建立在感知基础上。无限，超越了人类感知，因此，在无限中，逻辑就不一定成立了。现在，我举例来说明这个道理！

我们从图15.1中可知，这是伽利略的助理托利拆利（也就是发明测量大气压的气压计的那个人）提出的一个悖论中用到的托利拆利矩形，矩形 ABCD 的对角线 BD 上面的点 E，沿着对角线从右上方的 B 滑到左下方的 D，从 E 引出的两条线段 EF、EG 分别平行于矩形的两条边 AB、DC。显然，EF 比 EG 长。同时，如果我们把三角形 ABD 和三角形 BDC 的面积分别视为当 E 从右上方滑到左下方时扫出来的。或者说我们采用欧几里得在《几何原本》中提出的公理：面是由线组成的。那么，因为线段 EF 与 EG 是一一对应的，所以，三角形 ABD 与三角形 BDC 都是由同样数量的线段组成的。

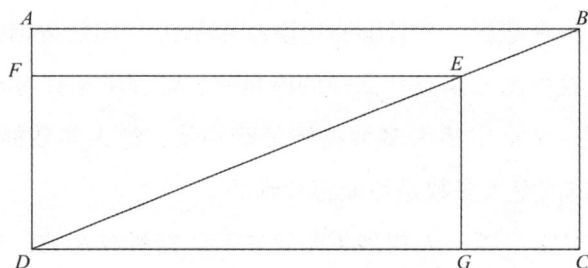

图 15.1　托利拆利矩形

所谓"同样数量"，来自两个三角形中含有的线段之间是一一对应的。如果两个集合之间的元素可以建立起一一对应的关系，那么，两个集合的元素同样多。这种方法被数学家用来比较集合之间的大小，特别是无穷集合。然而，我们看到，线段 EG 的长度小于线段 EF 的长度。同样按照《几何原本》中的公理，线段是由点组成的。也就是说，线段 EG 上的点少于线段 EF 上的点。

因此，三角形 ABD 的面积大于三角形 BDC 的面积。因为，前者与后者是由同样数量的线段组成的，而前者的组成线段上的点多于后者的组成线段上的点。

然而，矩形对角线事实上把矩形分成两个同样面积的三角形。它们的面积是一样的。或者说同样的分析也可以得出相反的结论：三角形 BDC 的面积大于三角形 ABD 的面积。

显然，这里出现了逻辑矛盾。那么，问题出在哪里呢？很明显，是因为线段 AD 明显比线段 DC 短，组成线段 AD 的点要比组成线段 DC 的点少。但是，两条线段上的点之间因为存在一一对应关系，按照康托尔的集合论方法，两条线段上的点是同样多的。

在这里面临的问题是：如果采用康托尔的将 EF 和 EG 线段按照欧几里得的方法视为点组成的，并且建立起一一对应关系，则 EF 与 EG 应该是一样的长度，尽管违背直觉（直觉显然是 EF 比 EG 长）。此时没有矛盾。但是，这种方法是违背直觉经验的。

事实上，从经验哲学来看，康托尔在两条线段之间建立一一对应关系的方法本身是有问题的，甚至是过不了经验哲学这一关的。因为，我们不可能在两条线段上无限多个点之间建立这种一一对应关系，因为存在无限多个操作，所以是人类不可能经验的。人类的经验一定是有限的，而经验哲学的基本原则就是，不能经验的就是不存在的。

同时，更加严重的问题是，我们的直觉显然是 EF 比 EG 长，如果它们之间的长度是一样的，那么，这就会给人类的日常生活带来麻烦。我们知道，在五金店购买铁丝，或者去渔具店买钓鱼线，付费都是按照直觉经验的长度计算的。如果我们看到的（经验的）不同长度的铁丝和钓鱼线都被视为相同的长度，则我们都可以以接近免费的价格购买它们了，结果是五金店和渔具店经营不下去破产。

也就是说，我们的直觉经验（看见的直线长度）长度与康托尔想象出来的一一对应方法给出的长度比较是完全不同的。那么，我们应该采用哪种方法比较呢？这个问题在哲学上的一般化就是：经验判断与理性分析如果不一致，我们应该采用哪一种给出的结果呢？显然，为了满足人类生存的需要，我们应该采用经验的判断。否则，恰如五金店和渔具店一样的后果，人类社会将寸步难行！

这是我们感觉到的物自体与理性认识的不同。在这里，我们不仅看见一个例子，证明逻辑在无限场合面临崩溃，也看见康德指出的物自体其实不可能完全被感知。感觉大于感知。因为感知是人类理性范畴"框定过的"感觉。

在这里，因为无论是"组成"两个三角形的线段，还是"组成"每条线段的点，数量都是无限多的。一旦涉及无限，逻辑矛盾就会出现。这就是数学甚至逻辑学中存在大量逻辑悖论的真正原因。悖论，就是逻辑矛盾！

欧几里得的《几何原本》被视为人类理性至尊，是人类千年来知识甚至真理的标准模板。但是，在它最开始的公理体系中就存在逻辑矛盾，显然是因为涉及了无限。

现代数学和使用数学的各种科学，包括物理学、化学、经济学、生物学，以及各种技术，都使用了含有无限分析的微积分、高等数学。然而，含有无限的数学存在这样的逻辑基础问题。所以，人类科学的逻辑基础或哲学基础并不牢靠。

也就是说，科学并非你想象的那样是确定性的知识，因此，哲学并不因为科学的发展而变得无足轻重！

哲学，是人类永远的怀疑精神的体现；哲学家，才是真正的智慧传承者！

第 16 章　理性世界中的艺术

16.1　文艺复兴构图的元理性解释

现在，我们开始走到艺术这个话题上来了。

我们的感觉器官接收外部世界的物理刺激，但是这些物理刺激是经过先天综合判断哲学范畴编辑整理之后才进入意识中的。这些进入意识中的关于外部世界的信息是按照我们的先天综合判断（时空关系、因果关系、逻辑关系、能量守恒等）在大脑意识中安置下来的。

也就是说，我们的感觉器官接收到的外部世界的物理刺激，在通过先天综合判断框架平台整合之后，形成我们意识中的理性世界或者说关于外部世界的知识。

之前已经提及，大脑工作是按照经济原则进行的。作为进化的结果，我们的大脑在存储外部世界信息和搜索记忆信息方面是按照最小化存储空间及最小化能量耗费的方式进行的。大脑意识中的这种活动方式一定与大脑组织外部世界信息的方式存在关联。这种关联可以通过一些大脑认知现象反映出来。由于大脑本身作为一种物质存在，其工作运行遵循着自然界的物理原理。

科学家发现，许多物理过程的最优化解都符合黄金分割法则。特别是运筹学家发现，许多运筹学问题的解其实就是黄金分割，即所谓的"0.618"法则。

对学习美术的读者来说，他们应该更加熟悉黄金分割。譬如，绘画中的"文艺复兴构图法"就是黄金分割方法。这是绘画中的"0.618"法则。在几何学中，黄金分割指的是一条线段被按照0.618的比例分割成为两段。譬如，在长度为1的一条直线上长度为0.618处切分出一条长度为0.618的线段。黄金分割的比例，在几何学中让人看起来很愉悦。美术中的黄金分割构图，指的是一幅画中的主题景物（或者人物）位于画面上黄金分割的位置。这个位置是画面的中心位置，是美术作品的主题位置。如果是风景画，通常这个位置留给主题（主体）景物，如果是人物画，主要造型通常就在这个空间位置。如图16.1所示，这就是古典画法中的文艺复兴构图法。我们可以在许多文艺复兴的美术作品中看见这样的构图法。

图16.1　向往，油画 作者：蒲勇健

为什么美术作品会采用黄金分割构图法呢？这是因为黄金分割构图能让人愉悦，能给人带来美感！

为什么黄金分割构图能让人愉悦呢？这是因为黄金分割恰好与大脑安置外部世界信息的最优化方式（经济原则）匹配！为什么大脑安置外部世界信息的方式是按照黄金分割法则进行的呢？这是因为，大脑工作遵循最优化（最小化信息存储空间和最小化信息搜索能量耗费）法则！为什么大脑工作要遵循最优化法则呢？因为大脑（不是大脑意识）本身是物理世界中的存在物，而物理世界遵循最优化的黄金分割法则。

这种由美术作品中的构图与意识中先天综合判断对理性世界要素的配置相匹配带来的愉悦感，是一种理性观瞻的愉悦感。这种理性观瞻的愉悦感在科学家那里有很多例子。科学家的一些理论研究成果通常会给人以一种愉悦感。爱因斯坦从狭义相对论推演出质能方程时，感到一种难以描述的美感，以至于爱因斯坦认为，如果这个方程不是宇宙规律的真实描述，那么他会对上帝的选择感到遗憾！

除了构图，美术作品中的色彩和块面也会与意识匹配，从而带来理性愉悦感。人类感知到的色彩，其实也是意识的创造。同样频率的光，有一些动物就不能感知到与人类感知相同的色彩。同样，别的一些动物可以感知的电磁波频率段，人类也不能感知。所以，色彩是意识的创造。德国文化名人歌德就持这样的看法。歌德反对牛顿的光学理论，认为色彩本质上是一种与人类主观意识有关的存在，并不是牛顿物理学给出的那种冷冰冰的振动频率。

意识通过先天综合判断，以感觉器官接收到的外部世界物理刺激来复制外部世界，以便于在意识中构造一个关于外部世界的模型。由于大脑存储空间的有限性，大脑采用一种最小化存储空间占据的方式复制外部世界。这种方式就是用简单刺激要素作为基本砖块去搭建整个外部世界图景。

我们现在来看看古典写实油画或者素描作品。古典写实油画或者素描作品是用块面和线条来"复制"或者"创作"关于外部世界的图景。这些块面或者线条其实并不是外部世界本真，而是意识的创造。在素描中，用线条排列复制块面，线条就是有型，然后用块面复制体积，但是块面是线条这种有型复制的，所以是线条有型复制出整个作品中的图景。在塞尚的许多作品中，几乎完全用块面来复制体积，没有线条。其实，我们的感觉器官并没有感觉到线条刺激，线条是一种抽象出来的有型。然而有型是可以有多种选择的，取决于感知，而不同人的感知有所不同，并不是完全一致的。因此，塞尚的块面有型也是一种让人产生愉悦感觉的创作方法。图16.2至图16.8是我近些年的绘画作品。

图16.2　江西婺源1，钢笔速写　作者：蒲勇健

图16.3　江西婺源2，钢笔速写　作者：蒲勇健

图16.4　西双版纳傣族大庙，钢笔速写　作者：蒲勇健

图16.5 西双版纳傣族村寨，钢笔速写 作者：蒲勇健

图16.6 莫扎特，钢笔速写
作者：蒲勇健

图16.7 女主持人，炭精笔速写
作者：蒲勇健

这种来自美术作品中构图与意识中范畴匹配、有型匹配产生的愉悦感所产生的美感，是理性世界中的美。柏拉图把这种美感说成是一种客观存在，即理念世界。科学家在进行科学研究时追求的理论美感其实就是这种理性世界美感，譬如一个数学方程式的对称性，其实就是对称性美感，而对称性美感就是有型的美感！

除了美术作品，在音乐中的节奏旋律、建筑中的节奏感、舞蹈中的节奏感，其实都是节奏重复这种对称性带来的美感。对称性是有型最重要的特征，正如我们欣赏几何学中完美的圆形一样。

　　然而，审美并不完全基于理性世界的美感，还有情感激发的美感。我们欣赏一件艺术品的时候，通常会被艺术品激发出来的激情或情感激发的美感吸引。

　　下面我们来看看情感是怎么回事！

16.2　非理性世界中的艺术：不同于愉悦感的情感吸引

　　所谓情感，简单来说就是爱与恨。

　　某些艺术品会激发我们的爱与恨。如果说理性世界中的愉悦感是源于艺术品的呈现方式与我们大脑工作的经济原则暗合所带来的轻松感觉的话，情感就是激发出我们的遗传信息。

　　情感与理性世界中的愉悦感是不同的艺术效应。我们不能说爱因斯坦爱上了他的质能方程式，他只是对方程式的对称性感到愉悦。这是对称性作为有型最主要的特征产生的与大脑意识工作的经济原则相匹配的效应。

　　然而，如果说一个人对外部世界的感知是这个人后天获得的经验，以及这种经验被先天综合判断编辑出来的知识，那么，情感反应却是来自一个人先天的遗传信息。

　　人类进化过程中由前代遗传给后代的对于外部世界趋利避害的信息，是我们情感反应的源头。后天获得的知识位于理性世界，作为情感反应的源头的遗传信息却位于非理性世界。知识是建立在经验之上的，而情感源头的遗传信息是建立在前代的经验基础上的，对后代子孙来说，是没有经验基础的。因此，情感反应属于非理性，但是与康德哲学和休谟哲学认为知识来自经验并不矛盾，因为情感反应来自前代感知的经验，通过遗传传给了后代。

　　一个完美的圆形，对称性美感，是视觉经验产生的。但是，一位面目姣好、相貌端庄的女子，抑或五官端正的男子，给人带来的情感反应，却不能说是因为对称性有型与意识的匹配产生的愉悦感。愉悦感与情感反应是不同的审美反应。愉悦感是平静的、清晰的、理性的，而情感反应却是激动的、心理搅动的、模糊不定的、非理性的。

当然，五官端正、相貌端庄，也有对称性有型带来的愉悦感，这是几何愉悦感。然而，在几何愉悦感中没有情感激发，也没有情感激发那样的冲动，而是平静清晰的体验。

在情感激发中，我们的反应是激动的、喜悦的或愤怒的，是波涛汹涌般的情感震撼，似大海中漂浮的一叶小舟那样起伏不定，甚至有着雷鸣电闪般的心理冲击。无论是爱与恨，皆有如此表现！因此，我们说，我们从看见五官端正、相貌端庄的男子或女子那里获得的情感反应并不是由于对称性有型带来的经验与大脑工作经济原则的匹配，而是别的什么原因。这种原因是来自理性世界之外的，是一种非理性世界的源头。

我们之前谈到，大脑意识通过对称性的简单有型复制外部世界建立关于外部世界的模型或图景，是因为借助这种模型可以迅速建立起外部世界物理刺激与人类行动反应之间的联系。这是自然界的生物在进化中形成的有效竞争机制。

这种机制的工作原理是：一旦感觉器官接收到外部世界物理刺激（看见一条蛇），大脑意识就从知识图景中抽取与之匹配的、已经存储的关于蛇的知识，知道最优的行动是迅速逃离或找一根木棍作为武器防身。这种机制工作存在一个前提，就是感觉器官先接收到某个外部世界物理刺激（看见蛇）。然而，当你看见一位五官端正的男子或相貌端庄的女子，并不是他或她的匀称的面貌让你产生爱意，而是某种别的什么让人着迷。爱，哪怕是一见钟情，都不是因为感觉器官接收到的外部刺激，譬如对方的外貌、谈吐，而是这些可以观察到的经验背后隐藏着的某种东西让人产生爱意。因为，如果完全靠外貌和谈吐就能吸引姑娘，就没有漫长的恋爱过程了。当然，现实中存在一些"闪婚"现象，虽然都是结婚但并不意味着一定是因为爱情，爱情也不一定意味着要结婚。

真正的爱情，来自某种看不见摸不着的东西的吸引。外貌、谈吐、行为表现只不过是揭示出那种无形的、让人着迷的存在的载体而已。

那么，那种产生爱意的存在是什么呢？

16.3 艺术家审美的三个内涵

如果你欣赏达·芬奇的《蒙娜丽莎》，你会被蒙娜丽莎美丽的形象打动。蒙娜丽莎作为你的审美对象，打动你存在两个方面的原因。

第一，蒙娜丽莎端庄的面容，会给你带来愉悦感。这种端庄本身是对称性带来的愉悦感。作为感觉器官接收到的外部世界经验，对称性在意识存储信息时节省了存储空间，这种愉悦感正是在理性世界的认知过程产生的。这种理性愉悦感，无论你是男人还是女人，都会有。一般来说，理性美感是没有情感冲动的、宁静的美。譬如，我们欣赏古希腊建筑（充满了对称性）以及巴赫的赋格曲那样充满了理性美感的艺术品，就有一种宁静的审美。

第二，如果你是男人，蒙娜丽莎也许还会给你带来另外一种审美，就是情感激越，因为蒙娜丽莎是一位端庄美丽的女子！也就是说，蒙娜丽莎的端庄对男人来说，除了带来对称性产生的理性世界的愉悦感，还会带来另外一种审美感，而这种审美感与不产生情感反应的对称性美感不同，它会使你产生情感反应。

男人对端庄女人在情感上产生的好感，与外貌端庄的对称性没有关系，也不是来自理性世界的意识活动，而是另一种缘由：人类本性。

现代智人是700万年前在东非大裂谷进化而来的。在漫长的进化过程中，人类在心智与身体本能两个方面都完成了进化。我们的心智进化，随着大脑容量的发育增长，大脑意识通过先天综合判断范畴对外部世界经验加以编辑整理，形成了我们关于外部世界的理性知识。同时，我们的身体本能也在进化，这种进化是在自然选择中进行的。也就是说，最早的人类存在各种各样的基因类型组合，但是到了今天，也只有人类这一种智人存在于地球上。之前很多不同种类的人类已经灭绝了（如尼安德特人）。

人类的本性，就是自然选择了我们这一种类型的人类具有的某些特性。

自然选择在人类中挑选出适应性强的个体，其他不被挑选的个体就会灭绝。在严酷的自然环境和生存竞争中，适应性是否强，取决于特有的基因。无论是男人还是女人，在挑选配偶时，生存能力强大的基因类型是关键性的选择条件。然而，基因是不能直接通过感觉器官经验到的（看不见摸不着）。

当然，不仅人类，所有动物在选择交配对象时，都存在这种性选择倾向。譬如雌性孔雀，如果雌性孔雀与长有大尾巴的雄性孔雀交配，就很可能找具有强大生存基因的对象。因为，雄性孔雀的大尾巴又大又亮丽，容易招引天敌攻击（老鹰或者其他天敌）。同时，孔雀本身基本上已经没有长距离飞行能力，大尾巴不具有飞行辅助功能。大尾巴还给雄性孔雀的生存带来其他的不方便，譬如在树丛中觅食时大尾巴容易被树枝挂住。因此，雄性孔雀的大尾巴基本上就是累赘！它给雄性孔雀带来的是麻烦！这种累赘导致雄性孔雀的生存环境更加恶劣。然而，如果在雌性孔雀面前站着一只有大尾巴的雄性孔雀，也就是说站着一只在恶劣生存环境中还活着的雄性孔雀，说明它具有更加强的生存能力，在动物界来说，强大的生存能力来自特别的基因。相反，如果出现在雌性孔雀面前的雄性孔雀没有大尾巴，并不能证明他具有强大的生存能力。因为没有尾巴的雄性孔雀不易被天敌发现，也不会在觅食时被树枝挂住。

这样，雄性孔雀的大尾巴就作为一种"信号"，向雌性孔雀发出它具有强大生存能力基因的信息。这种信息是可信的，因为只有在恶劣生存环境中没有灭绝的个体类型，才具有强大的生存能力基因。如果不具有强大生存能力基因的雄性孔雀模仿这种信号，也就是说，没有强大生存能力基因的雄性孔雀如果也拥有大尾巴的话，它终将因为恶劣的生存环境而灭绝。即没有强大生存能力基因但是拥有大尾巴的雄性孔雀类型在漫长的进化过程中会灭绝。

因此，今天我们看见的拥有大尾巴的雄性孔雀，就是具有强大生存能力基因的雄性孔雀。

那些与拥有大尾巴的雄性孔雀交配的雌性孔雀，它们的后代拥有父辈遗传下来的强大生存能力基因，因此能够生存下来。也就是说，选择拥有大尾巴的雄性孔雀进行交配的雌性孔雀的性选择基因也进化成功了。没有这种天性"喜欢"大尾巴雄性孔雀的雌性孔雀，其后代因为没有强大的生存能力而走向了灭绝。因此，今天还存在于地球上的雌性孔雀，都是具有"喜欢"大尾巴雄性孔雀基因的。

当然，我们可以把雄性孔雀的大尾巴说成是"美丽"的东西在吸引雌性孔雀。其实，这种"美丽"就是对天性"喜欢"大尾巴雄性孔雀的雌性孔雀来说的。进化中的自然选择，选择了偏偏具有"喜欢"或认为大尾巴就是"美丽"的这种类型的雌性孔雀。

这种解释雄性孔雀大尾巴作用的理论，是20世纪70年代的英国生物学家受到当时美国博弈论学者斯宾塞教授发现的"信号博弈"模型启发而提出的。许多动植物都拥有某些美丽的累赘，譬如极乐鸟颜色鲜艳的大翅膀（极乐鸟也不能长距离飞行）、植物的美丽花朵等。

相貌端庄的女人，其基因组合中有其先辈遗传下来的"端庄"基因。在过去漫长的进化过程中的先辈，相貌各异的大有人在，而相貌端庄的人必定是少数。因为相貌端庄其实是小概率事件（生长过程中存在随机性）。作为少数存在的"端庄"基因携带者个体，其血脉经过漫长的危机四伏的、随时面临灭绝的恶劣生存环境的自然选择，到今天还存在，说明其血脉中存在生存能力强大的基因。

因此，男人会喜欢相貌端庄的女人，与其结婚生子，将自己的基因与对方的优良基因结合，使自己的后代拥有生存能力强大的基因。

类似地，女孩喜欢高大魁梧的男孩。其实高大的原始人具有在更加恶劣的环境中生存的能力：需要吃更多的食物和穿更多的衣物，更容易被野兽发现，在逃避野兽追击时更笨拙，难以通过攀树和躲进洞穴避开野兽。然而，正是这种更加恶劣的生存环境使身材高大作为信号发送出具有强大生存能力的信息，恰如雄性孔雀的大尾巴一样。

因此，我们把长相端庄和身材高大作为"美"，是这种性选择的原因。

带来情感反应的审美与对称性的理性审美不同。情感反应基本上可以分为"爱"与"恨"两种类型。原始人的生存状态，就是趋利避害引导的（其实，这也是引导所有生物行为的原则）。"爱"当然就意味着身体的结合，是性选择的驱动力。这就是"爱"这种情感反应的缘由。相反，不具有这种性选择的经验，就是产生"爱"的对立情感反应"恨"的对象！

除了相貌端庄和身材高大（无论是男人还是女人，现代社会都认为是美丽或帅气的特征)，女子白嫩的皮肤、肥硕微翘的臀部、标准尺寸的三围，其实都是女子具有生育能力的信号。男人对这种关于女人的审美标准，其实是这种生育能力强大的基因信号的性选择产生的。

今天的人类，是在漫长的进化过程中性选择选择出来的。也就是说，我们的审美，如果是没有情感反应的理性审美，是意识中的理性选择、大脑存储和搜索信息的经济原则所致，而如果是具有情感反应的非理性审美，就是因为我们的过去正是由于这种审美类型的基因被选择，从而对我们自己的本性类型(基因类型)的体验。

因此，我们现在对于审美有了两种不同的区分：

①对称性带来的宁静的、非情感反应的理性审美；

②情感反应的非理性审美。

情感反应的非理性审美不一定是对性选择信号的反应，也可以在没有性选择关联的艺术品中获得。譬如，欣赏一幅摄影作品，绿色大草原、荒凉沙漠中的一棵树、美丽的风景等，都会让我们产生情感反应。这种情感反应与性选择没有关系，但仍然是进化中自然选择的信号。因为，这些景色在我们的祖先生活的时代是随处可见的。

绿色草原或茂密的森林，意味着食物丰盛，而荒凉的沙漠意味着生存环境恶劣，因此带给我们的情感反应就是，我们喜欢绿色草原和森林。当我们欣赏这种摄影作品时，情感反应是喜悦的，而荒凉的沙漠的摄影作品则会令我们产生恐惧感。

当然，还存在第三种审美，就是非对称甚至超现实主义的作品，譬如毕加索的立体派作品(其中人物形象扭曲丑陋)、达利的超现实主义作品等。这些艺术品带来的审美并不可以简单地通过"爱恨"和"对称性愉悦感"来解释。这些违反对称性和脱离"爱恨"情感反应的艺术品，其作用正是"反衬"出"对称性"和"情感反应"。也就是说，我们从非对称和非爱恨视角去体验对称性和爱恨情感。

这是一种更高级的艺术品体验。现代派或当代艺术就具有这种审美要求：通过"反衬"，来进行审美体验。事实上，我们欣赏违反对称性和古典艺术原则的当代艺术品时，在项目中通常是以对称性和古典艺术原则为参照物加以感知的。或者说，我们在体验一对矛盾。

这样，艺术审美就可以分为三种类型：

①基于对称性的非情感性的理性审美，在古典艺术的形式美中可以找到。譬如古希腊建筑的对称性、古典音乐重复性节奏的对称性、维纳斯韵律（韵律就是节奏，节奏就是重复，重复就是对称性）般的造型。

②基于情感反应的非理性审美，爱恨情感作为基本的驱动力。性选择塑造了人类本性，审美情趣一方面来自性选择挑选出的特定审美标准，另一方面来自进化中的其他生存环境选择标准（如觅食等）。

③"反衬"审美，即上文提到的第三种审美。

16.4　作为"反衬"理性审美的现代艺术

我们已经看到，古典艺术的审美基本上是建立在对称性基础上的，因为对称性符合大脑工作的经济原则。具有完美对称性的艺术品，无论是美术作品还是音乐、舞蹈、诗歌、建筑、照片等，对称性都是以几何对称性、节奏对称性和韵律对称性等方式呈现的。我们在欣赏古典艺术品时候，不得不为完美的几何对称性、优美的旋律和韵律所折服。这种折服其实就是大脑在接受感官刺激过程中因为刺激经验的对称性适于大脑存储信息的经济原则而体验到的愉悦感。人类在地球上进化了几百万年，在这漫长的岁月中，人类大脑意识中的先天综合判断范畴已经建立了完整的复制外部世界的有型砖块，以及拼接这些砖块复制外部世界的构架（逻辑）。

在欧几里得几何学中，有型就是那五个基本公理，而构架就是形式逻辑。欧几里得几何就是建立在五个公理基础上通过逻辑推演搭建起的一个复制我们感知到的外部世界的空间关系。

在19世纪以前，由于人类活动的局限性，人类直觉感知到的空间范围十分有限，欧几里得几何被认为是完全正确复制（描绘）了外部世界空间关系的几何。然而，19世纪非欧几何的出现，是因为人们觉得第五公理似乎并不是那么具有直觉感，也就是说，第五公理作为有型似乎是不合适的。因此，俄罗斯数学家罗巴切夫斯基、匈牙利数学家鲍耶，分别用不同的公理有型去置换欧几里得几何中的第五公设，发现可以得到一个与欧几里得几何一样没有内在逻辑矛盾的几何学。德国数学家高斯其实在更早的时候就有此发现，只不过没有公布。后来德国数学家黎曼将之前的所有几何体系，包括欧几里得几何、罗巴切夫斯基和鲍耶的非欧几何，统一在一个叫作"黎曼几何"的体系中。不同的几何学只不过是黎曼几何中某些参数取不同的数值而已！

也就是说，空间关系其实可以有许许多多不同的几何属性。只不过我们是在人类感觉器官能够感知的尺度范围内进化出来的物种，我们的感觉器官尺度决定了我们的感知尺度，从而决定了我们的空间关系有型，因此，还存在许多不同于欧几里得几何的几何。那么，有一个问题就是：既然人类的感觉器官尺度制约着我们感知外部世界的能力，那么，科学家有没有发现我们这个宇宙超出人类感知尺度范围的空间关系是不同于欧几里得几何的呢？

20世纪初，爱因斯坦的广义相对论就提出了宇宙其实具有不同于欧几里得几何的空间关系，宇宙真实的大尺度空间关系是非欧几何的。同样是20世纪伟大科学发现之一的量子力学，居然在小于人类感知尺度的微观世界中发现了不同于欧几里得几何的"超弦几何"。

在爱因斯坦提出的广义相对论被实验物理学家证实之后，关于宇宙的真实几何是非欧几何的信息影响了毕加索的艺术道路。毕加索与一些数学家朋友的交往，使他深深地被违反欧几里得几何直觉有型的非欧几何所吸引。最终，毕加索开始探索用不同于直觉的欧几里得几何空间关系去进行人物造型的立体派艺术创作。

在毕加索的立体派艺术作品中，人物造型和物体的空间关系完全不同于人类的直觉感知，因为毕加索试图表现其他可能的空间关系，就如非欧几何所允许的、不同于欧几里得几何的其他空间几何。

然而，在人类感知尺度有型基础上构建出来的欧几里得几何，仍然是人类可以感知到的空间关系，而其他非欧几何空间关系只是科学推论，并不是人类感知到的经验。因此，毕加索的非欧几何艺术作品，就是欧几里得几何的"反衬"。

　　另外，马奈的作品《草地上的午餐》，明显违反了透视规律，而透视规律是建立在欧几里得几何基础上的。因此，马奈的这幅作品也是欧几里得几何的"反衬"。

　　反衬艺术不仅出现在美术作品中，也在其他艺术作品中出现。譬如，具有情感反应的艺术，是基于爱恨驱动的。在19世纪之前的古典艺术中，更多的是表现爱。在文艺复兴时期，阳光、森林美景、美丽的女人等是大多数油画作品的主题，其中充满了画家对外部世界中美好事物的爱意！

　　但是，对情感反应来说，不仅是爱，恨也是驱动力。19世纪的诗人波德莱尔创造了《恶之花》这样的诗歌艺术，表现的经验并不是美好的而是丑恶的。这种艺术就是爱的对立面。

　　如果说古典艺术表现的美好是爱的情感力量驱动的，那么，现代艺术中表现丑恶的"恶之花"艺术就是恨驱动的。人类由自然选择挑选出来的趋利避害本性，决定了爱恨情感反应的对立统一。但是，自然选择挑选出来的人性是爱，而恨是爱的反衬。

　　因此，现代艺术比起古典艺术来说更多地表现丑恶和非对称，并不是一些评论家说的是现代工业文明社会的丑恶所致，至少并不完全如此，而是现代的艺术家更加喜欢采用反衬手段呈现对称性和爱。也就是说，现代艺术的表现方法进化了，尽管表现的真正主题仍然是对称性和爱。因为它们是艺术永恒的主题。正如恩格斯说的那样，爱情是艺术永恒的主题。对称性也是。理性审美与情感审美，无论是直奔主题的古典艺术，还是以反衬为主的现代艺术，都是围绕这些永恒的主题展开的。

16.5　艺术创作是意识中有型和有型复制的自由链接与组合

　　非理性的审美活动是情感反应驱动的，而情感反应是人类的本性特征。

　　人类作为漫长进化而来的物种，我们的本性是被自然选择出来的。最初的人类本性，在东非大草原进化700万年以前，应该存在各种各样的特征。人类共同的始祖，包括智人和尼安德特人的共同祖先，不一定都喜欢高个子，也不一定选择高个子异性进行交配。但是，在东非大草原上700万年的自然选择，最终选择了喜欢高个子异性的本性特征的人种，只有我们这种喜欢高个子的、以高个子为美的人种，才成功进化到了今天。

我们这种人种特有的本性，包括我们的身体功能构成和心理活动模式，都是自然选择的结果。我们被自然选择出来的本性，就充分地在情感反应中表达出来。譬如，对高个子的偏爱、男人对女人恰到好处的三围尺寸的垂青，以及对异性皮肤色泽的喜爱差异（亚洲男人大多喜欢白嫩皮肤的女人、欧洲男人更喜欢肤色深一些的女人），这些情感反应都是在不同的自然环境中进化出来的。当然，智人走出非洲后，还会在世界上不同的自然环境中进化，以至于在欧洲和亚洲完成进化的不同人种也有不同的情感反应。

艺术作品可以通过刺激我们的感觉器官，把我们带回到远古时期被选择的人类本性家园，让我们重新体验过去的原始情感的爆发，或者说让我们识别、重温我们的本性。这种艺术体验是非理性的，不仅发生在大脑意识里面，而且发生在我们整个身心之中。

当我们欣赏维纳斯雕像时，她身体造型的对称性给我们带来的是理性愉悦感，这是理性审美。但是，她的造型同时还会对男人产生吸引力，这是非理性的情感反应。所以，同一件艺术作品，可以同时产生理性审美和非理性从而审美效果。

文学作品和电影艺术是通过本来存储在我们大脑意识中的有型及其复制的外部世界经验按照非经验的创造性或想象力重构的因果关系链接起来的，从而产生特别的情感反应效果。

我们阅读一部小说时，是文字映入眼眶这种经验输入我们的意识。文字经验进入意识之后，与意识中的有型复制的外部世界模型对应。譬如，小说中描写的场景、人物外貌，以及故事情节等，在意识中都有有型和因果关系链接对应。这是因为，语言文字就是通过意识中的因果关系链接把声波振动和视觉符号与有型对应起来的。比如，当我们听见或者看见文字"一位少女"时，我们的脑海里就会浮现一个女孩子的形象。其实，每个人心目中的女孩子形象（就是"女孩子"的有型）是不一样的。并且，你可以自省一下，你一定知道自己心目中的标准"女孩子"形象其实并不是你知道的某一个具体的"女孩子"，而是根本就不存在的"心目中的"女孩子。这就是有型，是意识对于"女孩子"的抽象。

文学作品是以故事情节为载体的。故事情节就是把你意识中不同的有型及有型复制的外部世界经验，按照因果关系加以链接。因果关系是意识创造的，属于先天综合判断范畴。文学作品的魅力在于意识可以"自由地"在不同的有型和有型复制之间进行因果关系链接，这种因果关系链接可以不受经验本身约束，甚至可以超越逻辑（逻辑也属于先天综合判断范畴），比如魔幻小说。

这说明在意识活动中，不同的先天综合判断范畴之间是可以独立运行的。当然，魔幻小说是超现实的。意识并不会将魔幻作为理性认知。因此，文学作品是通过意识中的有型和有型复制本身的因果关系链接活动，而不是经验与意识之间的互动、撩拨情感反应产生艺术审美的。因为，非理性审美由经验撩拨人类本性（基因）驱动（譬如看见漂亮的异性、美丽的风景，或者漂亮的异性和美丽的风景的图片）。文字语言与这些可以撩拨情感反应的有型的对应（譬如描写美丽风景的语言文字），就驱动了情感反应。

文学作品的魅力在于意识中的不同的有型和有型复制被创造性地链接起来，这就是故事情节打动心灵的过程。

小说中的故事情节本质上就是意识中的先天综合判断范畴因果关系把非现实的场景作为起点，进行有型和有型复制的串联。所以，故事的开头场景及人物并不是现实经验，但是随后的故事情节展开却是严格依照逻辑和因果关系进行的。当然，如果是科幻小说，开头场景也可以是非现实经验的。如果是魔幻小说，不仅可以在开头，而且在故事情节推进过程也可以是非现实的，甚至不受逻辑约束。这就是想象力。

想象力是意识中已经存储的有型和有型复制元素自身的自由串联活动，其中有大多数先天综合判断范畴参与。因此，想象力中因果关系与逻辑是自由组合的有型和有型复制元素的链条。然而，想象力活动并不受经验约束，因此才有想象力的放飞。这就是艺术创作!

当然,想象力放飞并不单单局限在文学作品中,所有的艺术创作都是想象力放飞的过程。

因为我也曾创作一部科幻小说和一部魔幻小说,能够体会到在小说创作过程中开始的场景是纯粹想象出来的、非现实的,但是随后的故事情节推进似乎是完全依照逻辑进行的。甚至,有一种感觉是在写作小说故事情节的过程中,一个故事情节之后下一个故事情节的展开,并不是作家可以随意编造的,而是顺着因果关系和逻辑自然而然就"跳"出来的!所以,作家会有这样的感觉:文学作品似乎本身有它自己形成自己的过程,而非全部是作家编写出来的!

16.6　人,诗意地栖息着——海德格尔

审美分为理性审美和非理性审美两个组成部分。理性审美由意识的经济原则运行机制决定,而非理性审美由人类在进化过程中被自然选择选择出来的本性决定。这种本性决定了人类趋利避害的进化优势。然而,人类在进化中后期阶段由于大脑容量的增长、理性能力的增强,在趋利避害这种本能中增加了来自理性选择而非自然选择的贡献。譬如,在森林中漫步的一个人,当他看见面前有一条色泽斑斓的毒蛇时,他的理性选择告诉他,这是一条蛇,蛇会攻击人,被蛇咬后会受到伤害,受到伤害后会很痛苦……于是,理性选择就是立即逃离现场。

然而,对原始人甚至古猿来说,当他们看见毒蛇时,他们的脑子中不会有这么复杂的推理过程。他们的本能决定会立即逃离,没有丝毫的思考延迟。

当然,人类也是如此。我们仍然保留着这种本能反应。因为毒蛇斑斓可怕的外观已经令我们感到恶心和恐惧,这种情感反应促使我们立即逃离(我有两次这种经历,所以我这样说是有经验依据的)。

毒蛇在人类的审美中是丑陋的,这种丑陋导致我们产生情感反应,并且决定了我们的行动选择。

无论是在理性审美还是非理性审美中，毒蛇都是丑陋的。并且，两者都命令我们立即逃离。但是，来自非理性审美的行动命令是进化中自然选择的人类本性决定的，而来自理性审美的行动命令是人类理性知识决定的。或者说，非理性的人类本性是遗传决定的，而理性知识是这个人出生之后的后天决定的。

人类作为生命的一种形式，是沿着漫长的进化链条走过来的。在凶险无比的进化过程中，自然环境稍有改变就可以致生命个体于死地，族群就有可能遭遇灭顶之灾！之所以我们今天能够站在地球上，一定是因为我们这一叶生命之舟成功绕过了众多激流险滩。

自然选择出来的生命宠儿，意味着其生命形式在许多方面都适应自然环境。生命个体总是生存于自然环境之中的，在其生存过程中分分钟都面临着各种各样的选择：食物的选择，交配对象的选择，皮肤颜色、身体结构与功能的选择，等等。每一种选择都需要通过自然选择的门槛，不能有一"科"不及格。任何一"科"不及格就意味着被进化淘汰，从而族群灭绝。

然而，生命个体的各种各样选择并不是生命个体能够主动选择的，因为作为生命个体，其各种各样的生物学（包括心理学）特征，包括眼睛和皮肤颜色、吃什么样的食物、喜欢什么样的异性，最初都是内置于生命个体中的各种各样的基因决定的。只不过，只有一些基因通过了自然选择的许多"考试"而成功抵达今天。

因此，今天的人类本性：喜好、爱恨，一般来说就是"情感"，皆是几百万年自然选择选择出来的那部分基因决定的。

基因类型决定了人类行为，因为行为由情感反应决定。窈窕淑女，君子好逑。看见窈窕淑女，男子会产生情感反应，情感反应驱动其追求淑女的行为。然而基因类型决定着情感反应。在森林中看见毒蛇，人会产生恶心、惧怕的情感反应。这种情感反应驱动一个人产生逃离的行为。

能够通过几百万年进化"考试"门槛的生命形式，其所有可能的情感反应类型一定都是能够使其成功适应自然环境的类型。在印度洋西部毛里求斯岛上曾经生存的渡渡鸟，之前从来没有天敌，也没有遇见过人类，当19世纪英国人登上岛屿的时候，因为它们的基因组成中缺乏躲避人类的基因，所以没有躲避人类的行为，结果被上岛的人吃个干净，最终灭绝。

基因决定的生命个体对外部世界感觉经验的行为反应，是以生命的感觉器官接收到外部世界感觉经验为前提的。在非洲大草原上漫步的野生狮群，一旦感觉到附近有人类活动，它们就会悄悄地消失在丛林中。狮子并不是渡渡鸟，不像当年渡渡鸟看见英国人还好奇主动地靠近人类那样，而是躲避人类。这种不同于渡渡鸟的、在感觉到人类情况下的基因决定行为的类型，就决定了渡渡鸟与狮子族群的不同命运。

因此，基因决定的情感反应，就决定了生命个体在自然选择中的最终命运：进化还是灭绝！或者说哈姆雷特的名言：To be or not to be！

今天生存于地球上的生命，包括人类自己，其基因类型决定的行为模式都是适应了自然环境的，至少在迄今为止的过去亿万年（地球上的生命存在了几十亿年，尽管从古猿进化到智人只有700多万年）如此。

我们的爱恨情仇、喜好、厌恶，这些情感反应都是自然选择选择出来的特定基因组合决定的。因此人类存在类似的情感反应，譬如喜欢长相端庄的异性、高挑身材的异性，喜欢鲜花，厌恶毒蛇等。正是这些共同的基因特征，来自同一个星球上的自然环境选择出来的基因类型，决定了同一个星球上的人基本上具有共同的审美观。如果哪一天外星人访问地球，也许我们会发现他们的审美观与我们大相异趣！

然而，情感反应是由感觉经验触发的。看见毒蛇，才会产生恶心、恐惧的情感反应。当然，有时不用亲眼"看见"毒蛇，有可能心里一旦想起或者听见别人说到毒蛇，甚至看见毒蛇的图片，就会有情感反应，就会产生鸡皮疙瘩。这是因为，之前在我们的意识中已经植入了关于毒蛇经验的语言，或者图片提供的毒蛇视觉经验启动了意识中的毒蛇有型。情感反应可以由意识中的有型或直接经验触发。意识中的有型触发是直接经验触发的补充性功能。这是因为，理性知识是对本能性情感反应的补充。

人类进化出明显大于其他动物脑容量的脑容量，使人类大脑可以按照先天综合判断范畴框架将感觉器官接收到的外部世界经验编辑成为系统的理性知识体系，即大脑复制外部世界的模型。这个模型通过因果关系和各种各样的先天综合判断范畴，将大量关于外部世界的经验信息存储于大脑，并且能够快速准确地提取出来，用于指导人类应对外部世界的行为。

在人类大脑意识中，由此进化出了一种"经验—情感反应"的触发机制。一旦感觉器官经验到某种外部世界存在（看见毒蛇），就立即触发本能性的情感反应（恶心、恐惧），然后触发相应的行为（逃离）。

但是，作为理性知识，大脑意识中也许已经存储了许多外部世界经验的有型。譬如，在成人的大脑意识中，关于美女与毒蛇的有型，应该是已经存储起来的。能够触发大脑意识中某个有型的经验，即使这个经验并不是有型代表的经验，也能触发那个经验的有型可以触发的情感反应。譬如，当你看见图片中的毒蛇形象，那个形象是图片上的，并不是真正的毒蛇，看见毒蛇图片这个经验，并不是直接看见毒蛇的经验，也会触发你的恶心和恐惧感。

也就是说，如果能够人为"制造"出外部世界经验的复制品，或者说对外部世界给观察者产生的物理刺激进行"高仿"，这种人造经验就能够部分代替真实经验与意识中的有型进行匹配，从而通过有型触发情感反应。这就是艺术创作！艺术创作就是通过复制经验启动人类情感反应的。

美术作品通过画出来的事物形象，让观赏者通过视觉产生类似于直接看见外部世界事物的经验，然后通过这种经验与意识中的有型匹配，从而触发情感反应。这就是古典写实美术作品触发观赏者情感反应的机制。当代非写实作品甚至抽象画或者超现实主义作品，是通过"反衬"效应触发情感反应的。

音乐是通过声波经验复制直接经验，然后与有型匹配，最后触发情感反应。舞蹈是通过形体与音乐的综合效果复制外部世界经验（我们感觉外部世界也是视觉和听觉等多种感觉综合的）。

当我们欣赏一幅风景油画时，油画中的景物按照正确的透视规律被安置在合适的空间位置，而色彩搭配也是按照正确的方式进行的，使这幅画看起来十分逼真。这种逼真感其实是经验与理性世界中的有型复制模型的匹配产生的。这种匹配让我们产生一种理性愉悦感。同时，色彩本身会引发人类的情感反应，这个是美术理论家熟知的事实。因为色彩本身在人类进化过程中标示出不同的人类生存环境。恰如歌德的色彩理论指出的一样，红色意味着大地，绿色意味着春天。人类被自然选择选择出来的基因类型决定了人类对不同色彩具有不同的情感反应。于是，油画通过理性的和非理性的美感，刺激大脑中的有型复制模型匹配快感和情感反应，使观赏者产生审美快感。

一件艺术作品，同时通过理性审美和非理性审美，让观赏者产生共鸣。理性审美是艺术作品的思想，而非理性审美就是艺术作品的形式。形式与思想融为一体，使艺术作品产生特有的魅力，令人心醉神迷。

在艺术作品中，经验的理性植入，引发意识中的有型和有型复制的感知，然后触发情感反应。在这个过程的第一个阶段，是经验进入意识，与意识中的有型和有型复制匹配，然后是第二阶段，第二阶段是有型复制触发情感反应，这是审美发生的过程。

譬如，我们看见维纳斯的雕像，这是经验；这种经验进入意识，与意识中的对称性有型匹配，产生理性审美愉悦感。同时，维纳斯丰满健硕的形象，这个经验与意识中的性感女人有型匹配，触发男人的情感反应，这是非理性审美。

一件艺术作品，可以同时触发观赏者的理性审美和非理性审美。这种同时兼有理性审美和非理性审美品质的艺术作品，当然是上乘的艺术作品。

我们看到，无论是理性审美还是非理性审美，触发机关都是意识中的有型或者有型复制。因为，人类认知外部世界是通过有型和有型复制完成的，同时，有型也是触发情感反应的机关。因为，经验只能被有型和有型复制模型认知。理性不过是把复杂经验分解为一系列简单的经验元素通过因果关系等范畴传递给有型和有型复制，有型和有型复制触发情感反应，情感反应触发具体的行动或行为。

当森林中的漫步者看见毒蛇，他的意识中关于毒蛇的有型与经验输入匹配，然后意识中的毒蛇有型触发恶心、恐惧的情感反应（自然选择选择出来的情感反应）。同时，如果这位漫步者还具有蛇的相关知识，他可以凭借蛇的颜色或类型判断这条蛇是否有毒。如果看见的蛇的颜色或类型这种经验与意识中关于毒蛇的有型匹配，就会触发恶心、恐惧的情感反应。如果是无毒的蛇，这种经验与意识中的无毒蛇有型匹配，就不会触发恐惧感。因此，有型或有型复制是经验与情感反应之间的触发器。无论是理性审美还是非理性审美，最终都由有型或有型复制来决定是否触发情感反应，以及情感反应的类型。

为什么说触发情感反应的机关一定是有型呢？我们说有型和有型复制都是触发情感反应的机关。然而，有型复制是用有型作为基本砖块搭建起来的。有型复制对情感反应的启动仍然是通过有型复制出来的外部世界模型回溯到构成有型复制的基本砖块那里去触发情感反应的。譬如，看见维纳斯雕像这个经验，被意识中的对称性和美女有型复制。意识中的美女有型并不是看见的雕像本身。雕像不过是一块冷冰冰的大理石，观赏者也知道那是一块大理石，并不是美女。美女是大理石雕像与他意识中的美女，两者进行匹配产生的。维纳斯雕像完美的对称性、造型的韵律感（也是对称性）及神韵，都是与观赏者意识中的美女有型十分匹配（吻合）的。

当然，在人类进化的早期阶段，脑容量还是比较小的，理性知识并不发达。但是原始人仍然具有丰富的情感反应。在原始人大脑还不是十分发达、有型复制外部世界的模型还不是相当丰富和复杂的时候，他们丰富的情感反应怎么通过有型和有型复制触发呢？

在这里，我们需要区分有型与有型复制。原始人的脑容量没有我们现在这么大，有可能他们的大脑意识中能够生成的有型数量就没有我们这么多，但是仍然有一些关于外部世界经验的有型。这些有型是触发情感反应的机关。我们今天的脑容量大于原始人的脑容量，生成的有型数量多一些，因此我们有可能比原始人更多愁善感，情感更丰富一些。然而，不仅是有型多一些，而且更重要的是，我们的大脑意识比起原始人的大脑意识来说，通过有型砖块能够构建和编织出更加丰富复杂的理性知识体系。随着人类的进化，当今的智人已经拥有了原始人不可企及的知识宝库。

也就是说，无论是原始人还是我们，触发情感的机关都是有型。尽管我们比起原始人来说，由于脑容量更加发达，具有更加丰富的有型复制内容，但是有型本身与原始人相比应该说是差不多的。这是因为，决定有型的是感觉器官，而脑容量的大小可能影响着用有型复制外部世界的能力大小。由于触发情感反应的是有型，所以，原始人与我们在情感反应方面是相差无几的。我们之间在情感反应方面的差距比起理性知识方面的差距来说，是微不足道的。

事实上，根据当今人类的观察和考古研究，包括人类学研究，当然，也是基于常识，现代智人与原始人相比，也就在知识方面具有明显的优势，在感性的情感反应方面并不具有绝对优势。这个问题在戴蒙德的《枪炮、病菌与钢铁》一书中有详细论述。

至此，我们看到，理性审美与非理性审美的交融，使艺术作品十分丰满地脉动着愉悦与情感冲击波，使兼有理性与感性的人类就如存在主义哲学家海德格尔说的那样：诗意地栖息着！

16.7　文学作品中的审美

文学作品通常以描写人类社会中的情感世界与矛盾冲突为主题。譬如，在小说的开始场景描写中，一般会交代有关的人物和不同人物之间的关系，以及所处的自然环境和生活环境。这种描写就类似于欧几里得《几何原本》中给出的公理。

欧几里得在《几何原本》中给出公理体系之后，就沿着逻辑的路线演绎出一系列定理及它们的推论。

小说也是如此，给出了最初的有关人物背景和场景的描述之后，就按照逻辑演绎出故事。对小说家来说，一旦启动了故事的开始阶段，随后的故事演绎似乎与几何学差不多，仿佛故事有自己的逻辑自己演绎下去，而不是小说家可以随意编造的。这种体会是许多小说家都有的。我曾创作了两部小说，也有这种感觉。当然，小说与几何学在这方面也存在程度上的差异。几何学是沿着最严格的逻辑演绎的，而文学作品不必如此。

在魔幻小说中，违反逻辑似乎是小说家有意采用的技巧。其实，魔幻小说中违反逻辑的描写明显可以被读者识别出来的。这就是"反衬"审美，就如当代美术作品中的抽象画或者超现实主义作品一样。我曾经创作了一部魔幻小说《热洞魔娃》。

小说中也是如此。这种体会是许多小说家都有的。我也曾创作了两部科幻小说，也有这种感觉。当然，小说与几何在这方面也存在程度上的差异。几何学是沿着最严格的逻辑演绎的，而文学作品不必如此。

大仲马的《基督山伯爵》描述了主人公与一些人之间的恩仇故事，说的是有恩必报、有仇也要复仇的逻辑。这是人类意识中普遍存在的逻辑，也是人类意识中的因果关系。正如休谟和我之前指出的那样，因果关系是意识中为了便于记忆和搜索大脑信息存储的经济方式。因果关系这种意识中的有型链接链条，在意识中将"投桃报李、以牙还牙"这种社会伦理串联起来成为人类理性世界中规范的行为模式。问题是，为什么人类意识会通过因果关系把"投桃报李、以牙还牙"这种因果关系固化为规范的行为模式呢？博弈论中有一个刻画人与人之间如何形成合作机制的"无名氏定理"。该定理证明，人与人之间合作与否取决于潜在的、对不合作行为的惩罚策略，以及对合作行为的奖赏策略。只有存在对合作行为的奖赏和对不合作行为的惩罚（以及其他一些博弈论要求的辅助条件），才会出现合作行为。

人类之所以能够在进化中胜过其他物种，主要是因为人类存在广泛的合作行为。这种来自进化的合作建立在"投桃报李、以牙还牙"这种对合作进行奖赏、对背叛和不合作进行惩罚的策略基础上。因此，进化中的自然选择就生成了"投桃报李、以牙还牙"这种社会伦理规范。其根植于意识中，被因果关系链条串联起来成为固化在意识中的道德伦理规范。

《基督山伯爵》通过栩栩如生的故事演绎，通过文字符号模拟出来的现实（经验），与意识中的有型复制（"投桃报李、以牙还牙"规范）匹配，形成理性审美的愉悦感。同时，故事中的善恶描写，触发了读者的情感反应。因为人类被自然选择选择出来的趋利避害行为，是基因密码锁定的行为模式，成为情感反应的准则。

正如之前我指出的那样，一件艺术作品，既通过理性审美的愉悦感，又通过非理性的情感反应打动观赏者。文学作品也是如此。

文学作品打动人的元素是真善美。人类是合作性的物种，正是合作性使人类在进化过程中胜出。这种合作性意味着人类在漫长的进化过程中就过着社会性的群居生活，社交成为人类生活的必要内容。这就是亚里士多德说的：人生来就是政治动物！人类在长期的社会交往中，真，不说谎，善良，不欺骗，美，追求崇高的生活方式，这些是能够与别人长期合作的必要品质。这是博弈论已经证明了的导致合作性行为的进化策略，也是进化博弈论证明了的适应性策略。

文学作品通过意识中存储的关于社会中各种各样人物、事件的有型和有型复制，以及因果关系的链接，构成人造的故事串联。尽管这种故事情节的串联并不是直接经验的，但是通过文字语言经验敲击意识中的有型和有型复制，利用因果关系串联起来的故事，仍然与直接经验的事件一样能触动与真善美对应的情感反应。

我们为文学作品中的真善美感动，甚至流泪，会有与直接经验到的真善美触发情感反应一样的效果！

中国古典名著《三国演义》，贯穿小说的思想是忠义。小说的故事情节完全不同于历史著作《三国志》。小说的中心人物之一关羽，主要表现了他的忠义，不仅表现了关羽对刘备的忠义，在华容道上关羽义释曹操这个情节也表现了关羽的重情重义，让人落泪。博弈论专家曾经通过计算机模拟发现，人类社会交往博弈的最优化策略是一报还一报。在《三国演义》的华容道关羽义释曹操的故事中，开始关羽要求诸葛亮让他去华容道捉拿曹操。诸葛亮以关羽过去曾在曹营且蒙曹操关爱而拒绝关羽的要求。但是关羽以曾经帮助曹操打仗，立战功回报了曹操的人情为由，否决了诸葛亮的顾虑。然而，当关羽与曹操在华容道上相遇时，曹操提醒关羽，他还有一个人情没有回报曹操。那就是当年关羽离开曹操去投奔大哥刘备时，一路上曹操并没有派一流大将拦截，反而让关羽连斩五个菜将冲关成功。这当然也算曹操的人情。关羽无奈，即使离开诸葛亮时与诸葛亮签订了军令状，让曹操逃走是死罪，关羽还是放了曹操一马。这个故事情节宣传的是关羽的"一报还一报"策略，而这个策略是现在的博弈论专家发现的江湖最优化策略。

为什么《三国演义》会杜撰这样一个故事呢？《三国演义》并不是历史，是通过民间评书流传下来的。茶馆中听评书的老百姓，他们的价值观就是中国古代社会的主流价值观。忠义，就是真善美的一个具体表达。忠，意味着不投机取巧，是真的表现。义气，是善良的表现。

作为民间评书的《三国演义》故事，必须博取老百姓的主流价值观的认可。当然，"一报还一报"被发现是最优化的人类社会交往策略，是大概20年前的事情，难道千年前的中国人就知道这是最优化策略吗？

关于这个问题，可以这样回答：天上飞翔的鸟儿的每一个动作都是符合流体动力学理论的，尽管鸟儿并不懂流体动力学理论。这是进化过程中的自然选择。

中国人的价值观在下意识中暗合"一报还一报"策略，乃进化所致！

因此，文学作品通过理性世界组织虚构的故事打动触发情感反应的有型，从而撩拨读者的情感。

如果意识中的有型和有型复制的一部分，而不是全部综合在一起由因果关系链接串联，这样的故事就是意识流小说的创作方法。就如抽象画一样，或者塞尚的油画舍去线条一样，意识流小说在时空中省却了一些有型复制的逻辑，甚至不受时空这种先天综合判断范畴的约束。乔伊斯的小说《尤利西斯》是意识流小说的开山之作。意识流表现方法舍去了一些意识中的有型和有型复制，因此进一步节省了读者的大脑能量耗费，给读者带来一种特别的愉悦感。

第17章 关于有型概念的进一步说明

17.1 人类只能够感知有限的事物

我在本书中提出的元理性理论，是基于这样一种非常明晰的思路：人类的大脑是进化的产物，而自然选择基于物种生存竞争的原因会挑选出高效率进行信息处理的大脑工作机制。也就是说，大脑的工作原则一定是遵循这样的经济原则的：最小化信息存储和信息搜寻成本。按照这样的逻辑，我自然假定大脑意识在指导人类行动的过程中，会用最简单的信息模块去复制复杂的外部世界，而不是一股脑儿地将外部世界的所有信息存储在大脑中。这种最简单的信息模块就是最节省大脑信息存储空间的某种记忆，就图像来看就是最具对称性的图形。人类对于外部世界的认知或知识体系，就是用这种基本的简单信息模块通过叠加组合起来的。

我称这种最简单的信息模块为"有型"。其实也可以称为"基砖"，就像建筑师建一座房子所使用的砖块，或者也可以简称为"基"。但是，我还是采用了一种全新的名称——"有型"。正如我在书中已经诠释的那样：在这里，"有"含有哲学中的术语"存在"的意思，所谓"有生一"，而"型"也带有"模型"的意思。因此，有型一定是某种存在，哲学意义上的存在，并不是纯粹想象中的事物。"模型"，在这里意味着有型只是大脑对外部世界的某种感觉，是外部世界物理刺激在大脑中产生的印象，从而也是大脑认知外部世界的模型化的东西。

20世纪初，科学哲学兴起，维也纳学派提出了逻辑实证主义。该学派认为，应该用是否能够被"证实"作为衡量科学理论是否是科学的标准！也就是说，一种科学理论是否能够被称为科学，就看其预言原则上能否得到"证实"。所谓"证实"，就是说人类实践活动对科学理论预言的实证。当然，人类实践活动必然是基于人类感知的活动。

尽管波普尔后来找出了逻辑实证主义的"逻辑"漏洞，即科学理论通常是给出放之四海而皆准的预言，是全称命题，就实证来说，需要无限多次的验证活动，而人类活动不可能有无限多的次数。因此，波普尔提出了证伪主义替代逻辑实证主义。

然而，逻辑实证主义关于科学理论需要得到建立在感知基础上的实证这一观点，仍然具有重要的价值。我认为，逻辑实证主义倡导的理论需要得到实证的说法，不一定是判定理论是否科学的标准，但是，人类行为是基于大脑意识指导下的行为，而大脑意识指导的行为在"正常情况下"应该是建立在可感知的外部世界信息输入基础上的。所谓"正常情况下"，就是说不是仅凭想象的，而是基于感知到的事实。当然，存在仅凭想象引导的人类行为，这些行为不是"正常情况下"的行为，并不能持久，是偶然的、少见的、短期的。恒常的人类行为一定是基于可感知事实的。

按照这种理由，我们很容易抛弃康托尔在无限集合之间建立一一对应的方法。在图13.1中，按照康托尔的方法，在上方线段上的每一个点都可以通过一条带箭头的线段对应于下方线段上的某一个点，并且上下两条线段上的每一个点都存在这样的对应关系，这就是康托尔的一一对应方法。

由于两条线段上的点都是无限多的，如果按照欧几里得的方法，以点为有型，则两条线段都是由无限多的点构成的，并且，两条线段作为无限集合，它们之间存在一一对应关系。

然而，康托尔的方法显然给出了与直觉感知相矛盾的结果。因为下面的线段长度比起上面的线段来说要长一些，它们却含有相同的点！

　　按照经验主义哲学和逻辑实证主义的观点，欧几里得将线段细分为无限多个点的组合，并不是可感知的，因为我们不可能感知无限多个点。因此，按照逻辑实证主义，欧几里得乃至康托尔的方法，在哲学上是不成立的。

　　事实上，正如我在前面指出的那样，如果欧几里得和康托尔的一一对应方法成立，则五金店和渔具店就不能按照长度卖铁丝和钓鱼线了，这种商品也就从市场上消失了。也就是说，欧几里得和康托尔的方法不是人类生活可以采纳的。

　　在此，我们可以感受到哲学思维的力量！

　　除此之外，我们还可以从数学研究本身由于康托尔集合论涉及无限而带来的困难，观察到无限因为超越人类感知而造成的混乱。

　　下面，我们来考虑一个无限集合，也就是所有自然数构成的集合 N。用 N 的所有子集作为元素，又得到一个无限集合 $P(N)$，称为 N 的幂集。数学家通过康托尔的一一对应方法证明，$P(N)$ 与实数集 R 具有相同的势。也就是说，它们含有的元素之间存在一一对应关系。数学家也将集合的势称为集合的"基数"。

　　康托尔猜测，不存在一个集合，它的基数介于 N 的基数与 $P(N)$ 的基数之间。这就是所谓的连续统假设。它又被称为希尔伯特第一问题，在 1900 年第二届国际数学家大会上，大卫·希尔伯特把康托尔的连续统假设列入 20 世纪有待解决的 23 个重要数学问题之首。1938 年哥德尔证明了连续统假设和世界公认的 ZFC 公理系统（公理集合论）不矛盾。1963 年美国数学家保罗·寇恩证明连续假设和 ZFC 公理系统是彼此独立的。因此，连续统假设不能在 ZFC 公理系统内证明其正确与否。

　　也就是说，连续统假设在公理集合论系统里有点像欧几里得几何学中的第五公理那样，可以成立（这时就是欧几里得几何学），也可以不成立（这时就是非欧几何学）。这是 20 世纪 60 年代集合论的最大进展之一。然而到了 21 世纪，前人的结论又开始被动摇了。

　　通常称实数集即直线上点的集合为连续统，而把连续统的势（大小）记作 C1。

2 000多年来，人们一直认为任意两个无穷集都一样大。直到1891年，康托尔证明：任何一个集合的幂集（即它的一切子集构成的集合）的势都大于这个集合的势，人们才认识到无穷集合也可以比较大小。

自然数集是最小的无穷集合，自然数集的势记作阿列夫零。康托尔证明连续统势等于自然数集的幂集的势。是否存在一个无穷集合，它的势比自然数集的势大，比连续统势小？这个问题被称为连续统问题。

康托尔猜想这个问题的解答是否定的，即连续统势是比自然数集的势大的势中最小的一个无穷势，记作C1，自然数集的势记作C0。这个猜想就被称为连续统假设。

康托尔证明连续统的基数等于自然数集幂集的基数，并把它记作$2^{\aleph_0}$（其中$\aleph_0$读作阿列夫零）。康托尔还把无穷基数按照从小到大的次序排列为$\aleph_0$，$\aleph_1$，…，$\aleph_a$……其中a为任意序数，康托尔猜想，$2^{\aleph_0}=\aleph_1$。这就是著名的连续统假设（简记为CH）。一般来说，对任意序数a，断定$2^{\aleph_a}=\aleph_{(a+1)}$成立，就称为广义连续统假设（简记为GCH）。在ZF中，CH和选择公理（简记为AC）是互相独立的，但是由GCH可以推出AC。ZF加上可构造性公理（简记为V=L）就可以推出GCH，当然也能推出CH和AC。

我们知道，如果由n个元素构成一个有限集合，则该集合的幂集的基数就是2^n，我们这里也可以写成2^{n}。当集合的基数是无限的时候也类似，譬如自然数集合N的基数记为$\aleph_0$，则N的幂集的基数为$2^{\aleph_0}$。

这种不确定性，有可能来自由于涉及无限而带来的困难。

人类对于外部世界的认知，以及在这种认知基础上产生、构建出来的知识体系（理性世界），就是用有型作为砖块建构起来的，就如一栋房屋是用砖块建构起来的一样。

那么，进一步的问题就是：能否深究构成有型本身的下一层砖块和结构，以及用不同的有型构建的知识体系之间有什么关系？

17.2　不同有型的复制问题

对于这个问题，我们可以回到图 15.1 中的托利拆利矩形分析那里去。欧几里得的《几何原本》中假定直线由点构成，而面积由直线构成。于是，我们按照欧几里得的方法，有型就是点。点的加法（排列）构成直线，而直线的加法（排列）构成面积。在点作为有型的情况下，我们自然可以采用康托尔的方法在线段 EF 与线段 EG 之间建立一一对应关系，也就是说 EF 上的点与 EG 上的点是一样多的。当点 E 沿着矩形的对角线 BD 从 B 滑向 D 时，由于线段 FE 与线段 EG 之间也是一一对应的，在三角形 ABD 和三角形 BDC 中排列的线段数量是相同的，而这两个三角形中排列的线段的数量是相同的，这两个三角形中的一一对应的线段上的点的数量也是相同的，因此，两个三角形的面积相同。如果我们采用的有型并不是点，而是线段本身，显然两个三角形的面积也是相同的。这就是说，在两种不同的有型基础上复制出来的矩形，上面的两个三角形面积计算的结果是相同的。

然而，如果我们在计算线段 EF 和线段 EG 的长度时，并不是采用康托尔的方法，而是以通常的几何直观即以线段为有型的方法，则 EF 长于 EG，加上两个三角形中的直线段数量相同（在这里采用了康托尔的一一对应方法），此时显然三角形 ABD 的面积大于三角形 BDC 的面积，这与用线段作为有型的分析结果是不同的。

我们看到，每一种有型复制出来的结果是相同的，但是不同有型混合复制出来的结果就是不同的。

然而，就康托尔的一一对应方法来说，也存在来自经验主义哲学的批判。因为康托尔的一一对应方法通常被应用于两个无限集合的势的比较。在集合论中，势是指集合中元素的个数大小，在有限集情形下，就是集合中的元素数量。两个无限集合之间如果可以利用康托尔的方法建立起一一对应关系，它们之间的势就是相等的。但是，从经验主义哲学来看，两个无限集合之间是不能建立一一对应关系的，因为人类不可能经验到无限多个元素对的对应关系的建立过程。

事实上，康托尔建立起来的集合论在无限集情形下就遭遇到了迄今难以解决的困难。

17.3　有型是最基本的原子感知

有型是最基本的"原子"，是不能够进一步细分其内部结构的，否则，有型就不再是有型了，因为其可以被更加细微的有型复制。在前面讨论感知尺度问题时，我们设想了宇宙尺度的相对性，也就是说，存在不同尺度的宇宙，人类只是被局限在某种感知尺度宇宙中的生物。

有型，可以是基于某种尺度内的最小感知，但是在更小的尺度上，这种有型也许是更小尺度有型的复制。

我们可以通过数学中的"分形"概念来感受一下人类感知的尺度效应。

如果我们观察地图上的海岸线，会自然提出一个问题：一段海岸线的长度是多少？我们看到，英国的海岸线是弯弯曲曲的。那么，怎么测量海岸线的长度呢？

我们自然会想到，用一把尺子，沿着海岸线测量，就可以测量出海岸线的长度。但是，我们知道，尺子本身是直的，因此在尺子本身长度以内的海岸线部分，那些弯弯曲曲的部分，就被近似为直线了，显然这样测量出来的长度是小于真实的海岸线长度的。

我们可以用更短的尺子去测量地图上的海岸线，这样就可以减少测量误差，测量出的长度会增加一些。但是，无论用多么短的尺子去测量，误差总是存在的，且测量出来的长度会不断增加。这是因为，在任意短小的范围内，甚至在我们的眼睛能感知的微小范围内，都存在弯弯曲曲的海岸线组成部分。

我们可以想象，在人类肉眼可以感知的微小尺度以下，海岸线仍然存在无限多的弯弯曲曲组成部分，因为即使是海岸上面的礁石的边缘，也存在任意微小尺度上的弯弯曲曲。

也就是说，在小于人类的感知尺度的世界里，仍然存在无限多的弯弯曲曲。

　　如果我们假定不同尺度的海岸线弯弯曲曲的形状是相同的,或者是近似一样的,就出现了所谓的"自相似性"。当然,从哲学角度看,我们有理由这样假设,因为如果不同尺度的世界存在不同的个性化,就说明那个尺度的世界具有某种特殊性。我们没有理由认为某个尺度是特殊世界(这是爱因斯坦的所谓"宇宙民主"),因此这种假设是有道理的。此时,我们就得到了"分形"的概念。

　　1967年,数学家曼德勃罗在美国权威杂志《科学》上发表了一篇严谨的学术论文:《英国的海岸线有多长? 统计自相似性和分数维度》,如果单看文章标题你肯定觉得这不就是标题党嘛,英国海岸线有多长量一下不就出来了啊! 但真的这么简单吗? 事实并非如此,因为文章最后的结论表明:英国的海岸线长度是无法精确测量的!

　　海岸线作为曲线,其特征是极不规则、极不光滑的,呈现蜿蜒复杂的变化。我们不能从形状和结构上区分这部分海岸与那部分海岸有什么本质的不同,这种几乎同样程度的不规则性和复杂性,说明海岸线在形貌上是相似的,也就是局部形态和整形态的相似。在没有建筑物或其他东西作为参照物时,在空中拍摄的100千米长的海岸线与放大了的10千米长的海岸线的两张照片,看上去十分相似。事实上,具有自相似性的形态广泛存在于自然界中,如连绵的山川、飘浮的云朵、岩石的断裂口、粒子的布朗运动、树冠、花菜、大脑皮层……曼德勃罗把这些部分与整体以某种方式相似的形体称为分形(fractal)。1975年,他创立了分形几何学(Fractal Geometry),在此基础上,形成了研究分形性质及其应用的科学,称为分形理论。

　　线性分形又称为自相似分形。自相似原则和迭代生成原则是分形理论的重要原则。它表征分形在通常的几何变换下具有不变性,即标度无关性。由自相似性是从不同尺度的对称出发,也就意味着递归。分形形体中的自相似性可以是完全相同的,也可以是统计意义上的相似。标准的自相似分形是数学上的抽象,迭代生成无限精细的结构,如Koch曲线、谢尔宾斯基地毯(Sierpinski carpet)等。这种有规分形只是少数,绝大部分分形是统计意义上的无规分形。

这里再进一步介绍分形的分类，根据自相似性的程度，分形可以分为有规分形和无规分形。有规分形是指具体有严格的自相似性，即可以通过简单的数学模型来描述其相似性的分形，比如三分康托集、Koch曲线等；无规分形是指具有统计学意义上的自相似性的分形，比如曲折连绵的海岸线、飘浮的云朵等。

分形模型

（1）三分Cantor（康托）集

1883年，康托尔提出了如今广为人知的三分康托集，或称康托尔集。三分康托集是很容易构造的，然而，它却显示出许多典型的分形特征。它是从单位区间出发，再由这个区间不断地去掉部分子区间的过程构造出来的(图17.1)。其详细构造过程是：第一步，把闭区间[0，1]平均分为三段，去掉中间的1/3段，则只剩下两个闭区间[0，1/3]和[2/3，1]。第二步，再将剩下的两个闭区间各自平均分为三段，同样去掉中间的区间段，这时剩下四段闭区间：[0，1/9]，[2/9，1/3]，[2/3，7/9]和[8/9，1]。第三步，重复删除每个小区间中间的1/3段。如此不断地分割下去，最后剩下的各个小区间段就构成了三分康托集。三分康托集的豪斯多夫维是0.6309。

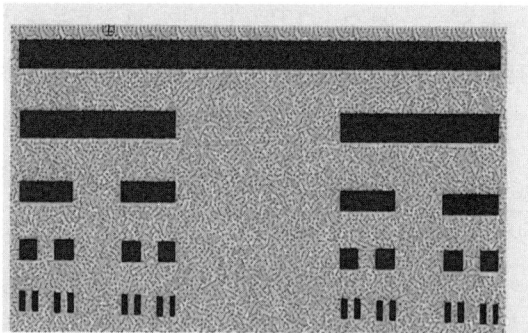

图17.1　三分康托集的构造过程

（2）Koch 曲线

1904年，瑞典数学家科赫构造了Koch曲线几何图形。Koch曲线大于一维，具有无限的长度，但是又小于二维。它和三分康托集一样，是一个典型的分形。根据分形的次数不同，生成的Koch 曲线也有很多种，比如三次 Koch 曲线、四次 Koch 曲线等。下面以三次 Koch 曲线为例，介绍 Koch 曲线的构造方法、其他的可依此类推。三次Koch曲线的构造过程主要分为三大步骤：第一步，给定一个初始图形——一条线段；第二步，将这条线段中间的 1/3 处向外折起；第三步，按照第二步的方法不断地把各线段中间的 1/3 处向外折起。这样无限地进行下去，最终即可构造出Koch曲线。其图例构造过程如图17.2所示（迭代了 5 次的图形）。

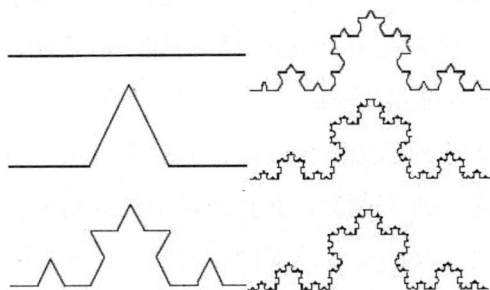

图17.2　Koch 曲线的构造过程

（3）Julia集

Julia集是由法国数学家 Gaston Julia 和 Pierre Faton 在发展了复变函数迭代的基础理论后获得的。Julia 集也是一个典型的分形，只是在表达上相当复杂，难以用古典的数学方法描述。Julia集由一个复变函数

$$f(z) = z^2 + c$$

生成，其中c为常数。

尽管这个复变函数看起来很简单，然而它却能够生成很复杂的分形图形。

图 17.3 为Julia集生成的图形，因为c可以是任意值，所以当c取不同的值时，制出的图形也不相同。

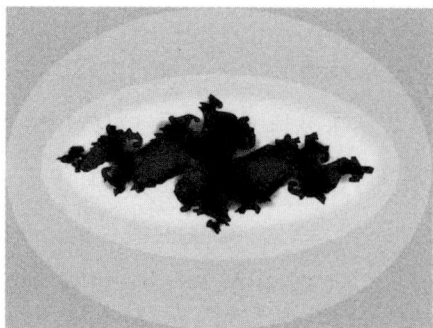

图17.3 Julia集生成的图形

17.4 有型的选择与复制效率

到此，我已经将这样一种思想作了充分的阐述：基于人类大脑是进化的产物，大脑意识在生成人类关于外部世界的知识体系或认知的时候，是按照最小化信息存储空间和能量耗费的经济原则进行的。

进一步讲，基于这种思想，我假设大脑意识是在大脑中记忆存储的最节省记忆空间的最简单的外部刺激，并且通过加法规则来复制外部世界，从而在大脑中用这种复制出来的关于外部世界的模型进行决策。我把这种大脑存储记忆的最简单的外部刺激称为"有型"。有一个问题是，可能存在不同的有型选择。那么，这些不同的有型选择在复制效率上有没有差别呢？

我认为不同的有型在复制效率上是存在差别的，人类的大脑意识会选择最具效率的有型来进行复制。下面，我用著名的"亚里士多德车轮悖论"来说明，关于"长度"的有型，尽管存在多种选择，但是用"直尺量度"是最具效率的。

在图17.4中，有一个木头轮子，可以将它抽象为两个同心圆，大的表示车轮，小的表示车轴。现在，我们想象轮子在地面上滚动了一圈。我们假定这种滚动是纯粹的滚动，没有任何滑动。那么，轮子滚动一圈就意味着轮子平移了一个等于轮子周长的长度。

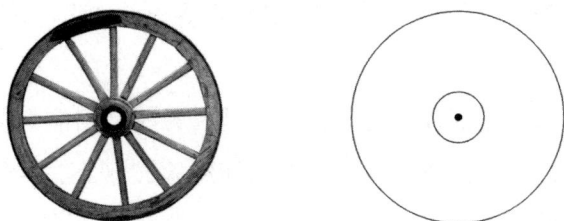

图 17.4　亚里士多德车轮

现在，我们来观察构成车轴的那个小一点的同心圆。显然，它也随着大轮旋转了一圈。我们想象在大轮滚动一圈的时候，车轴小圆也"压在"一条平行于地面的直线上"滚动"，也恰好"滚动"了一圈。显然，大圆与小圆"滚动"的距离是一样的，都等于大圆的周长。但是，我们同样也可以将小圆"滚动"的距离视为小圆的周长。也就是说，小圆的周长与大圆的周长是相等的。显然，这个结论是荒谬的。这就是亚里士多德在《论机械》中提出的著名的"亚里士多德车轮悖论"。

如果我们仔细观察，会发现这个所谓的悖论是可以得到解释的。车轴因为车轮的滚动而平行地面向前移动，因此，按照力学原理，车轴本身存在一个平行于地面的移动速度。如果小圆是真的压在一条平行于地面的横条上滚动的话，且存在足够大的摩擦力，这时候车轮是滚动不起来的。当然，我们可以想象横条是光滑的，比如是一根玻璃棒，则小圆会沿着玻璃棒滚动。

我们可以进一步设想，车轮和车轴的表面涂有一种颜料，则车轮会在地面上滚出一条直线段，长度等于车轮的周长，而车轴也会在玻璃棒上滚出一条直线段，长度也等于车轮的周长。由于车轮的周长比车轴的周长要长一些，因此实际上车轴"滚动"的距离要比其周长长一些。这意味着车轴在滚动的同时，还存在一个滑动。如果说车轮是滚动向前的，那么，车轴就是"连滚带爬"向前移动的。

现在的问题是：为什么要认为车轮滚动的长度等于车轮的周长，而不认为车轴滚动的长度不等于车轴的周长，并且认为车轴一定存在滑动呢？显然，这是根据力学原理来说的。

从哲学层面看，力学原理是人类的理性世界中的知识，是理性知识，而我们看见的滚动是感知经验。

我们之所以认为车轴存在滑动速度，是因为我们相信力学原理。而力学原理是人类的理性知识，并不是单纯的感知经验。现在，我们假设有一个完全没有受到基本的物理学教育的观察者，他不知道车轴有一个滑动速度，他只能观察到涂有颜料的车轮和车轴都各自在地面上和玻璃棒上滚动出了一条直线段。假定这个人现在打算定义长度的概念，他有多种定义的选择。比如，他可以用直尺测量来定义长度，这就是我们现在熟悉的长度定义。按照这种定义，如果他可以把车轮拆开，将构成车轮的木条（假设车轮是木条制造的）拉伸成直条形状，再用直尺去测量它的长度，然后用直尺去测量车轮在地面上滚压出来的颜色长度，会发现两者是一样的。

他也会发现，如果将构成车轴皮面的那层薄薄的木料用机器切割下来，拉伸成直条，用直尺测量长度，其长度小于其在玻璃棒上滚压出来的颜色长度（这个颜色长度也等于车轮在地面上滚压出来的颜色长度）。

也就是说，当我们用直尺作为长度的有型时，车轮的周长等于滚压出来的颜色长度，而车轴的周长不等于滚压出来的颜色长度。

这里的问题是，同样是滚压出来的颜色长度，我们为什么一定要以车轮滚动出来的长度作为车轮的周长，而不能以车轴滚动出来长度的作为车轴的周长呢？当然，人们会说车轮与车轴的这种不对称来自车轴存在滑动速度，而车轮没有滑动速度。然而，这种认知纯粹来自理性知识，即力学原理。事实上，人类的感知都是一样的：无论是车轮还是车轴，都被观察或感知到是单纯的滚动。譬如，假定在车轮的中心(也是车轴的中心)有一个小人国的观察者，他看不见车轮在地面上滚动，仅仅能看见车轴在玻璃棒上滚动，他不可能感知到车轴的滑动。当然，他也可以搞清楚车轴到底是存在滑动速度还是单纯的滚动，因为他可以根据车轴的滚动速度和车轴的半径，以及玻璃棒上的颜色长度，通过计算发现车轴除了滚动速度，还存在滑动速度。

但是，我们已经假定这个观察者没有受过一丁点儿基本的物理学教育。这种凭借理性知识获得的结论，对于他是不可能知道的。但是，同样按照长度的直尺有型，小人国的观察者获得的车轴周长是小于车轮周长的。

这样，我们选择直尺有型的时候，可以知道车轮的周长与车轮滚压出来的颜色长度是一样的，并且明确这是因为车轮的单纯滚动，没有滑动，同时，也知道车轴存在滑动。

现在，如果我们改变有型，用单纯滚压出来的颜色长度作为车轮和车轴的周长测度，也就是说，并不是将车轮和车轴拆开、拉伸成直条，而是直接将滚压出来的颜色长度作为车轮和车轴的周长，则车轮和车轴的周长就是一样的。显然，这种有型复制出来的结果是违反直觉的，因为车轮与车轴的周长显然是不一样的。

按照康托尔的一一对应方法，任何两条直线段上的点的数量或基数都是一样的。其实，类似的方法可以看出，车轮与车轴之间也是存在一一对应关系的。如果我们将构成车轮和车轴的点的基数作为周长的长度，则两者的长度就是相同的。然而，我们关于长度的直觉并不是这样的，在直觉看来，车轴的周长是小于车轮的周长的。因此，周长或长度是纯粹的感知经验，而构成线条上面的点却是理性知识。

我们看到，就复制效率来说，直尺有型较之滚压有型来说，明显具有较高的效率，因为直尺有型复制出来的结果较之滚压有型复制出来的结果更加符合直觉感知经验。

17.5　有型就是最基本的大脑存储单位

有型是大脑意识将某种对于外部世界的简单物理刺激模块化的印象，是用于复制外部世界复杂现象的"砖块"。其本身是最基本的"原子"，是不能进一步分解的。长度有型是不能进一步分解的。因此，欧几里得说直线段是由点组成的并不合适。

下面我们以伽利略在1638年出版的《论两种新科学及其数学演化》中提出的关于"亚里士多德车轮悖论"的解读来说明这一点（图17.5）。

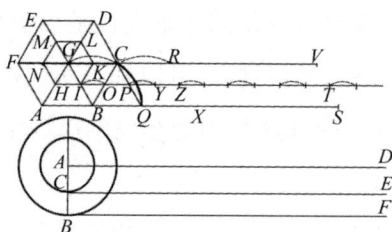

图17.5　伽利略对"亚里士多德车轮悖论"的解读

在图17.6中，用正 n 边形去近似圆周， n 越大，就越接近圆。

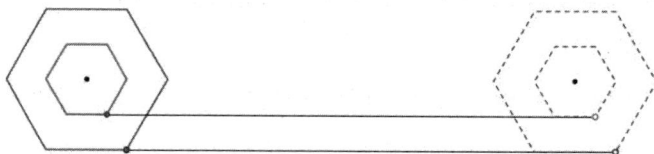

图17.6　用正 n（正六边形）边形近似圆周

接下来，我们想象分别在外面的大多边形和里面的小多边形涂上色彩，然后让多边形在地面滚动。显然，外面的大多边形会在地面上留下连续的色彩痕迹，而里面的小多边形留在想象的玻璃棒上面的色彩痕迹不是连续的，而是间断的，因为当大多边形的顶点接触地面的时候，里面的小多边形会被向上托起，并且离开玻璃棒。这种与玻璃棒的脱离会导致玻璃棒上面的色彩痕迹间断。

在图17.6中，随着 n 的增加，正多边形越来越像圆。按照伽利略的说法，当 n 趋于无穷大的时候，大圆滚压出来的色彩痕迹是连续的，但是小圆滚压出来的色彩痕迹不连续，尽管存在无穷多的色彩点，但是也存在无限多的无穷小长度的间断。

当 n 趋于无穷大时，小圆的滚压色彩痕迹用虚线表示，表明其中存在无限多的无穷小间断。因此，按照伽利略的解读，小圆的周长小于大圆的周长，因为虚线的长度扣除了无限多间断后小于大圆滚压出来的长度。

显然，按照伽利略的这种思路，我们就可以将直线段视为由无限多个点组成的，此时点就是有型，可以用它来复制出直线段。然而，即使是从数学角度来看，伽利略的这种思路也是不严谨的，因为假如点有长度，以及间断有长度，无论是多么小的长度，无限多加起来也是无穷大的。因此，用点作为有型是不能复制出直线段的。也就是说，我们关于长度的有型只能是一段直线段，不能再把直线段细分了。

当然，如果考虑人类的尺度局限，伽利略的分析也有道理。因为，在人类感知的一个大于零的最低尺度以下，是不能够感知到的，也就是说，恰如我们之前解读微积分中的无穷小一样，伽利略的正多边形在 n 充分大时，就打住了，此时有限多个间断的加总也是有限的。

第 18 章　元理性理论的脑科学和神经科学证据

　　在本书中，我提出了大脑是按照节省信息存储空间和能量耗费的经济原则运行的理论，即元理性。在这种理论假设下，我对人类的认知模式，以及在此基础上形成的关于外部世界认知体系特征进行了解释，这些认知体系不仅包括自然科学领域，还涉及数学、艺术等领域。

　　那么，一个自然而然的问题是，这样一种理论，有没有来自脑科学或神经科学方面的证据呢？关于这个问题，我可以大胆地说，在脑科学和神经科学领域存在强有力的证据！下面，我将分别从神经科学、人类学、心理学、脑科学和意识科学的研究成果里面抽取证据。

　　事实上，来自神经科学、人类学、心理学、脑科学和意识科学的大量文献都提供了支持元理性理论的证据。不过，我在本章只打算从一部近年来在脑科学和神经科学领域影响很大的科普性著作中挖掘出一些片段来展示这些证据，除此之外，也顺便引用一些其他心理学家的研究成果。

　　这部著作就是著名的法国脑科学家和神经科学家斯坦尼斯拉斯·迪昂的名著《脑与意识：破解人类思维之谜》。迪昂是目前欧洲脑科学研究领域的领头人、法兰西学院实验认知心理学教授、著名认知神经科学家、法国科学院院士、比利时皇家科学和艺术院院士、美国科学院外籍院士，其研究涉及脑与意识、数字、阅读等多个领域，均取得了令世人瞩目的成就。比如，他通过实验在大脑中发现了主观意识的客观标志，让人们能真正"看见"意识。他已在《自然》《科学》等国际权威杂志上发表了300多篇文章，是很多人眼中大师级的人物。2000年诺贝尔生理学或医学奖获得者埃里克·坎德尔是这样评价迪昂的：迪昂开创的一系列研究意识的实验，彻底改变了这一领域，并为我们带来了第一个直接研究意识生物学的方法。

大脑是目前人类在宇宙中发现的最复杂的结构，是除宇宙之外人类最大的未解之谜，宛若研究领域最耀眼的一项王冠。而王冠之上那一颗璀璨的明珠，则要属于意识研究——它如此令人着迷，如此深不可测，充满挑战性，吸引着全世界所有科学和脑研究领域的巨擘的目光。

在他们中，作为全世界最有影响力的认知神经科学家之一，斯坦尼斯拉斯·迪昂厥功至伟。由于为人类大脑领域的研究作出了重要贡献，2014年，迪昂同其他两位科学家共同获得了有"神经科学界诺贝尔奖"之称的大脑奖（The Brain Prize）。该奖项每年评选一次，奖金100万欧元，是世界上影响力最大、最有分量的脑科学奖项。迪昂最初所学的专业并不是认知神经科学，而是数学（与我一样）。他本科毕业于著名的巴黎高等师范学院数学专业，后获得巴黎第六大学应用数学及计算机科学专业硕士学位。他后来受到让-皮埃尔·尚热在神经科学方面的研究吸引，就将研究方向转向了心理学及神经科学，跟随认知神经科学创始人乔治·米勒、转换生成语法理论创始人乔姆斯基、认知发展理论创始人皮亚杰三位大师的学生杰柯·梅勒学习，获得博士学位。

正是这样一位杰出的认知神经科学家，其著作引起了我的注意，并且，在他的这部《脑与意识：破解人类思维之谜》中，我如在海边拾贝的孩子那样，不时可以发现不少印证元理性的基本假设及推论。

18.1　迪昂的意识通达概念类似于元理性中的感知概念

迪昂院士在意识研究中提出了三种不同的概念，即"警觉，注意，意识通达"。他认为只有意识通达才可以被视为真正的意识，因为人在清醒的时候所关注的对象才能成为意识的内容，而仅有警觉和注意是不够的。

按照迪昂的定义，所谓的警觉，是指"觉醒的状态，在清醒或者睡着时发生变化"；注意，是指"将大脑的资源集中在特定信息上"；意识通达，就是"有一些受到关注的信息会最终进入意识，并且可以向他人传达"（斯坦尼斯拉斯·迪昂，2018）。

按照迪昂的解释，意识通达就是人在醒着的时候，决定要关注的点，都可能成为意识。也就是说，仅仅有警觉和注意是不够的。当我们完全清醒专注的时候，有的情况下能向他人描述对所看到的物体的知觉，有的情况下却不能，可能是因为物体太暗或者一闪而过无法辨别。第一种情况下，可以说我们完成了"意识通达"，而第二种情况下则不能。

因此，我们看到，迪昂的"意识通达"概念，关键点就是能够向他人清晰描述自己的感知。其实，在这一点上，意识通达就类似于我在元理性中提出的"感知"！在元理性理论构架中，正如前面已经指出的那样，我们说感觉器官感觉到的物理刺激是被大脑先天综合判断整理编辑之后才形成感知的，相当于说有一些感觉到的物理刺激并没有被纳入感知，因为在这种整理编辑过程中会舍去一些信息。只有那些无逻辑矛盾能够和谐共处于一体的物理刺激才能被纳入感知体系中。迪昂的《脑与意识：破解人类思维之谜》中也表达了类似的思想。

之前我曾指出，根据康德哲学，人类的感觉器官只具有有限的感觉范围，是不能完全感觉物自体本身的。迪昂的神经科学研究中甚至发现即使感觉器官接收到的大多数物理刺激，大脑意识也会放弃它们，也就是说不让许多来自外部世界的物理刺激进入意识，而是让它们流失在无意识中。

我认为，这是因为，大脑在存储信息需要的脑空间方面存在局限，还有大脑也存在能量耗费的约束，因此只选择部分物理刺激进入意识之中。神经科学家通过大量的实验发现，人们在许多场合会在意识中忽略某些感觉到的物理刺激，这种忽略一方面出现在短暂出现的场景、图片或声音（所谓的"阈下知觉"）中，另一方面出现在人们的注意力或意识的选择中，也就是说，意识有意忽略，是因为意识专注于某些感觉刺激。这些实验在迪昂的《脑与意识：

破解人类思维之谜》中有详细的介绍。

迪昂写道："意识通达从表面上看很平常：我们看着一个物体，似乎立刻就知道了它的形状、颜色和性质。然而，在意识知觉的背后却蕴含着涉及数十亿神经元的精致而复杂的大脑活动，当这些活动持续半秒后意识才会涌现出来。我们该如何解析这一长串的连锁反应？我们该如何辨别哪一部分是纯粹的无意识和自动程序，哪一部分又使我们产生了'看见'物体的意识感觉？这就是现代意识科学的第二个元素介入的地方，我们现在可以通过实验的方法来探究意识知觉的机制。在过去的20年中，认知科学家找到了非常多的方法来操纵意识。即使实验设计中的微小改动也会使我们看得见或者看不见某一物体。我们可以非常容易地让语词一闪而过，使被试根本不会注意到。我们也可以创造一个精心布置的视觉场景，其中有一样东西使被试始终看不见，因为别的东西总比这一件更能够赢得你意识知觉的关注。我们也可以像所有魔术师都知道的那样干扰你的注意，如果将观察者的注意转移到别处，即使最明显的手势也不会被察觉。我们甚至可以让你的大脑变魔术：两张不同的图像同时展现给你的双眼，但大脑会自发地让你先看一幅图，再看另一幅图，而不是同时看两幅图。可以看到的图像会进入意识，而没有看到的图像则消失在无意识的虚无中。它们两者可能只是在输入时有微小的差别，但是在大脑内部，这种差别一定会被放大，因为最终你只可以说出其中一种图像，却说不出另一种。要确切地探明这些放大过程发生在大脑何处及何时，是新的意识科学的目标。"（斯坦尼斯拉斯·迪昂，2018）

在这里，我们看到，神经科学家其实把人们感觉到的来自外部世界的物理刺激分为两类：一类是被意识到了的，而另一类是尽管被感觉器官感觉到了的信息，却只是留在无意识中，没有进入意识。

在元理性中，感知就是意识到了的东西。因此，元理性中的感知其实等同于神经科学家所说的意识，而元理性中说的尽管被感觉器官感觉到了的信息，如果没有被纳入感知，就等同于神经科学家说的留在了无意识中。当然，无论是神经科学还是元理性，都不否认外部世界还可能存在不能被人类感觉到的东西。因此，用康德哲学的语言说，物自体不仅是不能完全被感知到的，甚至可能是不能完全被人类感觉到的。

元理性理论认为大脑意识存在耗费能量的运行活动，而且这种活动就是意识整理编辑来自外部世界输入信息的过程。事实上，这样的假设其实存在来自生物学的证据。在理查德·利基的著作《人类的起源》中，他明确指出："生物学家探知，脑是新陈代谢耗费能量很多的器官。现代人脑子的重量只占身体的2%，但耗费的能量却达到20%。"（理查德·利基，2019）在迪昂的这部著作中，他也提出了具体的神经科学理论，并且这种理论显然就是元理性这种假设的一种支持。他写道："通过实验发现人脑中可被重复观测到的意识标志只是第一步。我们也需要理论依据，需要弄清这些标志是如何产生的，它们为什么标志了意识的存在，为什么脑只有在某些状态下才会产生内在的意识体验。迄今，还没有一个科学家能说自己解决了这些问题，但是我们确实拥有了一些比较好的而且能够验证的假说。我和同事阐述了一个被我们称为'全脑神经工作空间'的理论。我们提出，意识是全脑皮质内部的信息传递，即意识从神经网络中产生，而神经网络存在的原因中有大量分享相关信息的活动。"（斯坦尼斯拉斯·迪昂，2018）

迪昂明确提出的神经科学发现，证实了元理性关于大脑意识整理编辑外部世界信息的假设。他写道："在过去的10年里，这一点阈下知觉实验被重复了成百上千次——不仅是对书面文字，还有针对面孔、图片和绘画的实验。这些实验都得出了同一个结论，即我们所感受到的有意识的视觉影像是一个经过了高度加工的图像，远远不同于我们眼中所接收到的未加工的信息。"（斯坦尼斯拉斯·迪昂，2018）

在这个问题上，有意思的是，神经科学家其实已经有了关于我们在元理性中提出的大脑意识存储外部世界信息的概念。迪昂写道："由于全脑神经工作空间的存在，我们可以长时间地保留那些给我们留下深刻印象的想法，并能够在未来计划中运用它们，不论我们想保留多久，也不管未来计划是什么。于是，意识在脑的计算经济中有了准确的定位，它选择、放大并传播重要的想法。"（斯坦尼斯拉斯·迪昂，2018）

显然，令人感到惊奇的是，迪昂在这里居然直接用了"意识在脑的计算经济中"这样的表达，恰好与元理性的基本假设——大脑按照经济原则运行——相合！

迪昂还在神经科学机理上说明了这种全脑神经工作空间的运行方式。他写道："那么哪些回路与意识的传播功能有关呢？我们认为，一组特殊的神经元负责在脑中传递意识信息，这些细胞身形巨大，很长的轴突在大脑皮质上纵横交错，将皮质连为一个整体。对这个结构的计算机模拟重复了我们的主要实验成果。当足够多的脑区一致认为刚收到的感觉信息很重要时，它们就会同步形成一个大尺度的全脑交流系统。一大片神经网络瞬间被高强度激活，而这种激活的本质则解释了我们实验中所得到的意识标志。"（斯坦尼斯拉斯·迪昂，2018）

18.2　神经科学中关于大脑存储外部世界信息空间的稀缺性证据

神经科学的研究中也存在诸多证据支持关于大脑存储信息空间是稀缺的假设。迪昂指出："当意识被占据的时候，其他信息必须在一个无意识的缓存中等待。这种等待是危险的，在任何时候，由于内在的杂音、干扰的想法和别的外来刺激，缓存中的信息可能从意识中被完全地删除掉，即瞬脱了。实验确实证明了这一点，在一个双重任务中，不响应和瞬脱现象都出现了。意识知觉到的第二个事物总是滞后的，而且随着延迟时间的增加，完全被忘记的概率也增加了。"（迪昂·斯坦尼斯拉斯，2018）也就是说，存储信息的大脑空间是稀缺的。

18.3　在大脑中存在关于外部世界的一个"地图"假说

元理性认为，大脑意识中需要有一个关于外部世界的"模型"，它是引导人类行为的指南。因为大脑存储信息和处理信息的能力是有限的，它不可能将外部世界的所有信息全部存储起来，因此这个模型就是人类在关注外部世界时，在大脑中复制出一个外部世界，而复制是不完全的，受大脑有限的信息存储和处理能力的约束。在哈耶克看来，正是心智才使世界以一种有组织和可感的方式"呈现"在我们面前，而不是随机的意象和图景，也不是一片混乱和模糊。

除此之外，罗伯特·伯顿在《神经科学是什么》一书中也明确写道："我们拥有指示未来行为的大脑地图，这应该不足为奇。如果在做出行为之前没有引导性的神经活动，便不可能有复杂的动作。"（罗伯特·伯顿, 2017）

18.4　心理学家关于"有型复制"的证据

在元理性中，有型是最基础的概念，有型复制是元理性的核心理论假设。那么，心理学家有什么发现能为这一假设提供证据呢？

意识用已经熟悉的感知去复制新的外部世界物理刺激。这种认知方式是基于节省大脑工作成本的缘故。在前面我已经指出，侯世达和桑德尔认为，观察者是通过熟悉的事物去理解不熟悉的事物。他们还指出，作"类比"这一普遍存在的心理过程背后是什么？由于生存的需要，人类需要将现在发生的事和过去发生的事进行类比，把握过去的经历和现有情况的相似之处，并且帮助他们理解新事物。

在认知心理学领域，最近也有人提出类似于"简单观念"的概念。侯世达和桑德尔用"范畴"或者"模拟器"来说明类似的思想。他们指出，在遇到新刺激时，"模拟器"会激活人脑中的特定区域，这些区域在遇到与新刺激十分接近的经历时，是曾经被激活过的。

因此，根据元理性原理，大脑仅仅记忆存储最为简单的、来自外部世界的构成（它们是构成外部世界事物最基本的"砖块"）的一些简单观念，并且这种简单观念也仅仅是大脑自己生成的一些抽象符号。对于其他更为复杂的外部世界事物，大脑并不进行记忆存储，而是用简单观念通过加法规则将它们复制出来。因为康德指出的原因（物自体是不可知的，是"彼岸"），复制其实是并不完全的。物自体不能被复制的部分是远大于能够被复制部分的，根本原因是大脑工作能力的有限性与外部世界信息的无限性之间的矛盾。

18.5 神经科学中关于因果关系来自大脑创造的观点

在元理性理论创建之初，我援引了大卫·休谟关于因果关系是大脑节省能量耗费而勾连起不同记忆片段的假设。我们现在来看看关于这个问题神经科学家是怎么说的。在罗伯特·伯顿的《神经科学是什么》一书中，他写道："近300年前，哲学家大卫·休谟提出，因果关系是一种感觉，它源自以前的经验以及将分散的事件连接成因果关系的内在机制。令人遗憾的是，我们不能穿越回过去，给提出伟大见解的人写感谢信，他们的洞见经住了时间的考验……休谟提出了一个有关归纳的问题：我们永远不知道未来是否会与过去相一致。从大致的层面来看，这并不是问题。大脑从来没有上过哲学课，它是一个实用主义者。在大脑看来，有用的就是真的。像任何成功的赔率制定者一样，大脑能够预测概率，但不会坚持要得到完美的答案。我们只了解普遍的经验法则便够了，比如B经常出现在A后面，所以很有可能A导致了B。认识感在本质上就是，看到的形象与存储的形象很相符的无意识感觉。与之类似，因果关系也是一种无意识感觉，它来自潜意识的预测，即B很可能伴随着A的出现……"（罗伯特·伯顿，2017）

第 19 章　来自人类学的理论支持

我在本书中提出的关于元理性的诸多基本假设，在人类学中也可以找到相关的理论支持。下面，我就以理查德·利基的名著《人类的起源》为样本，列举人类学家关于人类大脑工作的一些理论观点。我们可以看到，人类学家指出的某些人类大脑工作特性，是与元理性理论惊人相似的。

19.1　人类大脑中有一个关于外部世界模型的人类学理论

我在元理性中假设人类大脑需要一个关于外部世界的模型。人类行为是以这个模型为指南的。并且，这种模型是以有型作为基本"砖块"按照加法规则构建起来的，构架的脚手架是逻辑。元理性的基本要义就是，大脑意识以最简单的物理刺激作为有型，即基砖，按照逻辑（包括哲学范畴），用加法规则建构起关于外部世界的模型（前面我也称为"地图"），形成大脑中关于外部世界的模型。人类的大脑决策是建立在这种模型基础上的。

在《人类的起源》的前言中，利基写道："直立人最早使用火；最早把狩猎作为生计是重要部分；最早能像现代人一样奔跑；最早能依照某种脑海里的模型制造石器；也最早分布到非洲之外的地区……"（理查德·利基，2019）我们发现，在这里，利基就明确用到了大脑中的"模型"这一术语。

在《人类的起源》的第二章，利基还写道："大约在140万年前，非洲出现了一种新型石器组合，考古学家们将其称为阿舍利石器工业，因为在法国北部的阿舍利首次发现了这些工具的晚期变体。于是，在人类的史前时代第一次有证据表明：石器制造者心中有一个模板，他们按照自己的想法，有意识地把原材料塑造成某种形状。呈泪滴状的阿舍利手斧就是靠精湛的技术和耐心而制造出来的……"（理查德·利基，2019）显然，在这里，利基所说的"心中有一个模板"，就是大脑中有一个关于外部世界模型的意思。

在《人类的起源》的第八章，利基把模型的概念表达得更加明晰。他说："当代生物学最深奥的问题就是这种情况发生的原因……也许意识是在大脑对世界的模拟变得如此完善，以至于它必须包含一个自身的模型时产生的。"（理查德·利基，2019）

在同一章中，利基还清楚地表明了大脑需要存储外部信息的意思。他说："在灵长类生活中，对个体本身的挑战是要预见其他成员的行为。一种应对方法是，个体在脑子里建设巨大的智力库，其中储存了同伴的所有可能的行为和自身适当的反应。这正是名为'深思（Deep Thought）'的计算机程序达到国际象棋大师水平所采用的方法。"（理查德·利基，2019）利基用到了计算机程序中储存数据的概念，并且用来比喻大脑存储外部信息的功能。

在第八章中，利基还进一步把这种思想表达得更加详细。他写道："我们每个个体所感知到的世界基本上由我们自己创造，被我们自己的经验所控制。同样，作为一个物种，我们感知到的世界受到感觉性质的支配。狗的主人都知道，嗅觉经验为犬科动物特有，人类不能参与其中。蝴蝶能看到紫外线，而人类不能。因此物种头脑内部的世界——无论是智人、狗还是蝴蝶，都是由外部世界进入内部世界的信息流动的性质，以及内部世界加工信息的能力所形成的。真实的外部世界和头脑感觉的内部世界存在差别。脑部在进化过程中增大，使其能完全驾驭更多感觉信息的渠道，更彻底地整合输入的信息。因此是精神模式让内部的精神世界和现实的外部世界更加接近（尽管二者如我所说存在某些无法避免的信息上的差距）。我们因自身的内省意识而骄傲，但我们只能通过大脑里面的有限装备来认识世界。"（理查德·利基，2019）。

戴维·罗克的《效率脑科学：卓有成效地完成每一项工作》一书中也有类似的观点。其中，罗克写道："前额皮质是你与世界进行有意识互动的生物基础，是大脑的思考核心，它让你在生活中不会进入'自动驾驶'模式。在过去的几十年里，神经科学家们对大脑的这一区域有了重大发现，特别是由美国耶鲁大学医学院神经生物学教授埃米·安斯坦领导的团队取得了显著成果。与她已故的导师帕特里夏·戈德曼-拉基一样，安斯坦在职业生涯中致力于揭开前额皮质的神秘面纱。'前额皮质在任何时候都承载着我们的思想内容，'安斯坦解释道，'有些想法不是由外部信源或感官产生的，而是我们自行产生的。我们把想法保存在前额皮质之中。'"（戴维·罗克，2022）

19.2　人类学中的有型概念证据

有型概念是元理性中最基本的元素。其实，理查德·利基的《人类的起源》一书中也有证据。该书的第六章谈及原始人的艺术创作，利基提供的证据如下：

"我曾说过，冰河时期的艺术来源于古人的生态背景中的动物，并且这些动物的相对比例不与实际情况吻合，这表明了艺术本身的神秘莫测。但除了具体形象，壁画中还有其他零散的几何图案或符号，如圆点、格子、锯齿形花纹、曲线、之字形花纹、巢状曲线以及矩形，这是旧石器时代晚期艺术最让人迷惑的因素。大部分符号被解释为狩猎——巫术或雌雄二元性假说的组成部分。刘易斯-威廉斯近期提出了一个新颖而有趣的说法。他认为这些符号是巫术的迹象，是由幻觉而产生于头脑中的图案。

"刘易斯-威廉斯研究南非昆桑人艺术已经40年了。大多数昆桑人艺术可追溯到1万年前，也有些是近代的创作。他逐渐意识到，昆桑人艺术与西方人类学家长期以来的假定不同，它未能表现出昆桑人淳朴的生活。相反，它是巫术的产物，表现了巫师的灵魂，再现了巫师在幻觉状态下看到的东西。刘易斯-威廉斯及其同事托马斯·道森曾访问了一位住在南非特兰斯的特索洛区的老太太，她是巫师的孩子，讲述了某些已经消失的巫术。

"她说，巫师能用麻醉药和强力呼吸使自己'阴魂附体'，之后成群的妇女富有韵律地歌唱、跳舞和拍手。随着'阴魂附体'状态的加重，巫师开始哆嗦，胳膊和身体猛烈颤动，好像昏死过去一样，身体弯曲，看起来很痛苦。转角大羚羊在昆桑人神话中代表强大的力量，巫师可以割断羚羊的脖子和喉咙，用力把流出来的血灌进一个人脖子和刀口，这样就能给这个人注入力量。后来，巫师再用羚羊血把幻觉中的图景画出来。老太太还告诉刘易斯-威廉斯，图像有其自身的神力，这神力来自图像在绘画过程中的相关幻觉情景，把手放在上面可以得到力量。"（理查德·利基，2019，第六章）

"大羚羊经常出现在昆桑人的绘画中，其力量以多种形式表现出来。刘易斯-威廉斯想知道：马和野牛对于旧石器时代晚期的人来说是否也是类似的力量来源，也就是说，人们是否会通过求助这些图像，并触摸它们以攫取灵魂的力量。他需要证据证明旧石器时代晚期的艺术就是巫术，几何符号可以作为探索问题的线索。

"刘易斯-威廉斯查找的心理学文献指出，幻觉包括三个阶段，依次从简单到复杂。在第一阶段，被'阴魂附体'的人可以看到格子、Z字形、圆点、螺旋形和曲线等几何图形，总共6种形式的图像闪闪发光，变幻莫测，充满力量。它们由大脑基本的神经结构产生，因此被称为'内视'图像。刘易斯-威廉斯于1986年发表于《当代人类学》（*Current Anthropology*）的一篇论文指出：'该图像来自人的神经系统，当人们的意识进入某种特殊状态时，不论其文化背景如何，都很容易看到这些图像。'在第二阶段，'阴魂附体'者开始把图像看作实物。比如，曲线被认为是地形上的山，锯齿形花纹被当作武器等。一个人能看到的东西性质取决于其文化素养和所关心的对象。昆桑人巫师常把曲线看作蜂窝状图像，是因为蜜蜂是让他们进入'阴魂附体'时利用的超自然力的象征。"（理查德·利基，2019，第三章）

很显然，按照人类学家的发现，在原始人那里，用抽象的（当然是简单的）图像去复制现实，其实就是元理性中所说的有型复制。理查德·利基还写道："如果图像在幻觉中产生，那么对旧石器时代晚期画家来说，它们与马和野牛

一样真实存在。"(理查德·利基, 2019, 第六章)

在元理性中, 有型是存储在大脑记忆空间里面的。理查德·利基也有类似的说法: "提到艺术, 我们总会想到画在帆布或墙壁上的绘画, 总有一个表面的存在。但巫术并非如此。巫师的幻觉常从岩石表面产生。刘易斯-威廉斯解释道: '巫师看到的图像好像早已被印刻在灵魂里, 他们在绘画时只是画出已存在的东西。因此, 最初的图像不是用想象的表现主义画出来的, 而是来源于脑海里已有的图像。'他提出, 岩石表面是现实世界与灵魂世界的分界和通道, 不只是形成图像的媒介, 更是图像和仪式的组成部分。"(理查德·利基, 2019, 第六章)

19.3　灵长类的二阶理性

我在前面的章节中用元理性原理解释了著名的猜数字博弈实验结果。按照元理性原理, 大多数人在一般情况下只显示出二阶理性, 除非动用更高阶的理性活动可以获得更多的收益。

有意思的是, 人类学家发现, 在灵长类动物中, 也有二阶理性的显示。这说明, 不仅人类的大脑, 即使某些灵长类动物的大脑, 也符合元理性的原理, 也是按照经济原则运行的。

下面, 我们来看看人类学家发现的一个现象, 它是理查德·利基在《人类的起源》中描述的一个故事: "一只成年雄黑猩猩独自在喂食区, 一只电控的箱子打开了, 里面有香蕉。此时, 第二只黑猩猩走了过来。第一只黑猩猩迅速关上箱子并若无其事地走开, 看上去好像什么事情也没有发生。它一直等到同类离开后才打开箱子取出香蕉。但它上当了, 同类并未离开而是藏了起来, 暗中观察。第一只黑猩猩反而受到了欺骗。"(理查德·利基, 2019, 第八章)。

这说明, 第一只黑猩猩具有二阶理性, 而第二只黑猩猩具有三阶理性。吃到香蕉的收益是足够大的, 使第二只黑猩猩动用了三阶理性。

这有点像猜数字博弈, 赢钱的参与人因具有三阶理性而赢钱。在这里, 第二只黑猩猩因为具有三阶理性而吃到香蕉。这个例子说明即使是灵长类动物, 它们的大脑也可能进化出了一定的理性程度。

第 20 章　来自脑科学和意识科学的证据

　　目前，可以说人类科学研究的最前沿就是脑科学和意识科学了。如果说在 20 世纪，人类科学探索的最前沿是浩瀚的宇宙，人类的好奇心也专注于宇宙科学，那么，进入 21 世纪后，我们发现，比宇宙还要浩瀚无疆，还要神秘莫测的是人类自己的大脑，以及与之相关的意识。在既往的历史长河中，意识还只是哲学家议论的话题，但是今天，意识已经是建立在科学实验基础上的实证科学中的一员了。

　　我在脑科学和意识科学的文献中，也发现了不少支持元理性理论假设的证据。

20.1　大脑组织外部世界物理刺激形成观察图像

　　我在元理性理论建构的初始阶段就指出，我们的大脑感知外部世界，其实是依靠感觉器官接收外部世界的物理刺激，并且通过大脑内部自己完成组织过程，将这些外部世界的物理刺激"编辑"成为我们"看见的"关于外部世界的图像，它其实是大脑的创造。

　　关于这一点，我们可以在诺贝尔奖得主、著名的意识科学家杰拉尔德·M.

埃德尔曼的名著《意识的宇宙：物质如何转变为精神》（与朱利欧·托诺尼合著）的开篇引用的一段话里，找到意识科学家的类似观点支持。

在该书一开始，埃德尔曼等就引用了早期的神经生理学家查尔斯·谢灵顿在其作品中的一段话："极目长空，我看到了平展展的苍穹，一轮耀目的太阳以及其下的万物。我是靠哪些步骤做到了这一点呢？一缕阳光射入眼中，并聚焦于视网膜，它引起某种变化，这种变化又往上传到脑顶部的神经层。从太阳到脑顶部这整个一连串事件都是物理的，每一步都是一种反应，但继之而来的是一种和引发之物全然不相像的变化，对此我们完全无法解释。在头脑中呈现出的是一幅视觉场景：我看到苍穹和其中的太阳，还有其他可以看得见的万物。事实上，我知觉到我周围的世界图景。"（杰拉尔德·M.埃德尔曼和朱利欧·托诺尼，2019）

同样在该书的开篇，他们还引用了罗素的一段话："假定从某个可见物体起，开始了某种物理过程，传到眼睛后变成了别种物理过程，而在视神经中又引起另一种物理过程，最后在脑中产生某些效应。与此同时，我们'看到了'引起这些过程的物体，'看到'是某种'精神上的'东西，与先于它并伴随着它的物理过程在性质上是完全不同的。这种观点太不可思议了，以至于形而上学论者想出了形形色色的各种理论，企图用某种显得不那么奇怪的东西取而代之。"（杰拉尔德·M.埃德尔曼和朱利欧·托诺尼，2019）

其实，无论是谢灵顿，还是罗素，他们的话都表明他们对于意识是不是可以用科学方法加以研究这个问题的怀疑。但是，在埃德尔曼这部书的第一章开篇就表明了这样的意思：到了当代，意识问题已经成为科学研究的主题之一了。书中写道："意识问题一直受到人们注意。在过去，意识研究是哲学家专属领域，但是近年来，心理学家和神经科学家都开始研究起所谓的心身问题来，或者用叔本华的话来讲叫作'世界之结'。在本章中，我们将对研究意识的古典方法和近代方法作简要综述。我们将概述哲学家、心理学家和神经科学家所采取的各种立场，摒弃诸如二元论和极端还原论这样声名狼藉的东西。我们认为，可以把意识作为一个科学的主题来加以研究，而不只是把它当作哲学家的专属领地。"（杰拉尔德·M.埃德尔曼和朱利欧·托诺尼，2019）

那么，什么是意识呢？其严格的定义是什么呢？埃德尔曼等是这样定义的："意识就是每晚睡着后随之而去，而翌晨醒来后又回来的那个东西。"（杰拉尔德·M.埃德尔曼和朱利欧·托诺尼，2019）

另外，在脑科学家渡边正峰的《大脑的意识，机器的意识：脑神经科学的挑战》一书中，作者明确指出是大脑创造了我们对于外部世界的认知图景。渡边正峰写道："视觉世界是虚构的世界：由于感觉意识体验对我们来说是件理所当然的事情，所以我们不太能够体会到这其实是那些有意识的个体的特权。若想理解这一点，需要我们转换一种思维。

"其中可以转换思维的契机是，我们能够了解到：'我们所看到的世界，事实上与真实世界相差甚远。'其实，当我们在看世界时，并不是在看世界本身。我们感受到的这种'看'的感觉，其实是大脑根据眼球输入的视觉信号，对其进行了看似合理的解释，主观创造出来的世界。

"虽然我们每天都能体验到天然的、五颜六色的视觉世界，但这并不代表实际的世界是有色彩的。事实上，颜色只是我们的大脑创造出来的，外界的实体其实是一个电磁波来来往往的、乏味的世界。

"顺便在这里和大家说一下，生活中用于广播和电视的电波、微波炉的微波，以及我们看见的光，其实都是电磁波，不同的只是波的长度（波长）。而我们能看到的光，其波长大约在一万分之四毫米到一万分之八毫米之间。不管是比这个数值更短还是更长的电磁波，对我们来说都是无色、无味、无法感受到的。

"有趣的是，通常我们看起来觉得很相近的红色和紫色，以及常听说的红外线（因波长太长而看不见）和紫外线（因波长太短而看不见），其实是可见光波长的两个极端。在物理特征上相距甚远的东西，我们却感知为很相似，这一现象正能清楚地说明感觉意识体验就是由大脑创造出来的。

"总之，我们很容易误以为是探照灯照亮了黑暗，眼球扫描了三维世界，因此，我们直接看到了世界，但事实并非如此。说到底，就是大脑对通过两个眼球获得的两组信息进行了重组，像我'看见'了一样将信息展现出来。但是，这种展现出来的假象太好了，让我们反而不会太注意这个过程。"（渡边正峰，2021）

20.2　关于感知与感觉的区别

在之前提出的元理性理论讨论中，我曾指出，感知是建立在感觉外部世界的物理刺激基础上，经过先天综合判断（哲学范畴）整理出来的理性知识体系。埃德尔曼等也采用了一个哲学上有名的思想实验来支持这一点："在一个哲学上有名的思想实验中，玛丽是将来的一位有色盲的神经科学家，她对有关视觉系统和脑的知识学富五车，也完全掌握了有关颜色识别的一切生理学知识。然而，当她最后真的有了色觉的时候，她的所有知识一丁点也替代不了她有关颜色的真正体验，也替代不了她看到颜色时的真实感受……"（杰拉尔德·M.埃德尔曼和朱利欧·托诺尼，2019）

20.3　大脑存在有限的信息存储空间假设的脑科学证据

在元理性理论基本假设中，我提出大脑存储外部世界信息的空间是稀缺的。正是这种稀缺性，加上大脑运行会耗费能量的假设，以及能量本身具有稀缺性这种特点，成为大脑按照经济原则运行这一逻辑推论的基础。阿尔弗雷德·大卫在《大脑的奥秘：破解人类思考的心智密码》一书中写道："从最简单的意义上看，大脑就是一个控制和协调行为的神经细胞群，它接收来自全身各处的感受器的信号，并将其他信号发送到身体能够作出反应的部位，如肌肉，它还能以记忆的形式存储信息，这可以影响动物的行为。"（阿尔弗雷德·大卫，2021）

他还指出："那些最复杂的动物大脑，包括人类的大脑所运行和处理的事物，远不只是自发地协调应对输入信息，作出反应。当然，对于维持生命而言最为关键的功能，如心跳和呼吸，都是通过这种方式严格控制的。但大脑还有一些更高级的中心，使得我们的行为更加复杂。拥有高级中心的大脑有着更多的神经元，更善于存储记忆，其信息处理能力有助于更好地作出决策，因此相关反应并不总是固定的和本能的……"（阿尔弗雷德·大卫，2021）

关于存储记忆，阿尔弗雷德·大卫在书中写道："从理论上讲，大脑的任何部分都可以存储记忆。只要神经元具备可塑性，换句话说，只要记忆被整合到新的回路中时它们的突触连接会发生变化，某种记忆就会在大脑中留下印记。从早期发育开始，传入人体的感觉信息持续变化，会导致突触的形成或消失，神经元之间的相互作用也会随之重塑。例如，当我们第一次睁开双眼时，突触连接会进一步精细化，从而增强视觉回路。但是，能够帮助我们完成最复杂学习类型的记忆存储，还是需要用到大脑中特定的高级部分，尤其是大脑半球。大脑半球中有密集的灰质区域，细胞体和突触都集中在这一区域。面积广泛的外层皱褶，即大脑皮层，在记忆中起着主导作用。我们所有的长期记忆都存储在这里。但是其他灰质区域也在记忆的处理过程中扮演着重要的角色。它们位于大脑深处，来自大脑两个半球之间突出的皱褶。对记忆起重要作用的结构就是位于颞叶（侧叶）内的海马体。海马体中含有神经元，这些神经元不仅负责产生短暂的短期记忆，还负责巩固长期记忆，因为新的突触连接在形成短期记忆的几小时内即可形成。经过数周或数年，这些效应会对大脑皮层产生影响，而突触连接在大脑皮层内形成，用来长期储存记忆。长期记忆储存在大脑皮层之后便不再受海马体影响，但是任何待储存的新记忆都需要由海马体处理。"（阿尔弗雷德·大卫，2021）

然而，大脑存储信息的空间是有限的。脑科学家戴维·罗克指出："由于大脑一次能够处理的概念是有限的，因此在同一时间内，你脑海中的东西越少越好。理想状况是，一次只试图理解一个新概念。如果你要做抉择，最有效率的做法是只考虑两个选择：向左转还是向右转？如果你不得不在脑中保留更多信息，那么尽量将数量限制在3到4个。"（戴维·罗克，2022）

20.4　大脑运行耗费大量的能量

在脑科学中，关于大脑运行会消耗大量能量的证据，还可以在戴维·罗克的书里找到："前几天，我和妻子上山去本地商店买牛奶。(就为了买点儿牛奶，够搞笑吧)爬山时，我妻子问了我一个问题，我不得不停下脚步来回答她。众所周知，爬山需要费力气，但其实有意识的心智活动也需要费力气。而我当时没有足够的精力来同时做到这两件事。

"与自动的大脑功能相比，比如保持心跳和呼吸，有意识的心智活动消耗新陈代谢燃料的速度要快得多。大脑舞台需要大量的能量才能运作，就好像灯光离舞台很远，所以你需要打开很多盏灯，还要把灯全都调到最亮，才能看到舞台上的演员。更糟糕的是，用于照亮舞台的灯光电力是有限的，会越用越少，就像电池需要经常充电。

"这种局限性的第一个临床证据发现于1898年。科学家J.C.韦尔什（J.C.Welsh）测量了人们同时进行脑力和体力劳动的能力。她先给被试布置一项思考任务，然后要求他们一边思考，一边尽最大力量拉动测力计（一种测量力量的机器）。测量结果显示，几乎所有的思考任务都会降低被试能使出的最大力量，很多思考任务能降低一半左右的力量。"（戴维·罗克，2022）

20.5   时间是主观感觉

在元理性理论体系中，关于时间是否是某种主观感觉这个问题，其实并不是必需的。只不过由于借用了康德哲学中的哲学范畴概念，而康德哲学中的一个最重要的哲学范畴就是时空的主观性，因此，就连带牵涉了这个问题。不过，在脑科学家的文献中，也正好有印证康德观点的发现。脑科学家大卫·林登在其科普作品《"醉醺醺的"脑科学：世界顶级科学家最想让你知道的大脑功能》中是这样说的："大脑的时间感知非常奇妙。当我们感到开心时，会发觉时光飞逝；而当我们排队时，又觉得它在缓慢地爬。因此，尽管我们自然而然地会认为时间感知应该能准确反映现实，但日常经历却又不能予以证实。我们也因此经常做出不妥的决定；在一年得到100美元与一年零一周得到110美元之间进行选择时，很多人会选择后者；而当一年过去，多数人宁可马上得到100美元，也不愿再等一周时间多得10美元。因此，我们的理解能力、记忆力、反应能力及将时间考虑在内做出决定的能力往往被心理世界出卖；我们打心底似乎并不关心现实情况。为什么会这样？进化的成功当然得益于时间的精确呈现，但实际情况是这样的吗？到目前为止，对于为什么我们会产生扭曲的时间感知，人们的推测是其诡异本质只不过是大自然在呈现时间时留下的缺陷。但万一这已经是大自然在最大程度上进行的客观展示呢？或许，我们的时间感知及其表面上的失败能够被重塑为某些特征而非缺陷，使得我们能做出适当的决定。

"目前，主观的时间感知已成为精细科学研究的对象。实际上，研究人员已经用各种不同的方法来研究并解释包括人类在内的各种动物存在的时间感知不精确性。我们逐渐认识到，人的时间感知并不仅是随机失误，而是在一定程度上与客观时间相比出现的系统误差。例如，当我们在估计一段时间间隔的时长时，估计结果的变异性往往与时间间隔成正比。精确度误差（平均估值与实际的差值）与精确度误差（估计的变异性）都是时间感知的关键特性。因此，要想理解主观的时间感知，必须以解释这些现象为目的。然而，为什么我们主观的时间感知要以这种系统误差的方式呈现。目前仍不清楚，其中到底有什么原因呢？

"在解释这一核心问题之前，我们必须承认这样一个事实：时间并不是由环境给予的，而是必须由大脑创造的。尽管我们能够通过感知认识世界，但如果无法记住分开的事件并将其联系起来，我们对这个世界的认识也只能是短暂的。这种记住，又不仅仅是能记住所经历之事的先后顺序。出于对时间的理解，大脑必须能够对不同事件的间隔进行编码。依靠大脑制造时间的能力，即呈现并记住这些塑造的时间间隔进而重塑这些间隔，我们得以理解时间的全部含义。既然创造时间全靠大脑，那么，大脑应该尽量精准地呈现时间这一合理的想法有什么问题呢？

"在理解为什么大脑可以以另一种方式创造时间之前，让我们先来思考一下理解时间的益处：通知我们做出决定。既然人类作为一种物种很成功，依靠的是根据不同预期结果（奖赏或惩罚）来选择行动，因此大脑进化到能有效地学习不同感觉事件（声音、光或气味）并预测结果，相对就很合理了。比如，一个视觉线索（猎物）可能会预示，根据特定的量级（猎物大小），经过特定的延迟（捕获时间），追逐后会得到奖励。掌握了特定线索就意味着能够获得奖励，由此一来，捕食者可以通过衡量可能的获益与所耗时间来评估相应的机会成本。

这种衡量奖励与所耗时间的决定在人类中很常见。如在'该去距离近但相对普通的馆子，还是去距离远但很好的餐厅'之间进行选择时。那么时间成本是什么呢？

"许多领域的专家曾经尝试解释时间成本应该是什么，即如何权衡既定目标的时间，以便实现该目标。生态学领域的一个极具吸引力的例子：动物在环境中觅食时，会优化所获奖励。其中一个算法认为：奖励（r）的价值是由实现这一奖励所用的时间（r）来决定的，即获得奖励的速率（r/t）。假设你有机会进行如下选择：排很短的队获得小奖（'小而快'），或排长队获得大奖（'大而慢'）。你会一直选择排短队拿小奖吗？实际上说来也奇怪：一切看情况。这取决于没有排队时期望得到奖励的速率，即背景奖励速率。接下来，我们来测试为什么它能影响我们的决定。

"考虑一下两种不同选择所花的时间。在这段时间里，按照背景奖励速率，你能得到多少奖励？这就是'大而慢'与'小而快'相比多花的时间的机会成本——排长队所花的时间预计丢失的背景奖励，与花时间排长队所获奖励相比，是不是花短时间排短队拿到奖励外加节约时间的选择更好呢？当背景奖励速率极低时，即背景奖励速率低于排队奖励速率，选择长队将会得到更多奖励；但当背景奖励速率极高时，即背景奖励速率超出排队奖励速率，选择短队将会得到更多奖励。通过这种时间成本来评估机会同样能提供一种方法，即决定是否要进入队列排队。如果背景奖励速率超过所提供的速率，个体应该放弃奖励机会，因为不接受奖励反而会得到更多。因此，要想在环境中觅食时争取最大奖励，就需要将得到的奖励与所花机会成本进行比较。"（大卫·林登，2021）

关于如何确定机会成本。大卫·林登提出了一个关于抉择的算法——TIMERR，这一算法试图将动物在环境中觅食时得到的奖励最大化。它的关键性假设是动物会通过比较刚刚过去的时间里的一段间隔来确定环境的奖励速率。因此，动物会去比较追求延迟奖励的速率是否高于已有奖励，并以此来衡量延迟奖励（图20.1，原著中图9A）。

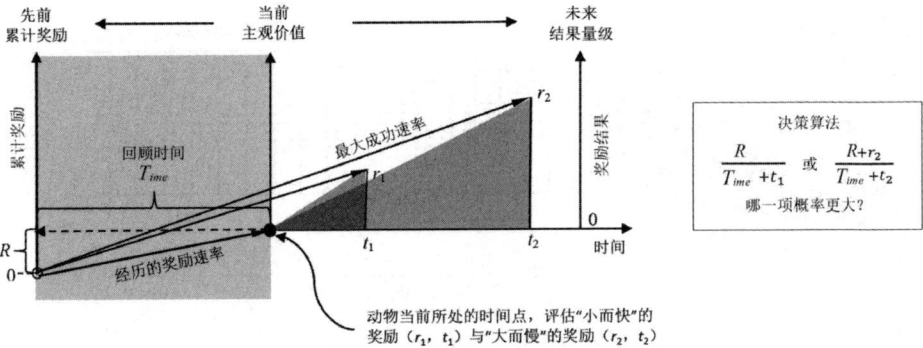

图 20.1　TIMERR 算法示意图

　　TIMERR 算法（图 20.1 的右图）主张，奖励价值由通过比较延迟奖励速率（由奖励 r 与相应延迟时间 t 决定）与所经历环境的奖励速率（由总的累计奖励量 R 与回顾过去的总时间决定 T_{ime}）大小来衡量，并且选择较大者。该算法可以用图 20.1 的左图来表示：动物（灰色实心图）将延迟奖励与回顾过去的总时间（T_{ime}）内得到的奖励继续评估，以预测哪种奖励能带来最大收益。

　　这一简单算法可以用来表述特定量级的奖励与延迟奖励的价值，即所谓的客观价值（图 20.2，原著中图 9B）。

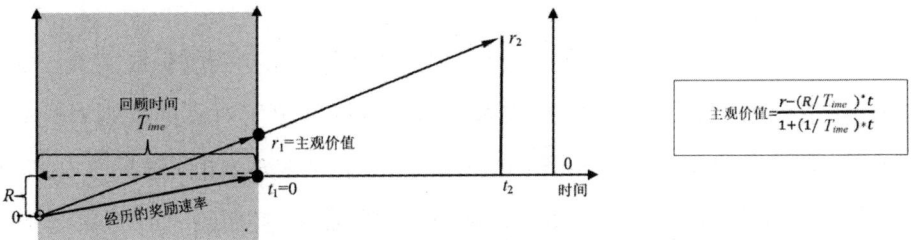

图 20.2　TIMERR 算法示意图

　　通常，延迟奖励的客观价值与同等量的即时奖励相当。当用这种方式来审视 TIMERR 时，显然获取已知奖励时间所需的机会成本已从奖励的量级中被扣除了。从更广泛的角度看，延迟奖励的客观价值如何随时间降低，可以用"临时折扣系数"来表示。临时折扣系数表示的是延迟奖励客观价值的减少依赖动物回顾并估算环境奖励的速率（图 20.3，原著中图 9C）。

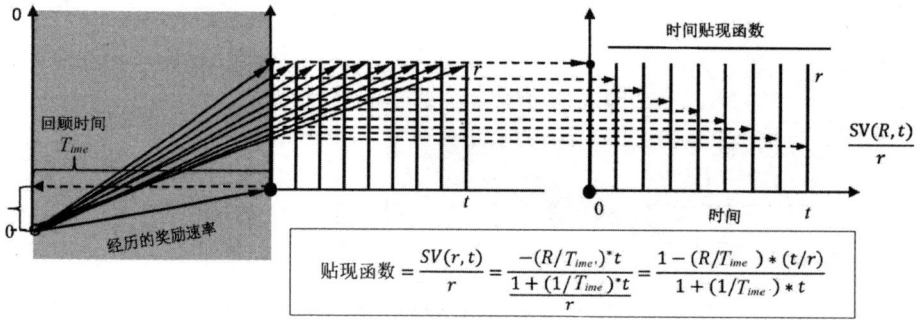

图20.3 TIMERR算法示意图

在确定最终奖励速率时，延迟奖励的主观价值（即时奖励$t=0$的奖励大小r_1与延迟时间t_2的奖励大小r_2之差），可以通过TIMERR算法（图20.3右图）和可视化图表（图20.3左图）反映出的y轴截距算出来。其中很重要的一点是，机会成本（$R/T_{ime}*t$），即经历的奖励速率（R/T_{ime}）乘以获取奖励所需的时间（t），也被计算在内。

给定奖励的主观价值如何随着投入时间的增加而减少，既可以用时间贴现函数来表示，也可以将奖励的主观价值以相等的时间间隔转移到未来的延迟奖励上继续描述，如图20.3右图所示。正如实验所观测到的，主观价值的减量形成了一个双曲函数。

假设主观奖励速率等于延迟奖励速率和经历的奖励速率之差，那么TIMERR算法可以得出中间所列的算式，用以推算出所对应的主观时间呈现$ST(t)$。将$ST(t)$标准化后，我们会得到一个关于客观时间（图20.3右图）的凹函数。回顾时间越短（$T_{ime}=50$），则该函数的曲率越明显；而回顾时间越长（$T_{ime}=500$），则主观时间与客观时间的线性关系越明显。

既然延迟奖励的价值是从动物回顾过去所用时间的角度来衡量的，那么回顾的时间越长，动物越有耐心，也就是说，它们为了同样的奖励愿意等待更长的时间。

这一算法将动物该如何行动以获得最大奖励形式化，那么它对影响时间在内的既定抉择行为又该如何解释呢？事实上，TIMERR会对一系列看上去并不相关但又经常观察到的抉择行为进行合理解释，其中很多行为被认为是人类和动物并非理性决策者的证据。因此，TIMERR将这些表面上看上去不合理的行为重塑为动物在已知的不确定环境的约束下做出的理性决定。

　　这能否解释为什么时间并没有在大脑中以客观存在的形式出现呢？通过TIMERR算法，我们推算，主观奖励速率，即主观价值与主观时间延迟的比例，等同于延迟奖励速率超出之前所经历的环境奖励的部分（图20.4，原著图9D）。一方面，主观奖励速率准确地反映了客观奖励速率；另一方面，这一假设指出，延迟导致的主观价值减少与客观价值减少呈线性关系。在这里，时间的主观呈现可以由TIMERR算法推算出来（图20.4中图，原著中图9D中图）。显然，主观时间的呈现结果是客观时间的凹函数，即客观时间延长时，主观时间会以相对较慢的速率延长。如果主观时间是有限的，正如人们通常所认为的神经系统资源所呈现的那样，那么凹函数（图20.4右图，原著中图9D右图）的界限是：未利用该神经资源产生零延迟，而完全利用则对应无限期的长间隔。重要的是，函数中的非线性量（曲率）由回顾时间所控制：回顾时间越长，主观时间越接近客观时间；回顾时间越短，主观时间越偏离客观时间（图20.4右图，原著中图9D右图）。因此，根据TIMERR算法，主观时间的神经呈现以其与客观时间的偏差的形式表现出来，以便在充满不确定性的未来奖励的世界做出增加奖励速率的决定。

0000
如果……　　　　　　　　那么……

$$\frac{SV(r,t)}{ST(t)} = \frac{r}{t} - \frac{R}{T_{ime}} \qquad ST(t) = \frac{t}{1+\frac{t}{T_{ime}}}$$

假设　　　　　　　　主观时间呈现

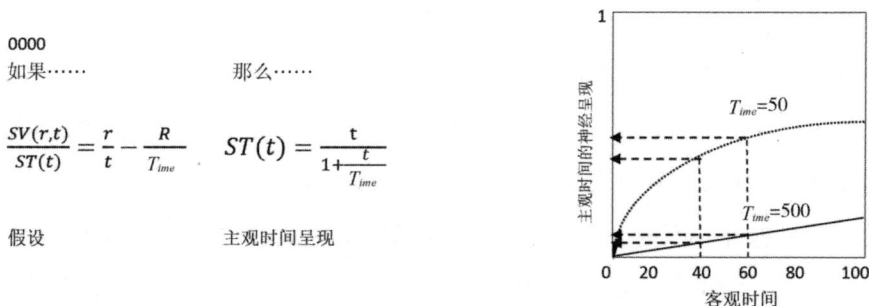

图20.4　TIMERR算法示意图

　　我们看到，尽管TIMERR算法提供了关于"为什么时间要以特定的形式呈现"及"为什么不需要与客观时间线性相关"的合理解释，但人类和动物中普遍存在的时间掌握行为的准确度和精确度的系统误差，又该如何解释呢？

　　大卫·林登指出，关于精确度，当被问及两个时间间隔的中间点时，被试往往会报告比实际提前。他还指出，令人好奇的是，如果主观时间是正确的，即使不精确，人们也期望猜测的中间点跟两个时间间隔的算术平均数接近。在数学上，中间点实际上可以用两种不同于算术平均数的方式来定义，或用其中一种定义。人们可以得到一些关于大脑的时间感知是如何获得的见解。算术平均数是指时间间隔乘积的平方根，往往小于或等于几何平均数。当被频繁预测的中间点接近于几何平均数时，报告实际上介于调和平均数与几何平均数之间。这使得被试很难理解之前多数关于时间认知的理论。然而，TIMERR算法预测的时间点实际上介于调和平均数与几何平均数之间。这依赖动物预测奖励速率时的回顾时间：如果完全不回顾，那么预测时间点就等于调和平均数；如果增加回顾时间，则使间隔趋向于几何平均数，继续增加回顾时间则会逼近算术平均数。因此，用来估算过去经历的经历速率控制着（主观）神经时间呈现的曲率，反过来又影响了中间点的估计。从这方面来看，TIMERR算法既理解了中间点预测的多样性，又解释了观察到这种不准确性的原因（大卫·林登，2021）。

　　为什么误差与估计的时间间隔呈比例呢？不妨以钟表为例来理解。制造钟表的一种方法是创建一个定时机制，使钟表有条不紊地"滴答"运转。"滴答"一定数量之后，钟表就会形成完全精确的时间间隔。大脑拥有只能处理噪声信号的神经元，无法产生完美的节奏性脉冲。那么嘈杂的神经信号如何能产生时间间隔呢？为了主观地呈现时间，按TIMERR算法的假设，神经处理器需要一定的反馈。这种反馈的一个副作用是它会导致处理过程中的噪声被放大，间隔越长，噪声越大。因此，用TIMERR算法预测的主观时间会导致误差产生，而且这一误差会随间隔次数自然增加。有趣的是，由于TIMERR算法假定呈现的时间与回顾时间绑定在一起，因此TIMERR算法预测回顾时间的变化会影响完美的时间感知。具体而言，当奖励速率高时（快乐时），预测的回顾时间会缩短，因此所感知的时间较短（时光飞逝之感）。换句话说，快乐时我们会感到时光飞逝（大卫·林登，2021）。

第 21 章 从元理性引出的一个关于青少年教育的启发性观点

21.1 元理性给出的青少年学习方式阶段论

元理性假定，人类大脑存储外部信息存在存储空间的局限，并且，人类大脑的工作运行是基于经济效率最大化的原则。十分自然的推论就是，在儿童从小到大的成长过程中，开始时儿童的大脑存储信息的空间基本上是空白的，外部信息的存储存在较大的空间，因此，儿童在开始学习阶段是选择死记硬背的方式，是以囫囵吞枣、不加理解的方式进行学习的，并且是直接纳入外部世界信息、未加抽象的。随着儿童的成长，大脑空间中存储的外部世界信息增加，存储信息的空间开始显得稀缺，元理性的逻辑会自然得出这样的结论：儿童随着年龄的增长，学习方式就开始逐渐追求更加抽象的思维了，并且追求理解，而不是囫囵吞枣、死记硬背。也就是说，在儿童成长的不同阶段，学习方式是不同的：年幼时期，死记硬背是主要的学习方式，而随着年龄的增长，追求理解和抽象思维的方式就显现出来，并且逐渐成为儿童或青少年学习喜欢的方式。

记得在20世纪80年代，我读到一篇由某著名的教育专家报告的研究成果。他发现青少年读书学习的最佳阶段是初二时候。也就是说，一个人在读初二之前应该多玩耍，特别是多接触大自然，增加直觉感受。在初二阶段开始转入抽象思维阶段的学习。其实，我就是一个例子。我在初二之前基本没有怎么专注于学校的课堂学习，是一个学渣。我是初二开始逆袭的，并且在短短的一个学期里成为学霸。后来发现，我并不是个例。初二开始逆袭成为学霸，开始专注于读书学习的现象十分普遍。

21.2　基于元理性的青少年教育理论

人类的未来，需要很多具备创新意识的科学家、工程师、艺术家和思想家等等。创新，就是标新立异、与众不同，是独特、新奇。大多数具有创新意识的科学家在青少年时代，甚至童年时代就具有与众不同的个性，具有好奇心，具有对某种事物格外浓厚的兴趣，具有探奇精神。

未来时代与现在有许多不同，这些不同是什么，我们现在也难以预测。

因此，我们需要各种各样的创造基因来应对不确定的未来，这些各种各样的创造基因的具体表现就是各种各样的兴趣。达尔文在童年时代特别喜欢捉昆虫，他有一次在花园里的树洞中掏昆虫，因为捉到的昆虫太多，双手都拿不下，就往嘴里塞。达尔文小时候对昆虫的入迷就是他后来成为伟大生物学家的幼年经历。

大科学家杨振宁小时候经常在清华园的树林里玩堆石子，也为他后来成为物理学家提供了丰富的自然界直觉经验。

儿童在成长过程中，不断地往大脑信息存储空间存储知识信息。因为儿童从出生开始，大脑信息存储空间基本上是空白的，可以大量存储信息，所以喜欢按照死记硬背的方式学习知识。死记硬背就是把知识信息硬生生装进大脑。这种方式持续一段时间后，也就是儿童长大一些后，大脑信息存储空间逐渐趋于塞满，学习方式就会从死记硬背转向理解和逻辑，以及更加抽象的一般性理论。因为理解和逻辑、抽象的一般性理论可以让人在很少的基本原则下推演出知识，而不需要死记硬背。譬如，经典物理学可以在牛顿三定律基础上推演出来。欧几里得几何学可以从五个公理推演出来。抽象理论的功能就是通过一般性规则推演出丰富的知识内容，免去了死记硬背，从而节省了大脑信息存储空间。

元理性指出，一般性科学理论其实就是起着节省大脑信息存储空间的作用。按照休谟的理论，因果关系并不存在，因果关系不过是起着方便链接大脑中不同记忆信息的作用。因此，儿童的学习方式和内容是按照这样的递进关系展开的：从死记硬背的具象知识灌输式学习，到抽象知识逻辑推演式学习。

心理学家发现，一个人在不同的年龄阶段，有不同的知识吸收方式。在初二之前，学习抽象知识通常是死记硬背，因为缺乏对于自然界和人生的经验基础，难以做到真正的理解。所以，初二之前学习的主要模式应该是充分接触大自然，充分介入互动性活动，以此丰富关于自然界和社会生活的直观经验，在脑子里建立关于物理世界的图像。即使是数学这样的抽象知识，也应该主要通过直觉方式学习。

到了初二这个临界点，学习的有效方式会自行转换为以理解为主的抽象思维方式。我们看到许多孩子在初二开始，数理化成绩会出现突然的跃升，很多孩子在初二以后就从学渣变为学霸。这样的例子比比皆是，至少我就是一个例子。

在初二之前，大脑中积累的物理图像越丰富，之后的抽象思维能力就越强，因为抽象思维需要物理图像作为基础。在初二之后求解物理学练习题时，首先要在大脑中建立物理问题的图像，然后才知道用什么数学方程去进行分析计算。因此，初二之前的直觉训练与之后的深度理解学习之间是相辅相成的。

现在，青少年教育，特别是儿童教育，越来越呈现出拔苗助长的趋势。我的儿子读小学一年级的时候，我就发现有一些数学题，居然需要用到大学数学系学生才具有的思维。当然，我是说自己读大学那个时代的思维，因为我是1979级北京大学数学系毕业的学生。也许40年后，时代进步了，40年前的大学数学系学生的数学思维，现在小学一年级学生就已经萌生。然而，即使时代在进步，但这速度也太不靠谱了。另外，数学才能主要来自天赋。专业数学家都知道，数学才能并不能完全靠勤奋获得，在天赋基础上再加上勤奋，才可能成为专业的数学家。况且，每一个人的天赋是不一样的，有一些人具有数学天赋（极少数），另外一些人可能具有其他的天赋，比如艺术、体育、管理才能等。大多数人其实总的能力是差不多的，并且每个人都拥有不同的天赋。大多数人一开始并不知道自己拥有什么样的才能和天赋，甚至很多人一辈子都不知道自己有什么天赋。人们能否成功，成功是早还是晚，就取决于能否早一点发现自己的天赋，并且早一点进入适合自己的领域，发挥所长。

青少年时代，是人们发现自己天赋特长的时候（也是家长们或者社会发现孩子具有什么样的天赋特长的时候），这就需要孩子尽可能多地参与丰富多彩的活动。只有让孩子尝试多种多样的活动和学习，才可能尽早发现他们的天赋特长。现在的青少年教育，过早地把孩子置于高考科目的题海中，忽视非高考科目的学习，就很可能过早断送了发现孩子在某些领域具有天赋特长的机会，由此有可能彻底断送孩子的未来。这对孩子乃至人类社会都是一个损失！

另外，青少年在成长过程中，思维具有特定的规律。教育应该遵循自然规律。这种规律就是：低龄儿童主要是直观思维，随着年龄的增长，才进入抽象思维。

记得我中学时代有一位女同学，她学习十分勤奋，但是没能考上大学。几十年后她告诉我，在读中学时，她就是物理学里面的力学、电磁场方面的题目不会做。我过去在这方面很熟练。我问她为什么感到困难。她说脑子里缺乏题目中描述的那些物体运动的图像。搞懂物理学理论需要物理图像助力，这是常识。我记得中学时代物理学老师上课时，总是强调要形成物理图像。我脑海里具有清晰的物理图像，我以为每一个人都是这样的，原来还有人对物体运动不具有物理图像！我才明白，该同学出生在大城市的一个富裕家庭，也许小时候娇生惯养，不像我们这样生长在普通家庭的男孩，小时候摸爬滚打，特别是我，青少年时代经常在农村过寒暑假，摸鱼捞虾，田间地头玩耍，自幼就对大自然有丰富的体验，直觉经验丰富，脑海里储藏了大量的物理图像。

为什么女孩子一般在理工科方面弱于男孩子，基本上就是这个原因。女孩子普遍在学习理工科方面弱于男孩子，并不是性别原因，而是女孩子与男孩子在幼年时期的活动方式不同所致，一般来说，女孩子小时候较少亲近大自然，脑海里缺少物理图像储备！

当年我读到那个著名的教育专家的研究成果时，顿时感觉自己就是一个证据：因为我自己就是初二时开始进入深度学习数理化的阶段，而之前是把大多数时间用于画画、读小说、学习无线电（装配收音机）、跳伞运动，有很多艺术和体育爱好，还曾去报考滑翔机运动员（最后一轮因为营养不良体重不够被刷下来）。

我在初二时，用一个学期就把自己的学习成绩排名，从班上倒数几名到名列前茅，初中毕业考试成为全年级第一，高中毕业成为全校第一，高考考入北京大学数学系。我当时的感觉是：初二之前已经玩够了，现在想读书了。因此，我从初二开始发奋读书，勤奋的程度一般人难以想象。并且我是自己要读书，不是为父母读书。其实，当时父母常常劝我休息！

儿童由于大脑中信息储藏空间较多，以及对外部世界的直觉经验不多，亟待填充，因此，儿童适于体验直观型知识输入。待进入初中阶段，青少年大脑中信息储藏空间开始出现拥挤，就需要抽象思维。抽象思维运用科学定律、自然法则，而不是死记硬背，来通过举一反三整理外部世界信息感知。所以，人们逐渐成熟后，就喜欢琢磨规律，喜欢抽象思维。这是教育应该遵循的规律。同时，就像我的中学同学的经历那样，小学时代丰富的直觉积累，其实是为中学阶段进入深度抽象知识的学习提供物理图像。没有小学时候的直觉积累，中学之后的深度学习就缺乏直觉经验，缺乏物理图像，学习理工科就比较困难。

在这个问题上，目前传统教育模式拔苗助长，本末倒置，在小学阶段就让学生大量刷题，过度强调应试教育，让孩子们把太多的时间用于书本知识学习，过少地融入大自然，是严重违背教育规律的。并且，按照这样的应试教育模式也培养不出可持续发展的人才。现在许多大学生厌学，甚至一些顶尖名校的学生退学，都与这种教育模式造成的不良后果有关。

人生是一次长跑。我在青少年时期喜欢长跑运动，在北京大学读书时还因为1 500米长跑达标获得国家三级运动健将奖章。长跑是有策略的，一开始不要跑得太快，保持和积蓄能量，最后冲刺阶段发力才能取胜。

孩子读小学是积蓄能量的时候，中学才是发力的时候。这是正确的策略。相反，如果小学时学习压力太大，加上缺乏直观经验，孩子囫囵吞枣地学东西，缺乏理解，会损害孩子的心理健康。到了中学阶段，当需要进入深度学习发力的时候，孩子反而会产生疲劳感、厌学感。现在大学生广泛存在的厌学情绪，就是中小学教育拔苗助长、错位学习的后果！

第 22 章 元理性与非理性：
有型就是无意识计算

22.1 理性论证就是还原到有型

人类理性是大脑意识生成的，是对外部世界认知的一种框架。这是康德在《纯粹理性批判》中提出的先天综合判断以及哲学范畴的直接推论或者说自然逻辑的引申。

元理性理论认为，基于大脑功能来自进化中自然选择的原因，这种认知框架是架构在最为基本的"砖块"之上的，这种"砖块"就是"有型"。有型是认知的基本元素，是向下不能进一步细分的基元。理性知识就是通过这种有型"砖块"叠加组合起来构成的。

这里的问题是：为什么说有型是最基本的要素呢？为什么理性知识就是通过将有型叠加而合而成的呢？

以下是我提出的观点：正是因为人类大脑在认知过程中，一旦将外部世界复杂的现象还原到有型层次，人类就会在心理上感到对外部世界有一种真正"理解"的感觉。这种感觉纯粹是心理上的。不过，正是来自心理上的感觉，认知还原就终止在有型层次上了。换句话说，认知还原就抵达了"理解"层次。

所谓认知还原,就是因为理性是有型的叠加组合,反过来,大脑意识将感知到的外部刺激分解,还原到组合叠加出这种复杂外部感知的有型层次,就是"理解"。在中文中,"理解"中的"理"应该就是"理性",而"解"应该就是"解构"的意思,就是还原到组成整体的基本砖块的意思。在英文中,理解(comprehension),从词源上看,是"一起抓住"的意思,是以常识的方式把含义的片段组装起来(斯坦尼斯拉斯·迪昂,2018)。

科学研究和数学研究的方法论基本上就是这种还原论,譬如物理学中的微观物理学,其思想来自古希腊的德谟克里特的原子论。

数学和几何学领域仍然是还原论方法占主导。欧几里得的《几何原本》是近现代科学的认知范本:从几个基本的公理和公设出发,通过逻辑演绎,推演出几百个定理!其逻辑力量和说服力,震撼着第一次接触《几何原本》的每一个人,包括爱因斯坦!

其实,牛顿的《自然哲学的数学原理》就是按照《几何原本》的套路写作的。可以说,《几何原本》给出了科学家认知自然和数学的基本范式。除了几何学,其他的数学理论也是如此,譬如实数理论、群论、近世代数等。

在几何学和其他数学领域中,公理和公设其实就是有型。通过有型构建出庞大的几何学和数学体系。反过来,几何学命题或者数学定理的证明,其实就是还原法。将表面上看起来并不是一目了然的几何学命题或者数学定理,通过逻辑推演,一步步还原到公理公设层次,就算完成了证明!为什么还原到公理公设层次,就算完成了证明呢?这是因为,公理公设就是有型,意识对于有型是熟悉的,认为是显然成立的,是"理解"的。

数学证明过程进行到有型层次,人类就抵达了"理解"层次。因此,数学证明就是将数学命题还原到人类可以"理解"的有型。

下面,我们通过一个例子来看看这种还原过程是怎么进行的。这就是几何学中著名的"三角形三个内角之和等于180°"定理的证明。据说,这个定理最早是前苏格拉底哲学家中最著名的泰勒斯证明的。

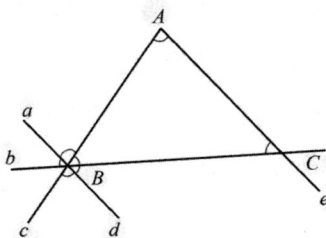

图 22.1　三角形 *ABC* 的三个内角之和为 180° 的证明

我们来证明三角形 *ABC* 的三个内角之和为 180°，即

$$\angle A + \angle B + \angle C = 180°。$$

在图 22.1 中，把三角形 *ABC* 的 *BC* 边分别向左右两端延长，同时，在点 *B* 画一条直线段 *aB*，平行于三角形 *ABC* 的 *AC* 边。延长 *AB* 到 *c*，延长 *aB* 到 *d*。

几何原本中的五个公理和五个公设是：

五个公理：

①等于同量的量彼此相等；②等量加等量，其和相等；③等量减等量，其差相等；④彼此能重合的物体是全等的；⑤整体大于部分。

五个公设：

①过两点能作且只能作一直线；②线段（有限直线）可以无限地延长；③以任一点为圆心，任意长为半径，可作一圆；④凡是直角都相等；⑤同平面内一条直线和另外两条直线相交，若在直线同侧的两个内角之和小于 180°，则这两条直线经无限延长后在这一侧一定相交。

我们首先用还原法证明：

根据第五公设，*AC* 与 *aB* 在左上方相交，这与 *AC* 与 *aB* 是平行线的假定矛盾！

因此，必然有

$\angle aBC + \angle ACB \geqslant 180°$，

$\angle ABa$ 一定等于 $\angle cBd$，就是说对顶角一定是相等的。

因为 $\angle ABa + \angle aBc = 180°$，$\angle cBd + \angle aBc = 180°$，

所以∠ABa=180° －∠aBc，∠cBd=180° －∠aBc。

根据第一个公理，有∠ABa=∠cBd，也就是说，对顶角是相等的。

因为∠aBC+∠CBd=180°，∠ACB+∠BCe=180°，

所以∠aBC+∠CBd+∠ACB+∠BCe=360°，

∠aBC+∠ACB=360° －∠CBd－∠BCe≥180°，

∠CBd+∠BCe≤180°。

显然不可能有∠CBd+∠BCe<180°，否则根据公设，直线段AC与aB在右下方相交，这与它们是平行线的假定矛盾。所以有∠CBd+∠BCe=180°，根据第一公理，有∠bBd=∠BCe。

因此，有∠bBa=∠BCA，同样的分析有∠aBA=∠BAC，

所以得到

∠A+∠B+∠C=180°。

通过这个例子，我们发现，几何学的证明过程，其实就是将命题还原到公理公设的层次，而公理公设是显然成立的，否则就不能成为公理公设。在19世纪，数学家们觉得第五公设并不是显然的，因而有一些数学家试图将其作为定理加以证明，也就是说，他们认为第五公设是由其他的公理公设推导出来的。俄罗斯的罗巴切夫斯基、匈牙利的鲍伊分别以不同的方式改变第五公设，得出了不同的非欧几何学体系，而后黎曼建立起了更加一般性的黎曼几何学。

事实上，不仅是几何学，一般性的数学证明过程也是如此。通过还原到公理层次，证明过程就完成了。

正如杨振宁所言，科学的尽头是哲学。一个哲学问题是：为什么复杂感知被还原到公理公设的层次，人类的好奇心就得到满足了呢？探究过程就到此为止了呢？

我想，这个问题也许在数学家、科学家那里并不是问题，因为他们会这样回答：因为公理公设是显然成立的，而命题一般来说并不是显而易见成立的。将不是显而易见的还原到显而易见的层次，论证就自然结束了。也就是说，公理公设就是有型！理性论证就是还原到有型。

哲学家就是具有无限好奇心的人。他们会进一步探究下去：为什么公理

公设就是显而易见成立的呢？大多数人也许会说，公理公设凭直觉就是成立的，公理公设的合理性来自直觉！

好了，问题还可以更进一步：什么是直觉？为什么我们要相信直觉？

我在本书中要提出的一个假设就是：直觉来自无意识计算！或者说，有型就是无意识计算的结果！

22.2 无意识计算

当我们走路的时候，我们需要不断调整行进的方向和速度，以便避开障碍物和保证走在正确的方向上。这种调整过程通常是不需要我们有意识进行思考和琢磨的，除非所走的是不熟悉的路径。心理学家的研究发现，这样的过程其实是由所谓的"无意识计算"完成的。

心理学家的研究发现，人类在决定其行为的过程中，大量的计算是由"无意识计算"完成的，这种无意识活动我们是不能意识到的，因为它并不让我们感到有能量的消耗。

有一个实验表明了这种无意识活动的存在。

这个实验被称为"麦格克效应"（MeGurk effect），是由哈里·麦格克和约翰·麦克唐纳于 1976 年完成的。实验中有一个人在演讲，看起来他似乎在说"ba ba ba ba"，但是，听众一旦闭上眼睛，听见的声音却是"da da da da"。产生这种错觉的原因是，从视觉上看，这个人说话的嘴型是在说"ga"，但是听众的耳朵却接收到的音节是 da，因此，听众的大脑面临矛盾的信息。大脑解决这个矛盾的方式是将两条信息加以调和，将它们结合成为一个处于中间状态的感知，就是音节 da，它就是在听觉上的 ba 和视觉上的 ga 的一个折中音节！

这说明，无意识在对来自外部世界的物理刺激自动进行了计算处理，是对外部世界感觉进行了重建。在意识层面上，我们对这种重建没有丝毫感觉。在人类大脑中，许许多多的复杂计算在静悄悄地进行，从而形成我们最终感知到的外部世界图景，我们还确信这些图景是直接来自感觉器官的。迪昂认为，人们从一出生开始，大脑在关于外部世界是什么样的问题上就接受了充分的训练。多年与环境的互动使得大脑可以统计出物体的哪些特征更可能会一起出现。由于有充分的经历，视觉神经元开始专门留意那些代表熟悉物体的特定组合。在学习之后，即使处于麻醉状态，它们也能够对恰当的组合进行反应。这清楚地证明了这种形式的联结不需要意识的存在。我们识别书面文字的能力大部分也要归功于这种无意识的统计学习（斯坦尼斯拉斯·迪昂，2018）。

因此我们可以说，《几何原本》中的五个公理和五个公设其实来自无意识计算，即我们的无意识计算可以得出几里得欧的五个公理和五个公设。

这些公理公设之所以被我们感觉到是"显然成立的"，是因为它们是不动脑的无意识计算得出的。不动脑，就是"显然"。不"显然"的命题，就要动脑去琢磨。

由此，我们就可以直接得出这样的推论：理性的认知，或者说人类的理性知识，是可以还原到无意识计算层面上的架构。或者说，理性认知的基础是无意识计算。

无意识本来是充满着非理性元素的，譬如弗洛伊德的性心理学所指出的那样。这样，我们就得出一种意想不到的结论：理性是建立在充满非理性元素基础上的！这种结果似乎是符合辩证法的！

不过，就《几何原本》中的这五个公理和五个公设来说，还不存在非理性的问题。

尽管元理性理论指出，人类对于外部世界的"理解"就是对外部世界现象感知还原到无意识即有型层次，然而，并不是所有的还原都能够成功。

希尔伯特提出的希尔伯特纲领，认为所有的数学定理都可以得到证明或者证伪，也就是说，所有的数学定理都可以还原到无意识（公理公设）层次，至少在原则上如此。但是，哥德尔证明了著名的哥德尔定理，否定了希尔伯特纲领。每一个数学体系中都存在无限多个定理既不能得到证明也不能得到证伪！

还原是一种努力，但是努力不意味着一定能够成功！

来自进化过程形成的无意识计算引导着人类的大多数行为，来自有意识的理性计算基本上是为人类无意识决策或者说直觉决策提供合理性辩护。这是多年前心理学家都知道的事实。事实上，无意识决策实际上指挥着人类的行动，而有意识的理性计算不过是人类为自己的行为提供辩护的包装。这种辩护既是为自己可能对自己行为的质疑进行的辩护，也是为可能的其他人进行的辩护。

在企业家作出许多重大决策时，他们的直觉起着关键性作用，但是未来要让董事会全体成员相信他们的决定，还需要项目可行性报告提供的计算。当然，项目可行性报告也能让他们自己相信自己的直觉！

无意识计算是人类进化带来的内在机能，而有意识的理性计算却是人类后天形成的技能！

数学家曾说，自然数是上帝创造的，而有理数却是人类创造的。

由此看来，正是无意识或者直觉或者有型创造出辉煌的人类文明，这种人类文明试图将我们感知到的外部世界纳入无意识计算层次可以"理解"的范围内。这就是人类好奇心的满足！人类的好奇心，就是这种试图用无意识计算感知外部世界的期望。

满足人类好奇心的渠道，就是哲学思考！

在《科学与假设》中，彭加勒曾经预言无意识的强有力加工胜过缓慢的有意识思考。他写道：

阈下自我绝不逊色于意识自我，它不是完全机械的，它能够明察秋毫，它机智，敏锐，它知道如何抉择，猜测。我该怎么说呢？它比意识自我在猜测方面做得更好，在有些使用意识自我失败的地方它却能够成功。总而言之，难道阈下自我不优于意识自我吗？（彭加勒，2021）

在东方哲学那里，人们更多地采用直觉思维，就是说更多地依赖无意识计算进行判断。这是众所周知的事实。

弗洛伊德学说将人类文明中的艺术创造主要归结为性压抑的释放，也就是说艺术创作来源于潜意识。艺术创作是非理性行为，现在看来，元理性理论进一步将理性计算也还原到无意识层次了！

基于现代心理学的发现，这个结果虽非人愿，但可能是事实！

这个事实可能是好事，因为这也许成为人类区别于人工智能的唯一领地。

俄罗斯的国际象棋大师卡斯帕罗夫，尽管曾经多次输给人工智能深蓝，但他也曾多次击败过深蓝。作为人类，卡斯帕罗夫不可能具备能够与深蓝抗衡的计算能力，但是，作为人类，卡斯帕罗夫具有人工智能深蓝没有的直觉能力。这种直觉计算就是无意识计算，就是可以与人工智能的海量计算能力抗衡的武器。

迪昂写道："我们对象棋大师的直觉认识是，分析棋盘已经成为他们的一种本能。事实上确实有研究证明，对于任何国际象棋大师来说，只需一眼就足以评估一盘棋，并且记住棋子布局的全部细节，因为他能自动地将棋局解析成有意义的组块。"（斯坦尼斯拉斯·迪昂，2018）

机器人做什么都依靠计算。尽管机器人的计算能力远超人类，但是人类根本不需要有意识的计算，无意识计算即直觉就是远超机器人的。

换句话说，人类也有人工智能难以企及的无意识计算能力。两者可有一比！

不过，无意识计算或者说直觉却是创新思维的来源。

22.3　创新思维

无意识计算具有不受理性计算约束，以及存在意识层面不能够感知到的外部世界组成部分的特点，因此有可能带来创新思维。

创新思维需要避开或者说突破既有的理性框架。如果思维仅仅停留在高于无意识有型的较高层次构架上，没有还原到无意识有型层次，则思维就沿着既定的路径流溢，结果是被局限在现有的套路里。反之，如果思维的逻辑还原到无意识有型层次，就有可能另辟蹊径。这就是创新思维！

甚至，如果思维能够退回到无意识的下一层，创新的可能还会进一步加大。譬如，数学家罗巴切夫斯基和鲍伊，他俩退回到《几何原本》的第五公设的下一层，对第五公设进行修改，创新出了非欧几何！

第 23 章 总 结

通过以上文献摘引，可以看到，元理性的基本假设如下：

①大脑存储外部世界信息的空间是有限的；

②大脑工作运行会耗费大量能量；

③大脑需要在其中建立一个关于外部世界的模型，以引导人类行为；

④大脑中生成的关于外部世界的模型与外部世界本身是不同的。

基于①②两个假设带来的稀缺性，很自然就可以推论出通过进化形成的人类大脑一定是按照节省信息存储空间和能量耗费的原则运行的结论。

上述来自神经科学、人类学、心理学、脑科学和意识科学的研究成果证据，已经充分证明了以上假设的合理性。

与神经科学、人类学、心理学、脑科学和意识科学的现有研究不同的是：元理性在这些假设基础上，提出了人类思维的某种符合经济原则的模式，就是以最简单的有型作为基础"砖块"建构人类理性知识框架，这种知识框架就是大脑中关于外部世界的模型。有型的选择来自人类具体生存进化的环境。

这是元理性独有的贡献，也是迄今为止原创性的、独一无二的思想。

我期待，在未来人工智能广泛渗透人类社会生活各个方面的时候，元理性的思想会对人工智能技术的发展提供某些启发，甚至引导性的思想片段！

除此之外，元理性在认知哲学上还贡献了一个启发性的思考，这就是有型的哲学意蕴。之前我详细描述了有型概念的内涵，但是其深刻的哲学意蕴还有待展开。在元理性理论的哲学背景讨论中，我曾指出，我们人类在宇宙中只不过居于某个特定的几何尺度范围里。太小的微观尺度和太大的宇观尺度，都超出了人类的感知范围，因此，人类在诸如基本粒子和宇宙尺度上，是缺乏熟悉的感知元素的，因而没有有型。我也指出，正是这个原因，我们对量子力学的怪诞行为难以理解，对相对论中的尺缩效应、时间变慢效应，都难以按照日常现象加以理解。这是因为我们没有合适的微观世界和宇观世界的有型。

类似地，即使是在数学这样被认为最严谨的领域，其实其逻辑基础也存在严重的问题。在著名数学家克莱因看来，数学其实是建立在不牢固的基础之上的。数学基础问题是对人类逻辑思维自信的严重挑战。数学家对诸多数学悖论带来的数学基础问题采取视而不见的态度，就很能说明问题。什么问题呢？就是数学理论看起来具备严密的逻辑，其实一旦追溯到它的逻辑基础层面去，就暴露出了问题（克莱因，2019）。

元理性中的有型概念，就是说，人类的认知，并不能无限向下（微观）、向上（宇观）追溯延伸，而是只能在某种尺度（人类本身的尺度上能够认知、熟悉的）寻找基本"砖块"，然后在这种"砖块"上构建认知体系。在元理性中，这种"砖块"就是有型，而构建认知体系的"脚手架"就是加法规则和逻辑（排中律）。

至于在有型以下（其中）还有什么，是不能询问的，甚至是不能够想象的。

后 记

孔子说"三十而立，四十而不惑，五十而知天命"，我觉得这话似乎就是对我说的。

因为，我就是在五十几岁以后开始回顾自己的人生轨迹，有了一点发现，发现自己本质上是一个做哲学的人。之所以这样说，是因为我是一个喜欢思考、喜欢刨根问底的人。

我打小就喜欢刨根问底。我是与父亲一起生活长大的。记得几乎每天晚上入睡之前，我总会没完没了地问父亲许多问题，弄得父亲最后也回答不了。他只有说一声："这娃儿，恁个多问题，不说了，睡觉！"父亲说完就转头睡了，而我还瞪着两眼，望着天花板发呆，思考着那些问题！

读小学一年级的时候，我与父亲一起住在工厂里的单身宿舍，平时放学之后没有机会和小伙伴一起玩耍，十分孤独，于是在绘画里面发现了乐趣。随后，我就开始沉迷于绘画，并且因有一些绘画天赋而成为小学里的"小画家"。绘画不仅充实了我孤独的时间，而且给我带来了无穷的乐趣，还增添了我的人气，在同学们中树立起了我的"威望"，并提升了我的自信心！

后来，经过学校的推荐，我考入了重庆市少年宫的绘画集训班。但是，我在这个集训班只去上了几次课，便放弃了。我发现自己因为没有经过系统的正规美术学习，只是自己在不断地画，而绘画技术是班里倒数一二的！加上家庭条件比较差，我又介意被人看不起，感觉那里不是一个令人惬意的去处，于是就再没有去少年宫的绘画集训班了。

尽管我放弃了少年宫的绘画集训班，但是并没有放弃画画的爱好。

在读二年级的时候，我的美术作品入选重庆市少年儿童画展。我的作品与少年宫绘画集训班的同学们的作品一起在少年宫展出。

绘画，不仅陪伴了我童年时的孤独时光，也是我在困苦的青少年时代得以在艰难时世中快活地生活的基本支撑。

随着年龄的增长，我在多年的绘画过程中逐渐积累了一些绘画技法。这些技法并不是通过系统学习得来的，而是偶然发现或习得的，并且在那个年代书店里也没有介绍绘画技法的书籍售卖。我开始通过日记的形式总结提炼偶然发现的一些技法。我便在这个过程中逐渐养成了思考的习惯。

记得上四年级的时候，一个邻居小哥教了我画人脸的"三庭五眼"技法。这一技法是最基本的人物画技法。我一试，果然神奇无比！之前我一直为难以画出像小人书里的人物那么准确的造型而苦闷，现在才发现画画也是有方法和规则的。掌握了方法和规则，就能事半功倍，否则，仅仅靠努力和勤奋，往往会事倍功半！

与"三庭五眼"技法的邂逅，是我人生中的一个分水岭。从此以后，我产生了自己的世界观——宇宙万事万物都是有一定规律的，掌握了规律，就理解了万事万物繁杂表象背后的简洁规则，而这种规则却决定了万事万物和大千世界的复杂表象。

现在看来，"三庭五眼"事件其实触发了我的哲学思考习惯。这种上升到万事万物皆有规律可循的思想，就是朱熹所谓的"万物皆有理"的思想。

邻居小哥能够教给我的绘画技法，也只有"三庭五眼"这一招，他不能告诉我更多的绘画技法。从此，我就进入了时刻遍寻绘画技法的蹉跎岁月。重庆市文化宫的美术陈列馆（现在是"阿兴记"大饭店）、重庆市少年宫、化龙桥和两路口的新华书店，都留下了我眼巴巴搜寻绘画技法无果的足迹。

在小学四年级到初中二年级的几年间，我被苦寻绘画技法的渴望所折磨，可真是"众里寻他千百度",然而未见"灯火阑珊处"!

这段经历可以在我的高考回忆录中读到更多的细节[1]。

现在看来,"三庭五眼"以及随后引发的对绘画技法的追求,以及上升到对万事万物存在规律的认知,对我后来整个人生的影响是根本性的。这种经历可以说十分类似于释迦牟尼在菩提树下的觉悟、王阳明的"龙场悟道"。尽管我不能与佛陀和圣人相提并论,但是这种比喻可以让你感受我在当时内心受到的强烈冲击。

因此,可以说,绘画是我追寻真理的心路历程的起点,也是以后思想苦旅的出发地。

1976年10月,是改变历史的时刻。它既改变了中国的历史,也改变了我们这一代人的命运,当然,对我来说,更决定了未来的人生道路。

由于沉迷于绘画,我的数理化成绩很糟糕,差点儿上不了高中。在这样的压力之下,我在初二时被迫拿起平时不喜欢的数理化教科书,打算"偏向虎山行"。哪知道,我发现自己不仅能够学好数理化,还在其中找到了乐趣。这种乐趣丝毫不亚于绘画给我带来的乐趣。我喜欢绘画,不仅是美术本身的美感让我着迷,而且更重要的是,我在绘画中找到的那种理想化的秩序和完美及艺术中的规律和真理!

为了寻找更多、更加深刻的绘画技法,我那些年整个人都处于"为伊消得人憔悴"的状态。在数学中,特别是当时正在学习的平面几何学中,我发现真理处处皆是——一个个漂亮的数学定理,那些无可置疑的、处处都成立的"规律",其魅力远超绘画技法。

于是,我就一头扎进了平面几何学中,甚至暂停了沉迷多年的绘画。

经过几个月的学习,我的数学成绩奇迹般地大幅提升了。这让我对学习数理化充满了信心。于是,我不仅开始钻研数学——平面几何、代数等,还开始钻研物理学和化学。因为,这种发现,即发现自己能够学好数理化,使我建立起学习的自信。

---

1 通过关注我的公众号"蒲勇健说",可以读到我的高考回忆录。

我在初二时的转变是奇迹般的。然而，多年前，我读到某著名的教育专家的一篇文章，他提出一种理论，认为孩子的学习从初二开始最合适，之前就应该依照孩子的兴趣去玩耍。看来，我的经历恰好是这种理论的一个案例啊！

带着无比的热情，在随后的日子里，我在数理化的学习中倾注了大部分精力。这不仅是为了实现考上大学的愿望，而且更主要的是寄希望于在科学研究中寻找真理。正是对真理的渴求，我放弃了热爱多年的绘画，转而专注于数理化的学习。

在这样对真理的狂热寻觅动机的激励下，我考上了北京大学，并且，毫无悬念的是，我选择了数学专业。其实，数学是我的短板，我最不擅长的科目就是数学。我去北京大学数学系读书，目的就是期望在逻辑最严密的学科中寻觅宇宙的终极真理。

怀着这样的想法，我在北京大学数学系完成了本科学业。然而，目标实现了吗？老实说，没有。我不仅没有在数学中找到心目中的完美数学定理，而且收获的是对数学的失望。因为到了大三，我知道了 $1+1=2$ 纯粹是一个约定，并不是宇宙固有的规律决定的！几乎所有的数学定理都不是放之四海而皆准的真理，都存在局限条件，也就是说，所有的数学定理都只是在特定的条件下才成立的。使我最受打击的是，哥德尔定理证明所有数学定理的真理性都取决于一定的条件。三次数学危机都是因为数学基础存在问题。也就是说，我在北京大学数学系四年的收获是有的，但是与之前的期望不同的是：这些收获都是"负面"的，不仅没有找到宇宙终极规律，还发现数学领域中的哲学基础也是不牢靠的。这样的发现颠覆了我自幼以来的认知！

随后，带着对数学的失望，我离开了数学界，重新进入中学时代非常喜欢的物理学。如果说数学是笛卡尔、莱布尼兹唯理论哲学流派崇尚的圣地，那么，物理学则是培根、洛克、休谟等经验主义哲学流派的根据地。我离开笛卡尔、莱布尼兹的家园，进入了经验主义的乐园。由此，我读了物理学的硕士研究生。尽管我是以优秀硕士研究生毕业的，然而三年的物理学界探秘带给我的也如数学一样是失望。因为在量子力学层面上，我发现宇宙规律是不存在的，偶然性居然是宇宙的本质。

后来，我进入经济学纯属偶然。

当我年届五旬的时候，我忽然顿悟：我过去在不同的领域涉猎，并倾注了满腔的热情，然而都未专一而终，为什么呢？我发现：我在数学、物理学、经济学，甚至艺术（美术和文学，我创作了五部科幻小说，其中两部已正式出版，分别是《爱克斯博士》，清华大学出版社2014年出版，《热洞魔蛙：东温泉的新传说》，重庆大学出版社2016年出版）这些不同的领域都有所涉猎，与大多数人不同的是，我并不是专注于这些领域中知识的获取和应用，而是似乎在找寻着别的什么？

我终于发现，我在找寻的是那种完美的宇宙规律，一种美！我在这些不同学科领域中去寻找一种跨越所有领域的宇宙之美！

但是努力的结果是：这样的宇宙规律是不存在的！

年届五旬，知天命！天命就是不确定！

年届五旬，我知道了宇宙，也知道了自己。宇宙没有整齐划一的确定性规律，而我自己其实是一个哲学人！

高中的时候，我偶然读到了王阳明的书籍，感觉自己十分认可阳明心学，感觉自己走的道路也十分类似于阳明心学指示的路子，那就是：个人奋斗，追寻真理。现在，我发现真理并不在天道，而是在自己的心中。王阳明说，心即理！

在没有"天理"存在的天道轮回中，一个人应该怎么在不确定的环境中生存下去、在不确定的未来中发展自己的事业和人生？我在阳明心学中找到了答案，那就是，所谓"心即理"。道路在自己那里，所谓"众里寻他千百度，那人却在灯火阑珊处"！

"灯火阑珊处"，就在自己的心中。心中有了目标、有了毅力，就能够创造自己的未来。在大学阶段，我开始阅读哲学书籍，从康德的《纯粹理性批判》读起，在研究生阶段，我通读了《科学哲学》和《西方哲学史》，从此对哲学充满了兴趣。迄今为止，我阅读最多的就是哲学领域的书籍。

我不仅阅读哲学书籍，而且思考哲学问题。从研究生阶段开始，我发表的第一和第二篇文章都是哲学论文。

我从阳明心学中明白了人人皆可为圣贤的道理，从此树立了走自己的路的决心。我从哲学家柏格森的创造进化哲学中明白了未来是每一个人自己在当下的创造决定的，自己的未来是自己决定的。于是，我不再懈怠，加倍努力，终于走出了自己的路：在博弈论领域，成为中国著名的专家；在区域经济领域，经世致用，对重庆的发展产生了重要影响。

同时，我走了一条奇特的人生道路，横贯文科、理工科，创作了多部小说，连续办了四次画展，在数学、物理学、经济学等不同学科都有学习和工作经历，最终归入哲学。而我的这种追寻一直都被一条红线所牵动，那就是不同学科中的理论所呈现出的美感。正是对于美的追求，让我从绘画到文学，到数学、物理学，再到经济学、哲学，完成如此漫长的游历。贯穿在科学和艺术这些不同领域的共同元素，就是美感。

罗素曾经如此描述他自己："对爱情的渴望，对知识的追求，对人类苦难不可遏制的同情心，这三种纯洁但无比强烈的激情支配着我的一生。这三种激情，就像飓风一样，在深深的苦海上，肆意地把我吹来吹去……"

其实，我也有类似的经历：对真善美的渴求，对知识的追求，对人类苦难不可遏制的同情心，这三种纯洁但无比强烈的激情支配着我的一生。这三种激情，就像飓风一样，在深深的苦海上，肆意地把我吹来吹去……

五十而知天命，既然上天让我成为一个对哲学思考感兴趣的人，我就把自己多年来的思考写出来。于是，就有了这部书，它其实是一部哲学沉思录。

大约在2002年，我忽然产生了一个想法，或者说一种预感，那就是在20年后，我会创作三部著作：一部科幻小说，一部经济学著作，以及一部哲学著作。我早在10年前就完成了科幻小说这个任务，甚至"超额完成"了，因为我创作了两部科幻小说，一部《爱克斯博士》，一部《热洞魔蛙》（魔幻小说）。2022年，我完成了一部经济学著作，书名是《新经济博弈论》。现在这里呈现给大家的《元理性》，其实是经济学与哲学的融合。事实上，我并不是严格按照20年前的计划做这些事情的，纯粹是水到渠成，自然而然地完成了20年前的"规划"，可以说纯属巧合，令我也感到十分惊讶！

2002年，我的学生董志强（他现在是知名经济学者）为我开发了一个个人网站"似乎有知识"，在网站的主页，我就宣布了这个"二十年规划"。可惜，这个网站在2007年遭到黑客破坏，没有了。如果网站"似乎有知识"还在，现在来看看20年后的耕耘成果，岂不相映成趣！

一个民族的崛起，并不是因为单纯的经济力量的强大，抑或军事力量的崛起而崛起。所谓的"软实力"，也并不只是其民族古老文化的彰显，而是其文化知识（这种知识也包括在科学技术方面的贡献）的独特贡献和创造。因为地球上的人类是由不同民族构成的，而人类作为进化的生命族类，永远在进化的路上。人类进化已经超越了纯粹的自然进化轨道，已经处于自主进化的阶段。所谓"自主进化"，是人类自己已经意识到了生命是进化的，达尔文的发现，也就是人类自身对于自己的认识发现，人类也因此意识到了作为生命构成部分的人类本身是进化的，是在不断面临挑战与危机中通过创造而生存与发展的。人类自身意识到来自不同民族的文化创造，是构成人类社会的基本进化动力源。一种民族文化创造，如果能够为人类克服进化中面临的某些困难，走出困境与危机，迎接挑战，而这些困难与危机是普遍面临的、持久存在的，是难以按照既往经验对付的，同时，一个民族的独特文化创造一定是能够解决这些问题的普遍适用的思想、思路和方法的来源，这个民族文化才是所谓普遍适用的，是这个民族对人类进化的独特贡献。人类社会的进步与发展，过去是，现在是，未来也应该是来自不同民族文化贡献的普遍适用的思想、思路和方法对人类进化的推动。同时，一个民族的崛起，也应该是因为有了这样的创造、贡献与推动，才真正被全人类所接受。亚历山大的泛希腊化战争，成就了历史上最伟大帝国的奇迹；罗马帝国的崛起，是因为对古希腊文明的传承与推广；成吉思汗的蒙古帝国的扩张，其成是因为推动了东西方文化的交流，是人类历史上第一次全球化，其败也是因为蒙古帝国的扩张缺乏"软实力"，文化贡献与创造是其短板。成吉思汗自己也明白这一点，他留给其子孙的最后一句话是"蒙古人必须回到草原，不能够贪念他乡，草原才是我们的家……"元朝最后一个皇帝，元顺帝，就是在元末大规模动乱时想起了成吉思汗的祖训，而放弃中原，回到了草原。为什么成吉思汗有此遗训？是因为他有自知之明——蒙古人在战争方面具有硬实力，但是文化创造方面是短板！

近代西方的崛起，是携带着船坚炮利与科学技术、哲学思想软实力的硬实力打拼出来的。其在既往历史中创造了最丰富的解决人类普遍的困难的思想、思路和方法——来自近代科学技术创造的生产体系：建立在牛顿力学基础上的物理学，并由牛顿物理学衍生出来的理性哲学；在亚当·斯密经济思想基础上建立的市场经济模式；在达尔文进化论基础上的进取、竞争精神。这种既有坚实的实用科学技术，也有完整的哲学思想建构的硬实力文明，主导世界几百年的历史进程，是自然而然的进化历程。软实力是硬实力持久强大的基础，软实力是硬实力存在的根本，软实力是硬实力的实力！

一个民族的独特文化贡献，不仅是其古老文明的再现，还应该是一种再创造。近代日本和俄罗斯的崛起，也不仅是其古老文明的彰显，更重要的是有大盐中斋、坂本龙马、福泽谕吉、罗蒙诺索夫、赫尔岑、普希金等这样一些伟大思想家的文化创造。尽管日本明治维新时期的一种重要思想源泉来自中国明代的王阳明，所谓心学的创造，尽管阳明心学产生于中国，但是在其诞生地一直未被正统主流文化所采纳，长期居于民间非正统之列。然而，阳明心学在日本却成为明治维新时期的主要哲学思想源泉。文化创造可以来自不同文明的交融，俄罗斯彼得大帝时期向西方文明的学习，日本明治维新时期向西方的取经，再加入自身的再创造，便产生了罗蒙诺索夫、带来了福泽谕吉。中国的王阳明也影响了大批明治维新时期的思想家。

中国的崛起也需要文化的再创造，而不是仅限于所谓传统国学的彰显与再现。这种再创造一定是普遍适用的，而不是偏狭的，一定是对于走出人类困境有独特贡献的，是人类共有的财富，而不是零和博弈式的竞争思维！中国不能仅限于自身的经济力量的崛起，还应该在以哲学思想为核心的文化创造方面有所作为——只有这样，才无悔于时代，才是进入世界民族之林的正道！我们需要自己的牛顿、洛克、伏尔泰、莱布尼兹和培根，需要中国的康德、休谟、罗蒙诺索夫、普希金和福泽谕吉。这样的高度才是中华民族崛起的标志。

基于这样的思维，基于"天下兴亡，匹夫有责"的古训，我将把多年来基于不同学科学习与研究所经历的思考浓缩成一本散点式著作，并且初步命名为《元理性》，抛砖引玉，意欲引动中华大地的元理性或意识创造哲学运动。我提出的元理性是基于休谟、康德的古典哲学思维路线，现代量子力学和相对论的重要发现，马赫和庞加莱的科学哲学思想，现代生物中心主义哲学，哥德尔定理等近现代思想与科学发现的再创造。元理性或者意识创造哲学批判，将回答人类或生命意识的本质是什么、科学与艺术的统一、量子力学与相对论理解、人类认识的边界与宗教思想的本质、佛教和道家学说与现代科学的交集在哪里这样一些问题！

这部著作是我将多年来的思考点滴系统化组织起来的成果。简单说来，这部书的基本思想是：人类认知及知识体系来自大脑意识中特有的信息组织方式。当然，这并不意味着人类意识之外无一物，借用康德哲学的要义，意识之外的物自体存在性是不能否认的，但是不可知的。因此，来自人类进化的结晶是人类大脑具有特别的内在计算能力。正如维特根斯坦认为的那样，数学并不是某种脱离人类思维的独立存在，只不过是人类自身协调自身与外部世界环境的一种技巧而已。我认为，维特根斯坦的意思是，数学是人类的创造，即大脑意识的创造，是大脑按照经济原则运行的结果。

印度传奇数学天才拉马努金是印度在过去1 000多年来诞生的伟大的数学家。他的直觉的跳跃甚至令今天的数学家感到困惑，在他去世后70多年，他的论文中埋藏的秘密依然在不断地被挖掘出来，他发现的定理被应用到他活着的时候很难想象到的领域。

儿童和少年时代缺乏高水平数学系统训练的拉马努金居然依靠直觉悟出那么多现代数学发现，并且还有许多当代数学家并不知道的思想秘密。这种现象其实可以用元理性理论加以解释。

其实，任何人的大脑中都如拉马努金那样具有内在的潜意识数学计算功能，正是这些功能让我们自如行动在各种各样的环境中。譬如，人类在行走的时候，不必像机器人那样每走一步都需要事先进行复杂计算。我们的直觉让我们似乎无意识地在充满障碍物的环境中行走自如。这是因为大脑中的无意识或潜意识计算已经完成了怎么避开障碍物的最佳方案编排。事实上，这是心理学家已经发现了的无意识计算。

包括抽象的数学知识，其实也在大脑的内在结构中密布，因为大脑的无意识计算会按照数学规律进行。也就是说，我们每一个人其实都与拉马努金一样具有超级数学能力，只不过只有拉马努金能够把这些无意识数学能力显现出来。他是个例而已。当然，数学天才并不只有拉马努金，历史上有许多数学天才。数学天才与非数学天才之间的区别就是，数学天才能够把人类基本共有的无意识数学能力显现出来，而其他人并不能这样。有人在撒哈拉以南的非洲找了一些儿童送去美国读书。慢慢地，随着这些儿童在美国生活和学习时间的增加，人们发现这些儿童在数学能力上与白人学生比较并没有什么差异。这就是一个证据！人类的无意识数学能力基本是差不多的。因此，无意识数学能力其实是人类进化的结晶。

同时，我们发现大多数数学天才似乎存在其他某些方面的纤弱，这说明数学天才基本上是一种生理现象，这种生理现象就是数学天才具有某种特别的显现无意识数学能力的生理特征，同时可能因此在其他方面有所与众不同。

这种理论听起来似乎有点像柏拉图说的"理念"来自"回忆"。事实上，在莱布尼兹的演绎主义哲学那里，他认可的就是像数学这样依靠逻辑严格推演出来的知识，而这种逻辑推演似乎就是"回忆"的过程。

最后，我认为这部著作在未来可能得到人工智能专家的关注。人工智能的基础是脑科学，而脑科学研究的"软件"（不是研究者使用的计算机软件）就应该是元理性！

事实上，我在北京大学数学系读书时的一位室友、从美国归来的脑科学家就正在与我讨论，准备联手开展这方面的研究！

参考文献

[1]李大烈.智能简史［M］.张之昊，译.北京：生活·读书·新知三联书店，2020.

[2]史蒂夫·斯托加茨.微积分的力量［M］.任烨，译.北京：中信出版社，2021.

[3]斯蒂芬·金.果壳中的宇宙［M］.吴忠超，译.长沙：湖南科学技术出版社，2013.

[4]维特根斯坦.逻辑哲学论［M］.韩林合，译.北京：商印书馆，2013.

[5]艾萨克·牛顿.自然哲学的数学原理［M］.曾琼瑶，王莹，王美霞，译.重庆：重庆出版社，2008.

[6]王立宏.满意化决策与心智分析的经济学意义［J］.黑龙江社会科学，2010（6）：57-60.

[7]罗伯特·伯顿.神经科学是什么［M］.黄钰苹，郑悠然，译.杭州：浙江人民出版社，2017.

[8]康德.纯粹理性批判［M］.邓晓芒，译.北京：人民出版社，2004.

[9]侯世达，桑德尔.表象与本质：类比，思考之源和思维之火［M］.刘健，胡海，陈祺，译.杭州：浙江人民出版社，2018.

[10]蒲勇健.进化淘汰吉芬品：基于进化心理学重建经济学微观基础的一种方案设想［J］.重庆广播电视大学学报，2014，26（6）：3-11.

[11]蒲勇健.人类为什么有公平偏好：进化心理学如是说［J］.经济学家茶座，2011

（1）126-131.

[12] 尤瓦尔·赫拉利.人类简史：从动物到上帝［M］.林俊宏，译.北京：中信出版社，2017.

[13] 彭加勒.科学与假设［M］.李醒民，译.北京：商务印书馆，2021.

[14] 约翰·罗尔斯.正义论［M］.何怀宏，何包钢，廖申白，译.北京：中国社会科学出版社，2006.

[15] 斯坦尼斯拉斯·迪昂.脑与意识：破解人类思维之谜［M］.章熠，译.杭州：浙江教育出版社，2018.

[16] 理查德·利基.人类的起源［M］.付蕊，译.杭州：浙江人民出版社，2019.

[17] 戴维·罗克.效率脑科学：卓越成效地完成每一项工作［M］.马梦捷，译.北京：人民邮电出版社，2022.

[18] 杰拉尔德·M.埃德尔曼，朱利欧·托诺尼.意识的宇宙：物质如何转变为精神［M］.顾凡及，译.上海：上海科学技术出版社，2019.

[19] 渡边正峰.大脑的意识，机器的意识：脑神经科学的挑战［M］.岸本鹏子，安婷婷，胡实，译.北京：北京大学出版社，2021.

[20] 阿尔弗雷德·大卫.大脑的奥秘：破解人类思考的心智密码［M］.郑树敏，宋婷，王婧钰，译.北京：中译出版社，2021.

[21] 康德.实践理性批判（注释本）［M］.李秋零，译注.北京：中国人民大学出版，2011.

[22] 康德.判断力批判.上卷［M］.宗白华，译.北京：商务印书馆，2011

[23] 阿瑟·米勒.爱因斯坦·毕加索：空间、时间和动人心魄之美［M］.方在庆，伍梅红，译.上海：上海世纪出版集团，2006.

[24] 蒲勇健.大话张五常：52篇经济学随笔［M］.北京：经济科学出版社，2003.

[25] 蒲勇健.无所不在的博弈：中国历史文化现象的博弈论演绎［M］.重庆：重庆大学出版社，2010.

[26] 蒲勇健.简明博弈论教程［M］.北京：中国人民大学出版社，2013.

[27] 大仲马.基督山伯爵［M］.韩沪麟，周克希，译.上海：上海译文出版社，1991.

[28] 罗素.西方哲学史［M］.马元德，译.北京：商务印书馆，1976.

［29］欧几里得.几何原本［M］.燕晓东，译.北京：人民日报出版社，2005.

［30］董志勇.行为经济学［M］.北京：北京大学出版社，2005.

［31］韩雪涛.数学悖论与三次数学危机［M］.长沙：湖南科学技术出版社，2006.

［32］曹天元.上帝掷骰子吗：量子物理史话［M］.沈阳：辽宁教育出版社，2008.

［33］马丁·海德格尔.存在与时间［M］.陈嘉映，王庆节，译.2版（修订本）.北京：商务印书馆，2015.

［34］周民强.实变函数［M］.北京：北京大学出版社，2001.

［35］卿志琼，陈国富.心智成本理论：一个超越新古典经济学的解释框架［J］.当代经济科学，2003，25（6）：1-6.

［36］赫伯特·西蒙.管理行为［M］.詹正茂，译.北京:机械工业出版社，2004.

［37］大卫·休谟.人性论［M］.关文运，译.北京：商务印书馆，2016.

［38］大卫·休谟.人类理解研究［M］.关文运，译.北京：商务印书馆，1957.

［39］丹尼尔·卡尼曼.思考，快与慢［J］.胡晓姣，李爱民，何梦莹，译.北京：中信出版社，2012.

［40］陈贵，蔡太生，肖水源.延迟贴现任务的适配模型选择：四种贴现模型的对比研究［J］.中国临床心理学杂志，2014，22（5）：768-773.

［41］贺京同，那艺.行为经济学：选择、互动与宏观行为［M］.北京：中国人民大学出版社，2015.

［42］叶德珠，王聪，李东辉.行为经济学时间偏好理论研究进展［J］.经济学动态，2010（4）:99-103.

［43］大卫·林登."醉醺醺"的脑科学：世界顶级科学家最想让你知道的大脑功能［M］.沈颖，韩俊海，等译.成都：四川科学技术出版社，2021.

［44］莫里斯·克莱因.数学简史：确定性的消失［M］.李宏魁，译.北京：中信出版社，2019.

［45］汉斯·约阿希姆·施杜里希.世界哲学史［M］.吉叔君，译.桂林：广西师范大学出版社，2017.

［46］ALONSO R，BROCAS I，CARRILLO J D. Resource allocation in the brain［J］.CEPR Discussion Paper NO.DP8408，2011.

[47] NAGEEB ALI S.Learning self-control [J].Quarterly Journal of Economics, 2011, 126(2):857-893.

[48] ALONSO R, MATOUSCHEK N.Relational delegation [J].RAND Journal of Economics, 2007, 38(4): 1070-1089.

[49] ALONSO R, MATOUSCHEk N.Optimal delegation [J].Review of Economic Studies 2008, 75(1) : 259-293.

[50] ATTWELL D, GIBB A.Neuroenergetics and the kinetic design of excitatory synapses [J] . Nature Reviews Neuroscience 2005, 6 :841-849.

[51] ATTWELL D, LAUGHLIN S B. An energy budget for signalling in the grey matter of the brain [J] . Journal of Cerebral Blood Flow and Metabolism : Official Journal of the International Society of Cerebral Blood Flow and Metabolism, 2001, 21 (10): 1133-1145.

[52] MAIMONIDES M.The guide for the perplexed [M] . Tennessee : Lightning Source Inc., 1999.

[53] SHERRINGTON C.Man on his nature [M].Cambridge:Cambridge University Press, 1951.

[54] JEANS J.Physics and philosophy [M].Cambridge : Cambridge University Press, 1942.

图书在版编目（CIP）数据

元理性 / 蒲勇健著. -- 重庆：重庆大学出版社，
2024.11（2025.5重印）. -- (哲学与生活丛书). --
ISBN 978-7-5689-4762-6

Ⅰ. B0

中国国家版本馆CIP数据核字第2024DQ8889号

元理性
YUAN LIXING

蒲勇健　著

策划编辑：王　斌
责任编辑：黄菊香
责任校对：谢　芳
责任印制：赵　晟

重庆大学出版社出版发行
出版人：陈晓阳
社址：（401331）重庆市沙坪坝区大学城西路 21 号
网址：http://www.cqup.com.cn
印刷：重庆市正前方彩色印刷有限公司

开本：720mm×1020mm　1/16　印张：21　字数：330千　插页：16开4页
2024 年 12 月第 1 版　2025 年 5 月第 2 次印刷
ISBN 978-7-5689-4762-6　定价：79.00 元